上海交通大学学术出版基金资助项目

走下神坛的汉语和汉字

李柏令 著

上海交通大学出版社

内容提要

在汉民族的传统文化中，一直有或曾经有"谐音祝咒""敬惜字纸"等习俗和信仰，这是将汉语汉字神圣化的突出现象。当代以来，尤其是世纪之交以来，在一部分知识分子和学者中出现了新一轮将汉语汉字神圣化的现象，具体表现为汉语的纯洁观、汉字的超能观以及汉语汉字的崇老观等一系列新"神话"。这些将汉语汉字神圣化的现象，是人们对语言文字的本质有一定认识，却又认识不足的结果。

本书从汉语言文字的工具本质出发，针对传统文化和当代文化中围绕着汉语和汉字的一系列"神话"，根据社会语言学的相关理论，以历史事实为依据，加以条分缕析，旨在把汉语和汉字从神坛上请下来，还它们的本来面貌，使它们能够在人们的理性认知之下，更好地适应当今快速发展的社会现实，充分发挥其人类交际工具的职能。

图书在版编目(CIP)数据

走下神坛的汉语和汉字 / 李柏令著. —上海：上海交通大学出版社，2017（2019.8重印）

ISBN 978-7-313-17710-0

Ⅰ.①走… Ⅱ.①李… Ⅲ.①汉语-研究②汉字-研究 Ⅳ.①H1

中国版本图书馆 CIP 数据核字(2017)第 174155 号

走下神坛的汉语和汉字

著　　者：李柏令	
出版发行：上海交通大学出版社	地　　址：上海市番禺路 951 号
邮政编码：200030	电　　话：021-64071208
印　　制：三河市兴国印务有限公司	经　　销：全国新华书店
开　　本：710mm×1000mm　1/16	印　　张：12.75
字　　数：238 千字	
版　　次：2017 年 8 月第 1 版	印　　次：2019年8月第3次印刷
书　　号：ISBN 978-7-313-17710-0/H	
定　　价：42.00 元	

版权所有　侵权必究

告读者：如发现本书有印装质量问题请与印刷厂质量科联系

联系电话：010-65712811

前　　言

在汉民族的传统文化中,一直有或曾经有"谐音祝咒""敬惜字纸"等习俗和信仰,这是将汉语汉字神圣化的突出现象。语言学家吕叔湘曾指出:"语言和文字是人类自己创造的,可是在语言文字的神奇作用面前,人们又把它当作神物崇拜起来。"(《语言和语言研究》,载《中国大百科全书·语言文字》,中国大百科全书出版社,1988年)

对于诸如此类的现象,我们一般称之为"迷信"。迷信是传统社会发展程度较低、人们对客观事物认识能力不足的结果。现代以来,随着科学的昌明,民智的开化,"破除迷信"已经成为主流意识形态。例如,"敬惜字纸"信仰早已无人信奉,也不可能信奉,而对"谐音祝咒"之类,大多数人往往只是把它当作一种无伤大雅的有趣现象,受过教育的人们一般不会真信。

然而,当代以来,尤其是世纪之交以来,在一部分知识分子和学者中却出现了新的一轮将汉语汉字神圣化的迷信,具体表现为汉语的纯洁观、汉字的超能观以及汉语汉字的崇老观等一系列新"神话"。甚至有学者直截了当地提出"神圣的汉语"这样一个概念,还有学者在"弘扬传统文化"的背景下重新提倡"敬惜字纸"信仰。凡此种种,呈现出知识分子比普通老百姓还要迷信的怪象。

由此可见,汉语汉字的神圣化问题,既是一个老问题,也是一个新问题,很值得从学理上加以全面深入的思考和探讨。

我们认为,以上这些将汉语汉字神圣化的现象,固然与一定时代的社会背景有关,也与人们对语言文字本质的认识有着直接的关系。它们是人们对语言文字的本质有一定认识,却又认识不足的结果。

语言和文字究为何物？语言是人类最重要的交际工具,文字则是人类最重要的辅助交际工具。然而,语言文字无论如何重要,都改变不了它们的工具本质。只有当人们对语言文字的工具本质认识不足时,才会"把它当作神物崇拜起来"。什么是"工具"？按词典的解释,是"人们进行生产劳动时所使用的器具","比喻用以达到目的的事物"(《现代汉语词典》第6版,商务印书馆,2013年)。那么,人们对于工具,应该是个什么态度呢？

孔子曰:"工欲善其事,必先利其器。"(《论语·卫灵公》)一语道出工具的本质,即在人与工具的关系上,是工具从属于人,而不是人从属于工具。人们可以创造工具,可以选择工具,可以完善工具,也可以抛弃工具,这就是"利其器"。它是人们为了"善其事"而创造出来为己所用的东西,人们应该役使工具,而不是把工具奉若神明,反受工具的奴役。在"不语怪力乱神"的孔子看来,对于语言之"器"的使用,只要"辞达而已矣"(《论语·卫灵公》),却并未要求将它神圣化。

而语言文字一旦被神圣化,它们就会被套上一道光环,成为一个幻象。就像某个凡人在"造神运动"中被神圣化时,有关这个人的一系列"神话"就会应运而生。这些"神话"的共同点在于:夸大这个人的功绩,把他描绘得无所不能,无所不美。

不仅如此,语言文字既然被赋予了神圣性,自然就需要具有"纯洁性",因而就不可污染、不可亵渎、不可侵犯,当然也不可改变。

从汉语汉字的发展历史来看,每当它们被奉上神坛,其发展就受到阻碍;每当它们走下神坛,就能得到长足的发展。

因此,把汉语和汉字作为工具来对待,才是基于理性认知的正确态度。

对汉语汉字的神圣化问题,至今尚未有人展开系统的研究和思考。少量的研究则集中于"仓颉造字"说和"敬惜字纸"信仰等领域。对当代的汉语汉字崇拜问题,则少见有人展开思考与研究。

本书将从汉语言文字的工具本质出发,针对传统文化和当代文化中围绕着汉语和汉字的一系列"神话",根据社会语言学的相关理论,以历史事实为依据,加以条分缕析,旨在把汉语和汉字从神坛上请下来,还它们的本来面貌,使它们能够在人们的理性认知之下,更好地适应当今快速发展的社会现实,充分发挥其人类交际工具的职能。

作者对汉语汉字神圣化的思考,始于20世纪末参与《中国象征文化》(居阅时、瞿明安主编,上海人民出版社,2001年)一书的撰写,并对语言文字的"魔力"问题有所认识。10年以后,作者独著的《汉语象征功能概论》(上海交通大学出版社,2011年)出版,其中也讨论了当今社会出现的语言文字象征问题,涉及汉语汉字的崇老观等。同时,在《中国象征文化(第2版)》(居阅时、瞿明安主编,上海人民出版社,2011年)中,作者又根据新的认识将原第1版的撰写部分加以大幅度改写。另外,作者在同时进行的《汉字汉语与中国文化》(张玉梅、李柏令著,上海人民出版社,2012年)一书的撰写中,又对汉语汉字的产生和发展过程作了新的思考。以上的著述实践,都为本书的诞生积累了丰富的材料,也促使作者从汉语汉字神圣化问题的新视角展开系统的思考。

2011年,在上海交通大学出版社任雅君编审的鼓励下,本书申请当年度"上海交通大学学术出版基金",年底获得立项。在申请过程中,承蒙上海交通大学人文学院凌德祥教授和华东理工大学人文科学研究院居阅时教授的热情推荐,在此表示衷心的感谢。

目　　录

第一章　汉语汉字的产生及其神圣化 …………………………………… 1

  1.1　汉语和汉字的形成和产生 ………………………………………… 1
      1.1.1　汉语的形成 ……………………………………………… 1
      1.1.2　汉字的产生 ……………………………………………… 10
  1.2　汉语汉字神圣化的基础 …………………………………………… 16
      1.2.1　语言文字的神秘性 ……………………………………… 17
      1.2.2　语言文字的识别性 ……………………………………… 20
      1.2.3　语言文字的"古老性" …………………………………… 27

第二章　汉语的超能观 …………………………………………………… 38

  2.1　直接式语言祝咒 …………………………………………………… 38
      2.1.1　作为护身符的人名与称谓 ……………………………… 38
      2.1.2　具有迎祥避凶功能的吉祥语和禁忌语 ………………… 42
      2.1.3　作为驱邪克敌秘密武器的咒语 ………………………… 45
  2.2　联想式语言祝咒 …………………………………………………… 51
      2.2.1　语义联想型祝咒 ………………………………………… 51
      2.2.2　语音联想型祝咒 ………………………………………… 51
  2.3　谐音物化式祝咒 …………………………………………………… 54
      2.3.1　谐音物化式祝咒的表现 ………………………………… 54
      2.3.2　谐音物化祝咒的表达与解读 …………………………… 65

第三章　汉字的超能观 …………………………………………………… 71

  3.1　汉字祝咒文化 ……………………………………………………… 71
      3.1.1　拆字式 …………………………………………………… 72
      3.1.2　倒写式 …………………………………………………… 72
      3.1.3　变形式 …………………………………………………… 72

      3.1.4 组合式 ……………………………………………… 72
      3.1.5 换旁式 ……………………………………………… 73
  3.2 "敬惜字纸"信仰 …………………………………………… 73
      3.2.1 "敬惜字纸"信仰的产生背景 ……………………… 73
      3.2.2 "敬惜字纸"信仰的产生年代 ……………………… 74
      3.2.3 "敬惜字纸"信仰的发展和衰微 …………………… 76
  3.3 "统一法宝"论 ……………………………………………… 78
      3.3.1 汉字与汉民族统一的关系 …………………………… 79
      3.3.2 汉字与多民族国家实现统一的关系 ………………… 82
      3.3.3 汉字与多民族国家维持统一的关系 ………………… 83
      3.3.4 汉字在汉民族融合过程中的地位 …………………… 88

第四章 汉语汉字的崇老观 ……………………………………… 90
  4.1 汉民族的"尊老"和"托古"传统 ……………………………… 90
  4.2 汉语的崇老观 ……………………………………………… 91
      4.2.1 越早越好的汉语史观 ………………………………… 91
      4.2.2 越古越正统的汉语变体观 …………………………… 94
      4.2.3 无视发展的汉语不变观 ……………………………… 100
  4.3 汉字的崇老观 ……………………………………………… 101
      4.3.1 关于汉字起源年代的争论 …………………………… 101
      4.3.2 无视发展的汉字不变观 ……………………………… 104
      4.3.3 汉字变体的正统观 …………………………………… 105
      4.3.4 汉字的民族属性观 …………………………………… 109

第五章 汉语汉字的纯洁观 ……………………………………… 114
  5.1 语言文字的纯洁观 ………………………………………… 114
  5.2 汉语的纯洁观 ……………………………………………… 115
      5.2.1 "纯洁性"提法之含糊性 ……………………………… 116
      5.2.2 关于"语言纯洁性"的理性思考 ……………………… 119
      5.2.3 关于语言"纯洁"的必要性 …………………………… 125
      5.2.4 关于外来成分的"滥用"问题 ………………………… 126
      5.2.5 "汉语纯洁"论的根源 ………………………………… 130
  5.3 汉字的纯洁观 ……………………………………………… 136
      5.3.1 汉字纯洁观产生的时代背景 ………………………… 137

5.3.2　汉字纯洁观的立论基础 …………………………………… 139

第六章　"商人造字"说 ………………………………………………… 144

6.1　关于造字者的两个对立成说 ………………………………………… 144
　　6.1.1　"仓颉造字"说的来龙去脉 ………………………………… 144
　　6.1.2　"劳动人民造字"说的荒谬性 ……………………………… 148

6.2　关于造字者身份的观点 ……………………………………………… 152
　　6.2.1　"史官造字"说 ……………………………………………… 152
　　6.2.2　"巫师造字"说 ……………………………………………… 153
　　6.2.3　造字巫师的代表性人物 ……………………………………… 155

6.3　"商人造字"的可能性 ……………………………………………… 156
　　6.3.1　商人的巫文化 ………………………………………………… 156
　　6.3.2　商人的商贸文化 ……………………………………………… 160

6.4　商人造字的标志性人物 ……………………………………………… 162
　　6.4.1　"商契为巫"说 ……………………………………………… 162
　　6.4.2　"商契造字"说 ……………………………………………… 165
　　6.4.3　"商契造字"说的内涵 ……………………………………… 166

6.5　汉字功能的转变和"仓颉造字"传说的产生因由 ………………… 168
　　6.5.1　商文字的用途 ………………………………………………… 168
　　6.5.2　汉字功能的转变 ……………………………………………… 171
　　6.5.3　"商契"一名的流变和"仓颉造字"传说的产生 ………… 177

第七章　汉语和汉字与汉文化的关系 …………………………………… 185

7.1　如何理解"语言是文化的载体" …………………………………… 185
　　7.1.1　语言与文化的关系 …………………………………………… 185
　　7.1.2　理解"语言是文化的载体"的前提 ………………………… 186

7.2　如何理解"语言是跨文化的桥梁" ………………………………… 188
　　7.2.1　中美两国汉语推广战略的异同 ……………………………… 188
　　7.2.2　跨文化交流中语言载体的"超文化性" …………………… 190
　　7.2.3　外语是文化传播的最有效工具 ……………………………… 190
　　7.2.4　中华文化国际传播的语言载体与传播模式的有效性 ……… 192

7.3　汉语汉字的工具本质 ………………………………………………… 193
7.4　汉语和汉字的妖魔化 ………………………………………………… 194

3

第一章 汉语汉字的产生及其神圣化

　　语言文字是人类赖以交际的工具,是一种社会现象,也是一种文化现象。人们对语言文字的认知,如同对大千世界的认知一样,会采用两种认知方式,一种是感性的,另一种是理性的。感性的认知,可能引发对语言文字的宗教式的狂热,从而将它们神圣化;理性的认知,则能洞悉语言文字的本质,从而更好地加以运用。

1.1 汉语和汉字的形成和产生

1.1.1 汉语的形成

1) 语言的本质及其形成

　　根据一般的定义,语言是音义结合的符号系统,是人类最重要的交际工具和思维工具,也是人类区别于其他动物的本质特征之一。根据人类与语言起源的相关研究,可推断大约在距今 3.5 万年前(旧石器时代晚期),随着人类的心智成熟,现代意义上的语言(即有声分节语言)最终形成,堪称人类历史上的第一次信息革命。正是有声分节语言的成熟,使原始人类真正摆脱了动物性而进化为现代人类,因此从这个角度讲,所谓"人性",就是"语言性"。现代以来,曾有科学家通过各种实验来检验人类的近亲黑猩猩能否掌握语言,但其结果都是否定的。这就说明,语言确实是人类独有的一项工具。

　　语言作为一种"工具",与其他任何一种工具不同的是,它不是人们的"身外之物",而是与生俱来的一种机能。生成语言学认为,每个人先天拥有一种"心智器官",即"语言习得机制"(Language Acquisition Device),内含一套"普遍语法"(Universal Grammar),为学会世界上的任何一种语言提供了先决条件。认知语言学则认为,独立的"语言习得机制"并不存在,语言学习能力是人类先天拥有的认知能力的一部分。两种观点虽然不同,但均不否认人类语言学习能力的先天性。而人类与语言这种相伴而生的关系,不仅从语言的起源来看是这样,就人类每个个体出生以后的语言习得过程来看也是这样。

　　人类的语言自产生以来,随着现代人类反复向世界各地迁徙的脚步,语言也被带到世界的各个角落。又随着人类为适应环境而分化为不同的人种以及不同的民族,语言也不断发生分化。分化后的不同人种、不同民族之间又可能在杂居环境中发生融合而形成新的民族,于是相应地产生新的语言。因此,目前全世界数千种不同语言的形成方式,不外乎分化和融合这两种基本方式。

2) 汉语的形成过程

上文提到,一种语言的形成,可以采用分化和融合两种方式,这与民族的分化和融合密切相关。由于民族的分化,原有的一种语言可能分化为不同的语言;由于民族的融合,原有的几种不同语言可能融合为同一种语言。而汉语的形成,则是主要采用了融合的方式,这与汉民族的形成方式有着紧密的关联。

(1) 华夏族——汉民族的前身

汉民族的前身一般称为"华夏族"。华夏族指的是炎黄时代以来,由分布在东亚大陆的氐羌系、胡狄系和夷越系等三大族系各自的分支在黄河中下游地区结成的结构松散的部落大联盟。三大族系与这个大联盟的关系,可以比之以三原色,即红、黄、蓝代表三原色,而三者重叠部分的黑色就是这个大联盟所在的区域。在这块黑色的周边,则分别有红黄相交的橙色、黄蓝相交的绿色,以及红蓝相交的紫色。其余部分,则是保持本色而未曾加入的红、黄、蓝三色。当然,这只是从静态的共时平面来看的。若从动态的角度来看,情况还要复杂得多。

按照传说中炎黄时代以前三大族系之间的代表人物和相对地理位置来判断,可以发现夷越系偏东,氐羌系偏西,胡狄系则偏北。最早开发、定居中原的可能是出自氐羌系的以炎帝族为核心的炎帝部落联盟。相传炎帝发明了农业,所以号称"神农氏"。但是东边夷越系中以少昊氏为核心的东夷联盟中的蚩尤族向东发展,炎帝联盟中的共工族首当其冲,双方发生第一次中原大战(即"涿鹿之战"),结果是共工族失败,失去了所有土地。为了夺回土地,炎帝联盟北上邀请胡狄系的一个分支黄帝族相助。黄帝族是一个坐着马车"迁徙无常处"的游牧民族,故而号称"轩辕氏"。黄帝族加入炎黄联盟之后,与蚩尤族展开第二次中原大战(即"冀州之战"),结果是蚩尤被杀,族人被赶出中原而南逃。黄帝乘胜收服东夷联盟,与之结成黄夷联盟。而此时炎帝联盟开始解体,其成员纷纷投归黄帝联盟。炎帝族心有不甘,然而"请神容易送神难",便与黄帝族进行了第三次中原大战(即"阪泉之战"),结果是黄帝族大胜。随后黄帝族又经过"五十二战而天下咸服"(《史记·五帝本纪》),首次成为由三大族系的成员共同建立的华夏大联盟的盟主。

黄帝族的入主中原开启了五帝时代(据司马迁说,"五帝"指黄帝、颛顼、帝喾、唐尧、虞舜)以及其后的夏商周三代,也开始了来自三大族系的成员在中原地区持续不断的融合进程,使加入华夏族的不同民族之间形成了"你中有我,我中有你"的混血状态。其中,作为最后一次中原大战所产生的直接效应,黄帝族和炎帝族在中原地区的融合程度较高。双方的融合成为华夏民族进一步发展的基础,因而今人既可以说是"黄帝子孙",也可以说是"炎黄子孙"。从炎帝的结果来看,他先是与黄帝结成共同抗击异族的友军,然后与之反目成仇,最后却又被迫与之融为一家,颇有点"戏剧性"。这似乎有些类似后世的宋朝,先是北宋联合女真人抗击契丹人,随后反被女真人推翻,后是南宋联合蒙古人反击女真人,随后反被蒙古人消灭,最后的结果却是,汉民族与这些外来民族要么是融为一族,要么是同时成为多民族大家庭中的一员。

而蚩尤族被打败之后,被挤压到中原地区以南的江淮流域,成为三苗族。三苗族虽然在五帝时代的前期(即黄帝和颛顼时期)勉强臣服于华夏族,但在五帝时代中后期到夏初(即尧、舜、禹时期),又屡次试图"北定中原",夺回祖先的土地,但每次都遭遇华夏族的无情镇压。直到被夏禹彻底打败,三苗族从此一蹶不振,不再有能力回到中原,只能向南发展,并形成南蛮部落联盟,因而未能跟上华夏族的融合进程。这也是今日的苗族只认自己是"蚩尤子孙"的原因。直到大约1 300年以后的东周时期,作为南蛮后裔的楚、吴、越三国相继兴起,才又开始北上"争霸","问鼎中原"。

另一方面,东夷联盟虽已加入华夏联盟,但由于其地理位置在东部沿海一带,当时并不在中原的范围之内,黄帝族也未进入东夷定居,双方形成长期的"夷夏东西"之势,所以整体上融合程度相对较低。在五帝时代,东夷的文明发展程度仍然高于中原的华夏族,因而东夷联盟中较为强大的分支也能在不同时期取得盟主地位,即五帝中的颛顼族、帝喾族和虞舜族。但由于每个时期的统治中心并不固定,夷夏双方仍然是各安所居,所以混杂程度并不高。

大约在虞舜末期,黄河、长江下游的一场大洪水和海水倒灌的自然灾害几乎摧毁了高度发达的东夷文明,使东夷联盟从此一蹶不振。而此时内地的夏部落强大起来,建立了夏朝,使联盟统治权重新回到中原地区的民族手中。夏朝凭借中原地区优越的地理条件,经过400多年的发展,首次使中原的文明发展程度在东亚地区处于一枝独秀的地位。此后,"夏"这个名称也从最初的部落称谓和王朝国号,逐步演变成为中原地区华夏族的统称,并引申出"伟大"之义,即"夏,中国之人也"(《说文解字》),"自关而西,秦晋之间,凡物之壮大者而爱伟之,谓之夏"(《方言》)。以至于此后历代不管哪个民族入主中原,往往都会以"华夏"自居,以示自己才是"正宗的中国人"。

而东夷则与中原华夏族之间形成了东西对峙之势,政治上时而依附,时而反叛,文化上也渐行渐远,越来越落后于华夏族,致使"夷"这个族群名称引申出"文化落后"之义。正是从夏代开始,才有了所谓"夷夏之辨"。后来中原华夏民族还在称呼周边落后民族的"东夷、西戎、北狄、南蛮"中,单单挑出"夷"字作为他们的统称,即"四夷"。在夏代的东夷中,只有其中的一支商族,由于离开东夷单独发展,终于强盛起来,并联合东夷推翻了夏朝,建立了延续 500 多年的商朝,重又在华夏族中加入了夷越系的成分。但商人入主中原后,同样是以"华夏"自居,歧视东夷。而东夷的主体部分则是迟至周代才开始被动地融入华夏族的。

由此看来,华夏族实际上是一个以中原地区为核心、在不同时代、由不同民族主导的多民族联合体,尚未形成同一个民族。而某个民族一旦在中原地区建立起强大的政权,就会不由自主地加入华夏族的融合进程,成为华夏族的新成员。

同时,华夏联盟内部各成员的关系也从松散一步步走向紧密,所以这种民族融合的程度也是不断加深的。从黄帝首次建立华夏联盟开始,到周代汉民族最终形成,其间经历了至少 2 000 年的漫长时光。

以夏代为例,即"当禹之时,天下万国,至于汤而三千余国"(《吕氏春秋·用民》)。也就是说,由夏人主导的夏朝(部落联盟)可以包含"万国",而由商人主导的商朝(部落联盟)虽比夏朝的疆域更大,所包含的"邦国"却已大大减少到"三千余国"。这说明,夏朝建立后,经过 400 多年的夏人地域大扩张以及其他大小部落之间的相互兼并,直到夏末商初,部落的数量才减少到原来的三分之一。

不过,商初的"三千余国"仍然是一个十分庞大的数字,意味着尽管华夏族正在一步一步走向统一,但当时的联盟仍然相当松散。若再以从夏到商 400 多年中从"万"到"三千"的变化速度来推算,早于夏代约 1 000 年的黄帝所开创的那个联盟之松散程度当可想而知。

(2) 华夏语——汉语的前身

华夏族的语言就是"华夏语"。既然华夏族是一个多民族联合体,那么华夏语应该具有族际通用语的性质,绝不可能是各民族共同的母语。不过华夏语的面貌究竟如何,今人已经难以完整地看清楚了,而且是越早越看不清楚。因而我们只能根据传世文献中所记载的反映当时人物的族系来源、活动地域、重大事件等一些传说材料,并参照当今中国境内外相关民族的语言文化资料,来进行相对合理的推测。

既然三大族系来源不同,其语言自然各不相同。而不同民族的长期融合,必然导致其语言的融合,在此基础上形成的华夏语必然是一种混合性的语言。根据李葆嘉(2003)提出的"原始华夏语混成发生论"[①],华夏语是一种由原始氐羌语(汉藏语系)、原始夷越语(南岛语系)、原始胡狄语(阿尔泰语系)交融而成的混合语言。而这种交融,至少从黄帝时代(约公元前 30 世纪初)就已经开始,并一直进行到周代而凝固为汉语。

具体而言,炎黄的融合意味着黄帝时代的华夏语是一种由原始氐羌语(汉藏语

[①] 李葆嘉.中国语言文化史[M].南京:江苏教育出版社,2003.

系)和原始胡狄语(阿尔泰语系)交融而成的混合语言。根据黄帝族和炎帝族各自的文明发展程度和人口数量来看,黄帝族作为南下的北方游牧民族,尽管军事上强大,但是文明程度较低,人口也相对较少,而炎帝族是中原地区的农耕民族,文明程度较高,人口也较多,因此黄帝族接受炎帝族语言的可能性更大一些。这也是后世"五胡乱华"以来北方游牧民族一旦入主中原便会自动接受汉语的共同规律。那么,黄帝时代华夏语的面貌,应该是以氐羌语为基础而掺入了胡狄语的某些成分。

黄帝之后的其余四帝中,先是连续由来自东夷联盟的颛顼族和帝喾族执政,之后政权回到来自黄帝联盟的唐尧族,最后又回到东夷联盟的虞舜族。其中虞舜族是帝喾族的一支后裔。这些部落都以执政的方式参与了华夏族的融合。此外也有一些来自东夷联盟的部落曾先后参与了华夏联盟的执政,如皋陶族、伯益族等。由于当时东夷的文明程度较高,因此可以推想原始夷越语对当时的华夏语施加了较多的影响,使之成为与三种语系有关的混合语言,但仍以氐羌语为基础。

不过,这些较早参与华夏族融合进程的东夷部落,由于参与时间较短,融合程度较低,一旦失去执政地位,往往会由于社会动乱、国破家亡而出现"逆融合"的现象,即他们的一些分支会离开中原地区独自发展,并没有跟上中原地区夏商两代长达1000年的融合进程。

例如,颛顼族的一支后裔后来成为祝融族,祝融族的一支芈姓后裔在商周之际南迁江汉流域,与当地南蛮融合而形成楚族,并建立了以楚族为核心的荆楚联盟,即楚国。这就是楚国王族屈原自称"帝高阳(颛顼)之苗裔"的由来。因此,虽然楚国的先祖曾担任过华夏族的盟主,但其苗裔却与华夏族渐行渐远。因此,当周代汉民族在中原地区开始形成时,楚人仍然是被中原之人看不起的南蛮。直到东周以来楚国崛起,才重新抬出颛顼的名号,以示自己也是华夏之一员,有权参与中原事务,并以军事实力成为"五霸"之一,加快了自身重新华夏化的进程。

又如,皋陶族的后裔南迁到江淮之间的今安徽一带,形成强大的淮夷联盟,直到周初周公东征时被基本打垮,才被动地融入华夏族。

再如,与皋陶族关系密切的伯益族曾在夏禹之后短暂地担任过华夏族的盟主,由于夏禹之子夏启"更得民望",遂不得不"禅位"于夏启,并退出华夏联盟,继续作为东夷的一部分而存在。到了商代,伯益族中以中潏为首领的一支部落远迁西北地区与氐羌系的西戎杂居,虽然一直依附于中原王朝,但并未融入。其中以非子为首领的一支在西周中期定居秦邑,形成秦族,仅受封为"附庸",但仍然不属于"诸夏"。直到东周平王时,才提升为侯爵,并建立了以秦族为核心的西戎联盟,自身也加快融入华夏族的进程,直到最后由秦始皇亲手完成汉民族的政治统一。

五帝之后建立夏朝的夏族可能是由黄帝族留在北方草原的一支后裔,在中原的西北边境与氐羌系的一个分支相融合而产生,即"禹兴于西羌"(《史记·六国年表》),故而他们的夏语应该与黄帝时代的华夏语比较类似。当夏人入主中原以后,应该会很容易地接受中原的华夏语,但更突出氐羌语和胡狄语的特征。

大约与夏朝的建立同时,东夷中以商契为首领的一个分支北上幽燕地区,与当地胡狄系的一支融合,形成了商族。因此他们的商语应该是以夷越语为基础而掺入了胡狄语成分。当商人入主中原以后,必然会又一次改变中原华夏语的面貌,使之更突出夷越语的特征。

另外,在夏代末期,中原地区北部氐羌系中以后稷为首领的一个分支由于夏朝的动乱而北上"窜于戎狄之间",与黄帝族留在北方草原的一支后裔融合而形成周族。由此推测,他们的周语应该与夏族的夏语较为接近。当周人入主中原之后,所形成的华夏语应该是以周语为基础,带有少量夷越语的成分,并最终凝固成汉语。

通过上述华夏族和华夏语的融合过程,我们可以发现,华夏族虽然是由三大族系融合而来,但在融合过程中,胡狄系始终起着主导作用。无论是氐羌系还是夷越系往往是先与胡狄系融合,再相互发生接触和融合。从炎黄融合成最初的华夏族开始,到夏族、商族、周族的形成,无不如此。从地理位置上看,一般是南北融合较多,而东西融合较少。这与三大族系不同的生存方式有关。即胡狄系属于游牧民族,居处不定,可以在辽阔的北方草原东西来回迁徙,而以农耕为主要生存方式的氐羌系和夷越系在黄河中下游的位置则是一西一东而相对固定。

另一方面,华夏语虽然是由三大语系融合而来,但在融合过程中,胡狄语的影响相对较小,氐羌语和夷越语始终起着主导作用。从五帝时代的华夏语,到三代的华夏语,莫不如此。这是因为氐羌系和夷越系的文明程度大大高于胡狄系,因而始终保持了其语言的强势地位,确保了华夏语在语言结构上没有阿尔泰化。

同时,语言的融合程度又与民族的融合程度密切相关。从黄帝以来华夏族不断融合的走向来看,必然是从较低的融合度走向较高的融合度,直至周代的彻底融合而形成统一的汉民族。仍以三代为例。相比周代而言,夏商两代的各民族融合程度仍然较低,这与两朝的统治方式有关。也就是说,当时位居中原的统治民族与周边的被统治民族之间各有各的地盘,双方形成奴役与被奴役或者"高度自治"的册封与朝贡关系,而且统治民族主要是以强大的军事力量来维持这种关系,较少向被统治民族进行语言文化渗透。在夷夏关系方面,中原王朝也往往是只要"东夷来宾"就算太平盛世了。由于"非我族类,其心必异",因而被统治民族的依附性往往取决于统治民族的兴衰,结果就是"兴则万国来朝,衰则诸侯不至"。

我们知道,语言是由人使用的,也是跟着人的脚步移动的。人走到哪里,语言也传播到哪里。不同语言之间的融合,需以民族的迁移造成的相互融合和杂居为前提。在联盟制的社会中,不同民族各安所居,就有利于保持自己的语言。在民族交往过程中,由于语言的接触而产生相互的影响是可能的,尤其文化较为发达的民族语言会对其他民族的语言产生较大的影响,但不可能改变其基本面貌。举一个晚近的例子,即朝鲜半岛长期作为中国封建时代的一个藩属国,历史上几乎是全盘接受了汉文化,甚至在高丽时代和朝鲜时代还以"小中华"自居,而且汉语以书面语的形式大规模渗透到朝鲜王朝的高层,也使朝鲜语吸收了大量的汉语词汇。然而,朝鲜语仍然是朝鲜语,并没有融入汉语而消失,也没有成为汉语的一个方言而存在。原因很简单,因为朝鲜民族世居朝鲜半岛,与汉民族之间从未发生过大规模的融合。同样,越南语和日语的情况也是如此。反之,中国历史上比较晚近的大规模语言融合情况,则屡屡发生在北方游牧民族历次入主中原之后。

因此,联盟制在客观上有利于保持各民族之间语言文化上的独特性,而从另一方面来看,统一的汉民族和统一的汉语的形成则无从谈起。

到了周代,情况却发生了根本性的变化。周代是汉民族形成的关键时期,也是汉语最终形成的关键时期。

(3) 汉语的最终形成

建立周朝的周人兴起于西部的渭水流域(今陕西一带),在先周时期,周国曾先后是夏商两朝的一个联盟成员。经过不断发展而壮大,最终以"小邦周"推翻了"大邑商"。在周朝建立时,它并没有像夏商两朝那样将本民族整体迁往中原(河洛)地区(今河南一带)建立王朝,采用以河洛地区为中心的统治模式,而是在整个中原地区采用了封建联邦制,将王室宗亲派往中原各地建立诸侯国,称为"诸夏"。这些诸侯国在西起陕西、东达海边的整个黄河中下游地区形成一张巨大的网络,几乎将当地的其他民族"一网打尽",实现了"溥天之下,莫非王土;率土之滨,莫非王臣"。

而且,这一制度也以向西和向东两个方向大大扩展了夏商两代仅限于河洛地区的"中原"的范围。在西部,周人的根据地作为王畿而首次被纳入中原范围。而在东部,即黄河下游的东部沿海一带,在商代仍然属于并未直接统治的东夷联盟,但周朝一下子在那里建立了燕、齐、鲁等高级别的诸侯国,将该地区改造为"诸夏",使历史上地域广大的东夷缩小到仅剩下燕国外围的东北一带和朝鲜半岛。

这样一个制度,在政治上十分有利于巩固周朝对这一广大地区的实际统治。由于"诸夏"都是"自家人",不存在"非我族类"的问题,一心"尊王攘夷",抵御外来侵略,因而有效地避免了"衰则诸侯不至"。这使得周朝奇迹般地成为中国历史上延续时间最长的王朝(共 790 年)。

对于南方的"蛮夷"之国,包括楚、吴、越等,由于周朝力所不及,故仍然保留类似前朝的联盟制,一方面在政治上笼络他们,将他们纳入诸侯分封体系,以安定边疆,消除边患。另一方面又奉行"夷夏之辨"政策,以"非我族类"而加以歧视,并不承认他们是"中国之人"。这也是南蛮地区的华夏化大大滞后于中原地区的根本原因。

同时，在文化层面，相对落后的周人继承了商人高度发达的文化成果，又将它们改造为适合自身发展的文化形态，即经过更新的周代华夏文化，由"自家人"散播到中原各地，使散居于各地的各土著民族加速了与主导民族互相融合的进程，文化向心力快速增强，终于在黄河中下游的诸夏地区形成了认同同一个文化形态——汉文化的混血民族，即汉民族。

然而，一个民族的形成并不是一蹴而就的，一种文化形态的形成需要经过长期的浸润与磨合。我们以周代为汉民族的形成时期，并不意味着周朝一建立，汉民族就形成了。尽管周朝的政治制度和文化建设加速了中原地区各民族的融合进程，但它仍然需要一个过渡时期。而这个过渡时期，大体与西周时期(前1046—前771)相当。而西周末年犬戎攻陷周朝首都镐京、杀死周幽王并迫使平王东迁而建立东周(前770—前256)事件，可以看作是促使汉民族脱胎而出的外来动力。

平王东迁之后，王室威望大大降低，王权大为削弱，代之以齐桓公、晋文公等强大诸侯的轮番称霸。这些霸主以周天子的代理人自居，通过"尊王攘夷"而促进了民族意识的觉醒。同时，周朝从地理位置偏西的镐京迁都于洛邑(今洛阳)，即中原的中心河洛地区，客观上也便于华夏文化和华夏语在中原地区的进一步传播。事实上，以五经为代表的经典著作正是在这一时期形成的。因此，失去实权的周王仍然是汉民族的精神象征，其结果是衰弱的东周反而比强大的西周延续了更长的时间，前者(514年)差不多是后者(275年)的两倍。

与此相应，从周语到汉语的演变，也经历了三个阶段，即周语(先周时期)、周代华夏语(西周时期)、汉语(东周时期起)。

在周人隶属于商朝的先周时期，虽然周人仰慕商文化并积极吸收商文化，但由于尚未发生周人与商人的长期融合，因而以氐羌语为基础的周语与商代华夏语的融合程度不会太高，周语基本保持着原有的特征。

到了周人建立周朝之后，面对地域广大的中原各民族，以周语为基础的周代华夏语才开始形成。西周时期的周代华夏语可以看作是从"华夏语"这个概念到真正的"汉语"概念的过渡形态，它既是历代华夏语在功能上的延续，也是汉语的直接前身。因此，它实质上已经是胚胎期的汉语。到了东周时期，周代华夏语终于脱胎为汉语，从此奠定了汉语在汉藏语系中的最后归属。

由此看来，汉语从形成伊始，就是一种混合而成的"杂交"语言。在它的身上，既有汉藏语言的"底子"(基础)，也有南岛语言和阿尔泰语言的"影子"(即"底层")。

此后，在秦汉以来大约2 000年的发展中，汉语先是受到佛经的影响，又不断地"南染吴越，北杂夷虏"。到了最近的一百年前，又大量吸收西方和日本的语言成分，包括借词和欧化句式。因此，现代汉语的混杂程度，可能更甚于古代汉语。

3) 汉语的变体

我们知道,在语言的长期发展过程中,会随着功能和环境的变化出现不同的变体。语言的系统性变体一般可分为两大类,一是风格变体,二是地域变体。

风格变体就是书面变体(书面语)与口头变体(口语)。书面语是在口语的基础上借助文字加以提炼而形成的,由于文字的凝固作用,书面语一经形成就不容易改变,因而具有稳固性。口语是活在人们口头上的语言形式,却容易随着时代的变迁和环境的变化而发生变化,因而具有易变性。书面语稳固性和口语易变性的矛盾,会导致两者渐行渐远,差异越来越大,以致严重脱节。于是,一种介于两者之间的新的书面语就会应运而生。

古汉语的书面语,即后世所称"文言文",是在先秦时期口头雅言的基础上形成的。当时的书面语,比较接近口语,其实就是最早的"白话文"。有些文献甚至还是直接将口语记录下来而已,连书面语也算不上。人们常以"之乎者也"作为文言文的特征,而这些本来就是当时口语中的虚词。例如《诗经》中的民歌就难以看作是书面语,还有《论语》中所记录的孔子语录,基本上就是当时的"大白话"。

唐宋以来,在一些通俗文学作品中出现了主要以北方方言为基础的早期白话文。这样就产生了文言文和白话文这两种书面变体并行的局面。当然,文言文仍然居于正统地位,白话文则"不登大雅之堂",仅流行于民间。

五四以来的白话文运动促使汉语又形成了现代白话文,并取代了文言文的正统地位。

口语的变化可以表现在历时层面和地域层面。随着时代的变迁而发生的变化属于历时层面的变化,并形成时代变体,又称"时代方言"。例如我们在同一个时期的社会中,可以发现老中青三代人使用的语言往往有所不同。社会语言学常采用共时的调查对比方法来研究语言的发展演变情况。从古汉语到现代汉语的巨大差异,就是这种历时变体的差异经过2 000多年的不断累积而产生的结果。

随着地域的不同而形成的变体就是地域变体。这又可以分为两个层面,即标准变体和口语变体。标准语的地域变体,即标准语在不同地域的规范性差异,一般是由民族的分裂以及大量移民外迁造成的。当然这种差异不会太大,一般不会形成沟通障碍。例如英国英语和美国英语就是这样。汉语也有类似的情况,即目前形成的大陆普通话和台湾"国语",以及海外华人的"华语",各自规范不同,却又不能称之为"方言",就是汉语标准语的地域变体。我国社会语言学一般称之为"跨境变体"("国语")和"域外变体"(华语)。

口语的地域变体,就是一般所说的"方言",如现代汉语的七大方言及其下属的次方言和土语。汉语的方言早在东周时期就已经形成了。也就是说,在汉语形成的同时,其内部就开始产生方言了。以春秋晚期的孔子为例,"子所雅言,诗、书、执

9

礼皆雅言也"(《论语·述而》),说明当时的汉语已有雅言(官话)和非雅言(方言)的区分。具体而言,孔子平日说的是鲁方言,只有在正规场合才用雅言。

《战国策》记录了一个有趣的故事:"郑人谓玉未理'璞',周人谓鼠未腊者'朴'。周人怀朴过郑贾曰:'欲买朴乎?'郑贾曰:'欲之。'出其朴,视之,乃鼠也,因谢不取。"(《战国策·秦策三》)这说明周国人说的"朴"(未晾干的鼠肉)被郑国人听成是"璞"(未雕琢的玉石)。这是战国时期各国"言语异声"的一个生动实例。

另外,标准书面语一般是通过书面形式得到传播的,由于汉字的超方言性,使得有可能采用方言语音来识读书面语,于是就形成了一种接近标准语的方言书面语,即语法、词汇采用标准语,语音则在方言语音系统的范围内采用接近标准音的形式。这就是方言中普遍存在的"文读"系统,与口语的"白读"系统并行。两个系统的词汇有所不同,白读系统的词语为方言的固有词,仅用于口语,而文读系统的词语来自标准语,仅用于书面语,其发音则接近标准语语音。对于两个系统之间相同的词语或语素,也采用两种读法以示区别。以上海话的人称代词为例,第一人称单数为"我 ngu↑(白)/我 ngu↓(文)",两者虽词汇相同,发音也相近,但前者采用升调,后者采用降调;第一人称复数为"阿拉(白)/我们(文)",词汇不同,"我们"则读作"ngu↓ meng"。

1.1.2 汉字的产生

1) 文字的本质及其产生

文字是记录语言的书写符号系统,是人类最重要的辅助性交际工具。据研究,目前所见最早的成系统的文字大约出现于 6 000 年前,包括古埃及人的圣书字和古代苏美尔人的楔形字等。文字是人类社会从蒙昧走向文明的产物。文字的出现,大大加快了人类社会的发展进程,堪称人类历史上的第二次信息革命,也是人类进入有历史记载的文明社会的最重要的里程碑。"如果把 36 亿年生物进化的过程缩短为一年,那么文字是在这一年的最后一天的最后一分钟产生的。""这'最后一分钟'的发展速度远远超过以前的'二十多个小时'。文字的创制使人类的发展进程出现了质的飞跃。"(叶蜚声、徐通锵,1997)[①]

不过,文字与语言在功能上并不完全相同。如果说,语言是人类必备的交际工具,那么文字只是一部分人的辅助交际工具。换句话说,没有语言,不成其为人类,因为世界上还没有发现过只有文字没有语言的人类;没有文字,照样是人类,包括文字产生之前的人类、尚未使用文字的民族、使用文字民族内部的未受过教育者(如成年文盲、学龄前儿童)等。因此,语言第一性、文字第二性的观念,是我们认识

---

① 叶蜚声,徐通锵.语言学纲要[M].北京:北京大学出版社,1997:153.

语言与文字的关系以及两者相对地位的必要前提。

世界上各种文字的产生,一般有自源和他源两种途径。自源文字是在某个民族的社会生活中自发产生的,如汉字就是一种自源文字。他源文字是民族交流中某个民族受到其他民族文字的启发而仿制的。

他源文字也有两种情况。一种是"貌合神离"式,自创程度较高。如日语假名借用汉字的偏旁加以改造而成,样子像汉字,但本质上已不是表意文字,而是表音文字(音节文字);朝鲜谚文则仅仅借用了汉字的方块形,实质上与汉字并没有太大关系,也是一种表音文字(音素文字)。另一种是"稍加改造"式,自创程度较低。如英语采用拉丁文字,但又根据英语本身的语音特点加以取舍。其他采用拉丁文字的语言无不如此。

他源文字由于已有现成的文字可资参照,就可以根据相关原理在很短的时间内设计出来,而且一定是成熟的文字。

自源文字则不同,由于是自发产生,因而必然需要经过从非文字符号走向文字符号的长期演化,经历一个从量变到质变的过程,不可能一蹴而就,所以就难以追溯确切的产生时间。在这个过程中,历代的使用者会不断对那些符号加以充实或进行一定程度的改进,并在某一位"圣人"手中做了较大程度的改进而实现质的飞跃。那么这位"圣人",不妨视为文字的创造者。

2) 汉字的产生年代和创造者

关于汉字的产生年代和创造者,传统的说法即"仓颉造字说",就是约5 000年前黄帝的史官仓颉创造了汉字。

现代以来,鉴于"仓颉造字说"的荒诞性和神秘性,以及其所体现的"英雄史观",人们开始以"人民群众造字说"取而代之。据鲁迅(2006)的描述,"文字在人民间萌芽",具体的产生过程可能是这样的:"在社会里,仓颉也不止一个,有的在刀柄上刻一点图,有的在门户上画一些画,心心相印,口口相传,文字就多起来了,史官一采集,便可以敷衍记事了。"①再说得具体一点,"萌芽的原始汉字可能是分散的,不成系统的。经过整理,图形或符号同语言中的词完全固定下来,并能够代表语言用来记事,这样文字就逐步成熟了。如果仓颉确有其人,他可能是搜集和整理汉字的名人之一"②。

不过,就文字作为记录语言的符号系统这一性质来看,"在人民间萌芽"的那些分散的、不成系统的"原始汉字"只能看作一般的符号,却还不能算作文字。真正称

---

① 鲁迅.门外文谈//且介亭杂文[M].北京:人民文学出版社,2006.
② 黄伯荣,廖序东.现代汉语(增订四版)上册[M].北京:高等教育出版社,2007.

得上文字的,就应该是经过整理的、将每个图形或符号同语言中每个词的联系完全固定下来并与语言系统相匹配的书写符号系统。也就是说,每个字符必须有固定的形、音、义,并成为同一个符号系统中的一个有机成分。因而,造字和造符号不是一回事。造字意味着为不同的符号建立一个与语言系统相对应的系统,只有能够纳入这个系统的符号才可以成为文字,尚未纳入的就算不得文字。

  那么,从这个意义上来说,"仓颉造字说"仍然有一定的可信性。因为只有像仓颉这样的史官才有需要和条件去搜集、整理"原始汉字",将它们组织成一个系统,使之成为真正的文字。如果汉字系统确实是仓颉建立的,那么他就是造字者。而人民群众既没有这个必要,也没有这个条件这样做,他们最多有可能为汉字系统的诞生提供了一部分原始材料而已。打个比方说,相传"东坡肉"为苏东坡所创,就是将新鲜猪肉按苏东坡发明的方法加工而成"东坡肉",尽管猪肉是养猪人和屠户提供的,却不能认为他们是"东坡肉"的创造者,将他们提供的猪肉称为"原始东坡肉",而苏东坡却仅仅是个"整理者"。

  关于这个问题,我们还将在第六章进一步展开讨论。

3) 汉字的变体

  与语言变体的产生类似,一种文字在发展过程中,需要为增强其功能而不断完善,从而出现系统性和局部性的变体。系统性的变体,指汉字形体上的变化,如篆书、隶书和楷书等。局部性的变体,指汉字结构上的异体字,即一个字在部件的选择、分布位置以及笔画多少上的两种以上写法。

  (1) 汉字字体的变化

  "汉字在历史上出现过甲骨文、金文、篆书、隶书、楷书五种正式文字以及草书、行书等辅助字体。"(黄伯荣、廖旭东,2007)[①]其中篆书又分为大篆和小篆,隶书又分为秦隶和汉隶。由此可以把汉字字体的演变大致划分为七个阶段,即甲骨文、金文、大篆、小篆、秦隶、汉隶、楷书。

  秦朝建立以后,实施了"书同文字"的政策。据许慎《说文解字·序》介绍,秦始皇"初并天下,丞相李斯乃奏同之,罢其不与秦文合者。斯作《仓颉篇》,中车府令赵高作《爰历篇》,太史令胡毋敬作《博学篇》,皆取史籀大篆,或颇省改,所谓小篆者也"。这就是说,李斯等人将篆书进行了一番整理,一方面是以"秦文"(即秦国大篆)的写法为标准,将其他六国采用的写法作为异体字而废除,另一方面又将"秦文"本身加以简化,形成一套新的标准字体,称为"小篆"。因此,小篆比大篆更便于使用。

[①] 黄伯荣,廖序东. 现代汉语(增订四版)上册[M]. 北京:高等教育出版社,2007.

另一方面,除了用于正式场合的小篆外,在社会上还流行着一种更为简易的"草篆",即"隶书"。"是时始建隶书矣,起于官狱多事,苟趋省易,施之于徒隶也。"(《汉书·艺文志》)由于隶书笔划平正,结构趋于合理,笔画简省,便于书写辨认,因此在社会上广为传播,并成为全国常用的通行字体,连秦始皇关于统一度量衡的诏版,使用的也是隶书。包括秦律和重要文书《语书》在内的睡虎地秦墓竹简,也是"全为墨书隶体"。

汉朝以隶书为正式字体,并将秦隶加以进一步调整,产生了汉隶,基本上去除了秦隶中残留的篆书痕迹。

到了汉末,又在汉隶的基础上产生了楷书,又名"真书""正书",作为汉字的"真正楷模"加以推行,并作为汉字的最后一种正式字体,一直沿用至今。

东汉时也产生了简易快捷但不易辨认的草书。为便于日常书写,又产生了介于楷书和草书之间的行书,兼取两者的优点。

至于现行汉字,"经常运用的是楷书、行书,在文物古迹、印章、对联、匾额及文章的标题等特殊场合,有时也运用草书、隶书、篆书或金文、甲骨文,至于书法艺术作品,各种形体都可能运用"(黄伯荣、廖旭东,2007)[①]。这就意味着,汉字形体的变化为汉字留下了不少变体,为后人在不同场合的灵活运用提供了选择的机会。

(2) 汉字异体字的产生和统一

在春秋战国时代,汉字的通行字体是大篆,称为"史籀大篆",相传为周朝太史籀所作,并以《史籀篇》(今已不存)加以推行。随着各诸侯国的政治分裂,大篆出现了"文字异形"的现象,产生了大量的异体字。

秦始皇的"书同文字",是鉴于当时各国的"文字异形",即汉字结构上的"异体"。因此,"书同文字"旨在统一异体字,"罢其不与秦文合者"。只是秦始皇并不满足于简单地推行"秦文",而是同时进行了字体上的改革,即将大篆简化为小篆,使之更便于使用和推行。

在汉字的发展史上,异体字的产生是一种常见的现象。这与汉字的造字原理,即"六书"有关。汉字系统经历了一个汉字数量由少到多的过程,以适应社会的发展和人们用字的需求。而"六书"原理的存在,意味着人人都可以按照自己的理解来造字和用字。历朝历代都有人造出新字,其中既有本无其字的新字,也有本有其字的异体字。

异体字的大量存在,必然导致书面沟通的障碍,于是每隔一段时间就需要进行一次由政府主导的文字规范化工作,以消除异体字。

商代甲骨文虽然沿用了几百年,但据研究,甲骨文本身并不统一,"许多字可以

---

① 黄伯荣,廖序东. 现代汉语(增订四版)上册[M]. 北京:高等教育出版社,2007.

正写、反写,笔画繁简不一,偏旁不固定,异体字较多"(黄伯荣、廖旭东,2007)①。这可能是因为文字掌握在中央政府的历代巫师手中,其功能也仅限于王室的占卜,尚未成为人际交际工具,所以巫师们用字、造字的自由度较大,统一异体字的需求并不突出。

中国历史上的第一次文字规范化,大约就是周代《史籀篇》的推行。周人从商人手里继承了文字,并打破商代文字的使用局限,致力于推行到各诸侯国的贵族阶层,使之成为治国的工具。文字的推行需要先做统一工作,而这一工作的主持者,可能就是西周晚期宣王的史官史籀。由于《史籀篇》早已亡佚,文献中对史籀的具体工作也是语焉不详,但大致可推测与秦始皇的"书同文"相类,即以当时的金文为基础,一方面统一异体字,另一方面也作了字体的改革,将金文简化为大篆。

自从楷书定于一尊,历代在字体上并无大的改变。但在楷书系统内部,异体字仍然层出不穷。由于缺乏由政府主导的强制性规范,不仅读书人使用异体字十分常见,随着汉字的普及,民间也出现了大量的俗体字。

到了隋唐时代,国家结束了自三国以来长达360多年的分裂局面,重新实现了统一。随着科举制度的建立,朝廷也重新开始了语言文字的规范化工作。语音方面,出现了隋朝陆法言编撰的《切韵》,作为写诗作文的标准音。文字方面,则由训诂学家颜师古奉唐太宗之命考定五经,确定楷体文字,撰成《五经定本》,作为取士的标准。颜师古还记录了不同样式的楷书字体,辑成《颜氏字样》。他的侄孙颜元孙在《颜氏字样》基础上编写了《干禄字书》,对唐初所用的1 652个异体字和易混字进行了系统的整理,并分为俗、通、正三体,得804组,分别用于不同场合(唐娟,2007):

> 所谓俗者,例皆浅近。唯籍账、文案、卷契、药方,非涉雅言,用亦无爽,倘能改革,善不可加。所谓通者,相承久远。可以施表奏、笺启、尺牍、判状,固免诋诃。若须作文言及选曹、铨试,兼择正体用之尤佳。所谓正者,并有凭据。可以施著文章、对策、碑碣,将为允当。进士考试,理宜必遵正体,明经对策贵介经注本文,碑书多作八分,任别询旧则②。

这本字书承认"俗字"和"通字"在一定场合使用的合法地位,但认为"进士考试,理宜必遵正体"。这一点从书名"干禄"(即求官)也可以看出来。它规定国家考试必须用"正体",这就在汉字的规范方面起到了引导作用。

于是,此后历代封建王朝一直采用"正体字"为标准字体,只在占人口总数百分之几的官吏和士大夫阶层中使用,而广大群众则在日常的账簿、契约、书信、通俗文

---

① 黄伯荣,廖序东.现代汉语(增订四版)上册[M].北京:高等教育出版社,2007.
② 唐娟.《干禄字书》子类分析[J].重庆工商大学学报(社会科学版),2007,(3).

学等场合使用"俗体字"(苏培成,2001)①。一般来说,正体字笔画较多,大体相当于后世的繁体字;"俗体字"笔画较少,类似后世的简体字。

自清朝被推翻以来,许多进步知识分子和历届政府都致力于以简化为目标的汉字改革(苏培成,2001)②。早在1909年,教育家陆费逵就在《教育杂志》创刊号发表论文《普通教育当采用俗体字》,认为俗体字的好处有三:易学易记,应用广泛,省时省力。1920年起,语言学家钱玄同发表论文《简省汉字笔画底提议》《简省现行汉字的笔画案》等,提出简化汉字的8种方法。1928年开始,系统整理简体字的著作接连出版,有胡怀琛《简易字说》、杜定友《简字标准字表》、钱玄同《简体字谱》、国语统一筹备委员会《国音常用字汇》等。

1935年8月,南京国民政府教育部公布《第一批简体字表》,收简体字324个,要求自1936年起,凡新编小学课本、短期小学课本、民众学校课本、儿童及民众读物,一律使用简体字,受到文化教育界普遍欢迎。但由于国民党上层的保守派极力反对,于1936年2月宣布"暂缓推行"。但在8年抗战和3年内战时期,解放区普遍采用简体字,称为"解放字",并逐渐通用于全国。

20世纪50年代后期,中国政府正式确定了"当前文字改革的三项任务",包括"简化汉字,推广普通话,制定和推行汉语拼音方案"。其中汉字简化的方针是"约定俗成,稳步推进"。

汉字简化的目的是便于日常使用,其对象是常用汉字,因此是在有限范围内进行的,并没有将所有汉字都做简化,弄成一个与"繁体字系统"相对的"简体字系统"。因而汉字简化实质上是又一次以简化为导向的针对异体字的统一。选定的简体字,大多是古已有之。

据苏培成(2001)③的总结,现行简体字的来源主要有4个:

① 古字,如:云/雲、从/從、电/電、胡/鬍等。

这一组简体字是对应的繁体字在古籍中的最古写法,后来才改为繁体字的字形,称为"今字"。既然有"古字"和"今字"两种写法,汉字简化时就选定笔画较少的"古字"作为标准汉字。

② 俗字,如:体/體、声/聲、爱/愛、笔/筆等。

这一组简体字是古代民间已采用的"俗体字"(又叫"俗字"),曾与封建朝廷认可的"正体字"(又叫"正字")并用。汉字简化时就选定笔画较少的"俗字"作为标准汉字。

---

① 苏培成. 现代汉字学纲要(增订本)[M]. 北京:北京大学出版社,2001.
② 苏培成. 现代汉字学纲要(增订本)[M]. 北京:北京大学出版社,2001.
③ 苏培成. 现代汉字学纲要(增订本)[M]. 北京:北京大学出版社,2001.

③ 草书楷化字，如：书/書、为/為爲、专/專、长/長等。

这一组简体字是在流传下来的古代书法名家的草书字帖中早已简化的。汉字简化时，就将草体的字形加以楷化，作为标准汉字。

④ 新字，如：拥/擁、护/護、灭/滅、丛/叢等。

这一部分简体字是汉字简化时新创的，但创制时所遵循的仍然是古人的"六书"原理。如"拥""护""丛"是形声字，"灭"是会意字。

据2000年颁布的《中华人民共和国国家通用语言文字法》规定："国家通用语言文字是普通话和规范汉字。"这个"规范汉字"所包含的，一部分就是由中国政府公布的《简化字总表》中的简体字，另一部分则是历代传承下来的那些不存在繁简问题的汉字。至于繁体字，作为"非通用文字"，也并没有废除，依法仍然可以用于特定的场合。

目前，新加坡、马来西亚、泰国等国的华文教育国家标准也采用与中国政府相同的标准。联合国文件的中文文本曾经同时发行繁简两种汉字文本，但2008年以后，只保留简体文本。

另一方面，国民党退据台湾以后，蒋介石也曾不止一次地提倡简体字。但当大陆全面推行简体字以后，台湾当局认为这是"共产党破坏中国文化的阴谋"，于是中止了汉字改革的进程，坚持使用繁体字（周有光，1997）[①]。同时，香港和澳门以及海外华人社会也坚持使用繁体字。这样，在共时平面上，就形成了汉字的繁简两种变体，并已持续60多年。由于这两种变体通行于不同的社会制度下，就被赋予了意识形态上的附加意义，形成了"僵持"之势。

在现代汉字简化的大约100年历史中，始终有反对的声音出现，其理由也是千奇百怪，并随时代的不同而有不同的侧重。其中有一条理由是简体字破坏了原有的构字理据。对此，古文字学家容庚曾在其1936年印行的《简体字典》自序中予以驳斥："吾国字体变迁亦数矣：由古文而小篆，而隶，而楷，而行草。象形指事之文已嬗变为符号，龟与鱼同头，鸟与马同足，阜邑之偏旁同作阝，肉舟之偏旁同作月。吾人认字，岂复有推求其如何象形如何指事者哉。"[②]

1.2 汉语汉字神圣化的基础

语言文字的神圣化现象，并不是无缘无故出现的，它出自人们对语言文字的感性认识，是以语言文字的神秘性、识别性、古老性等为基础的。

[①] 周有光.语文闲谈（续编下）[M].上海：上海三联书店，1997：81.
[②] 容庚.简体字典[G].北平：快佛燕京学社，1936.

1.2.1 语言文字的神秘性

所谓"神秘性",是指语言文字似乎无所不能然而又令人难以理解其力量来源的特性。

1) 汉语的神秘性

语言的作用是神奇的,这一点是每个人自出生以来就能感同身受的。婴儿出生以后,先以简单的啼哭声表达自己的感受,不久就开始牙牙学语。其实,他们并不知道自己正在学习语言,当然更不知道自己正在学习哪种语言,但他们明白语言这个东西十分有用,不管自己有什么欲望,都可以通过语言来实现。因而,语言的神秘性实际上是人们对语言最初的感性认知。语言的神秘性使人们以为可以用来与上苍对话,可以呼风唤雨。中外语言中类似"天哪""My Dod"之类用语,就是这种与上苍对话功能的痕迹。

另一方面,语言这种十分有用的工具又是伴随着人类的产生而自发地产生的,也就是说,语言是人类在不知不觉中创造出来的,也是在不知不觉中演化的。这与人们有意识地创造某种工具的过程截然不同。因此,语言的产生过程并没有被人类留在记忆中,也就不为后人所知,因而就具有了神秘性。

当人类进入文明时代,试图解释和驾驭与自身有关的一切事物时,便开始通过创世神话展开思考和解释。在对人类自身来历的想象中,先民们也对语言的来历做出了最初的推测。相比古代中国人而言,古代欧洲人对语言的起源问题似乎特别感兴趣。例如,基督教提出"上帝造人"说,认为人类是上帝创造的,并在创造人类的同时教会了人类语言,即"亚当语"。当然,上帝自己是怎么来的,上帝的语言又是怎么产生或学会的,还是解释不了。《圣经》中还进一步解释了人类语言多样性的原因,认为是大洪水过去之后,人类试图在巴比伦建造一座名为"巴别塔"的通天塔,打算上天扬名,结果被上帝搅乱了语言,从此无法沟通,造塔不成,便流散各地(《圣经·旧约·创世记》第11章)。

当时人们还热衷于论证当今世界现实中的哪一种语言就是最早的亚当语的遗存。例如14世纪初的意大利诗人但丁曾认为,希伯来语是人类建造通天塔时使用的语言。随着欧洲传统语言学挣脱神学的束缚,人们对语言起源的研究也越来越趋于理性化、科学化,先后提出了"感叹说""歌唱说""劳动说"等,虽然至今尚未有定论,但至少褪去了语言的神秘性。

不过,古代中国人对语言的起源问题似乎兴趣不大。例如,在"女娲造人"的神话中,只是说女娲用黄泥仿照自己的样子抟土造人,但是这些"泥人"是如何学会语言的却并没有提及,似乎人类天生就会说话的。这也使得语言始终保持着它的神

17

秘性。

2) 汉字的神秘性

文字的作用也是神奇的,甚至可能比语言还神奇,因为它能突破语言的时空局限,把人们想要表达的信息传于异地、留于异时。

由于他源文字的产生年代一般比较晚近,后人往往可以明确地知道是谁、在什么时候、为了什么而设计了那套文字,因而一般不存在任何神秘性。

自源文字则不同,它也像语言一样,是某个民族在长期的生活中不知不觉地创造出来的。它从单个的符号,发展到不同符号的连用,逐渐与语言对应起来,最终在某个发展节点上,实现了质的飞跃,使原先的非文字符号突变为文字系统,并使这个文字系统从不够成熟走向完全成熟。因此,文字的产生过程也没有被该民族留在记忆中,也就不为后人所知,因而就具有了神秘性。

古代中国人虽然对语言的来历兴趣不大,却对文字的来历特别感兴趣。《易经》曾提到,"上古结绳而治,后世圣人易之以书契,百官以治,万民以察"(《易·系辞传·下·二》),但没有指出这个圣人是谁。而流传至今最著名的"仓颉造字"说则有了具体的人名。根据现有文献,"仓颉造字"说自战国时期开始流行,在汉代基本成形。从其内容来看,则可分学术版和神话版两种。

学术版的"仓颉造字"说产生较早,最早见于战国时期的《荀子》《韩非子》《吕氏春秋》等,不过仅有一些片言只语,主要是提到仓颉如何造字并使之流传下来,并未将仓颉其人加以神圣化。如"好书者众矣,而仓颉独传者,壹也"(《荀子·解蔽》),"古者苍颉之作书也,自环者谓之私,背私谓之公"(《韩非子·五蠹》)。

直到东汉,才由文字学家许慎作了较为全面的总结:"黄帝之史仓颉见鸟兽蹄迒(hang)之迹,知分理之可相别异也,初造书契,百工以乂,万品以察";"仓颉之初作书,盖依类象形,故谓之文;其后形声相益,即谓之字。"(《说文解字·序》)这段叙述主要表明了这样几点:

① 汉字产生的年代很明确,即黄帝时代(距东汉约3 000年,距今约5 000年);
② 汉字的创造者是黄帝的史官,名叫"仓颉";
③ 仓颉造字的目的很明确,他是为了"乂百工""察万品",对社会的各行各业进行分类和管理;
④ 仓颉是先有理论,后有实践,一开始就知道如何造字,即他是从鸟兽足迹的差异中得到启发而造字,造字的顺序是先象形、后形声;
⑤ 仓颉造的不是零星的字,而是一个比较完备的汉字系统,足以供全社会使用。

从现代文字学的角度来看,这样的一个造字过程显然不符合自源文字的产生规律,倒是接近他源文字了。不过,许慎毕竟是一个理论素养极高的文字学家,这个解释虽然不完全符合事实,但他说话还是比较理性的。我们从中可以看到,仓颉无疑是绝顶聪明的,但也并不那么神秘。

神话版的"仓颉造字"说则产生较晚,最早见于西汉初年刘安所撰《淮南子》:"昔者仓颉作书,而天雨粟,鬼夜哭"(《本经训》),"史皇产而能书"(《修务训》)。于是,汉字的诞生第一次成了一件惊天地、泣鬼神的神秘事件,而且仓颉是一出生就会写字的。由此可见,仓颉的神圣化,是晚至汉代才开始的。

东汉初年,已经有人对"天雨粟,鬼夜哭"的说法提出了质疑。如无神论思想家王充问道:"作文字,业与天地同,指与鬼神合。何非何恶,而致雨粟、鬼哭之怪?"(《论衡·感虚篇》)也就是说,文字的产生是顺应天地之举,也不违背鬼神的旨意,它并没有做错什么,怎么会导致"雨粟""鬼哭"这样的怪事呢。

不过,东汉一代正处于谶纬迷信思想发展的高峰期,所以主流意识形态对此还是深信不疑的。因而东汉末高诱解释道:"造书契则诈伪萌生,诈伪萌生则去本趋末,弃耕作之业,而务锥刀之利。天知其将饿,故为雨粟。鬼恐为文所劾,故夜哭也。"(《淮南子注》)在高诱看来,文字的产生会导致人们不再务实,以至于放弃农耕而追求舞文弄墨的好处;老天爷知道人们将因此而饿死,所以好心地为他们"雨粟";鬼神则担心人们用文字跟他们打官司,所以害怕地"夜哭"。这样的解释自然荒诞不经,不过也在一定程度上反映了当时的人们对文字"弊端"的思考,一方面是农本思想削弱,可能引起饥荒,另一方面是文字被用于罗织罪名,陷害他人。

东汉末年的纬书《春秋元命苞》则将神话版总结为:"仓帝史皇氏,名颉,姓侯冈,龙颜侈侈,四目灵光,实有睿德,生而能书。于是穷天地之变,仰观奎星圆曲之势,俯察龟文鸟羽山川,指掌而创文字,天为雨粟,鬼为夜哭,龙乃潜藏。"这样一来,仓颉已经不再是人,而是一个神了。

从此以后,汉字的创造者就被蒙上了一层神秘的面纱,历经千百年而难以褪去,"仓颉造字"说也被弄得真真假假而真假难辨。

有学者通过分析"仓颉造字"说,认为"中国古代的文字崇拜,可以分为前、后两个时期:前期文字崇拜,表现出'文字神来'思想;后期文字崇拜,表现出'文字圣创神助'思想"(张应斌,1994)[①]。

其实,从"仓颉造字"说的所有表述中,根本看不出存在什么"文字神来"和"文字圣创神助"思想。"仓颉造字"说从一开始就明确文字为上古圣人仓颉所创,体现的应该是"文字圣创"思想,这与战国以来人们为众多发明创造寻找创始圣人的思路是一致的,如"伏羲造琴瑟""神农作琴""蚩尤作兵""黄帝造火食、旃冕""史皇作

---

① 张应斌. 古代文字崇拜及其思维方式[J]. 贵州文史丛刊,1994,(5).

图""胡曹作衣"(《世本·作篇》),以及"神农尝百草"等等。至于"天雨粟,鬼夜哭"的说法,显然是将仓颉作为神的对立面来看的,旨在突出仓颉之"圣明",并无"神来"之义。后来又进一步将仓颉神化,使他本人升格为一个神,才使"文字圣创"蜕变为"文字神来",但并不存在所谓"文字圣创神助"的问题,因为从来没有哪个神帮助过仓颉。因此,如果真要分为两个阶段,应该是前期为"文字圣创",后期为"文字神来",其主角始终是仓颉。这也符合其他传说中将人升格为神的普遍规律。

关于"仓颉造字"问题,本书还将在第六章中进一步展开讨论。

1.2.2 语言文字的识别性

所谓"识别性",是指某种语言文字对使用者群体产生的识别作用。这种识别性,在不同民族的语言或文字之间表现为民族识别性,在同一民族语言内部的方言或文字之间,则表现为地域识别性。

1)汉语的民族识别性和地域识别性

(1)语言的民族和地域识别性的产生

不同民族使用不同的语言,这是一般人的直观感受。人们由此产生了一种根深蒂固的观念,即认为语言与民族是一对一的,两者具有对等性。由此也得出语言具有民族性的结论。这样一来,语言就有了民族识别性,人们可以通过不同的语言来识别不同的民族。例如,说汉语的一定是汉人,说藏语的肯定是藏人,说蒙古语的当然是蒙古人,如此等等。流行歌曲《爱我中华》所唱的"五十六个民族……五十六种语言,汇成一句话:爱我中华",就是这种对等观念的反映。在对外交往中,由于汉语具有中国人的识别性,于是认为说汉语的就是中国人,说日语的一定是日本人,说韩语的则是韩国人,如此等等。

同样道理,不同地域的人们使用不同的方言,即语言的地域变体,因而使方言也有了识别性。于是,说北方方言的是北方人,说粤语的是广东人,说闽语的是福建人等等。每个大方言内部还可以包含不同的次方言,如北方方言内部有华北和东北方言、西北方言、西南方言、江淮方言等四大次方言。每个次方言内部还可以包含不同的土语。于是人们也可以根据这些次方言和土语的某些特征而识别出具体是哪里人,如北京人、上海人、山东人、河南人、四川人、安徽人等。

人们当然也可以通过学习一种第二语言来降低语言的识别性。然而,第二语言学习并不是一件容易的事。任何一个在成年时期开始学习第二语言的人,都能够体会其中的艰辛。对于绝大多数学习者来说,无论付出多大的努力,要想达到能够"乱真"的水平,即本族语者(native speaker)的水平,往往是一个可望而不可即的目标,尤其是第二语言中的母语口音难以消除,还是免不了露出非本族人的"马脚"。以中国人学习英语为例,即使学了几十年,哪怕水平再高,还是无法"乱真",说出来、写出来的往往还是一口"中式英语"(Chinglish),也就仍然具有汉民族的识别性。

第二方言的学习也是如此。人们一般都是在一个具体的地域中出生并成长起来的,所谓"母语",往往就是该地域的方言,即母方言。只有在有条件接受教育或者与异乡人交流甚至杂居时,才开始有机会学习母方言以外的变体,包括标准变体(如汉语普通话)和其他方言。而这种学习同样不易,尤其表现为"乡音难改"。于是就产生了具有各地特色的普通话,如"上海普通话""广东普通话",或者具有异乡特色的某地方言,如上海人可以从北方人学说的"嗓嗨挨豁"(上海言话)中一下子听出来对方不是上海人等等。母方言的力量之强,甚至导致有人把方言口音也带进了外语,出现了"宁波英语""山东英语""唐山英语""南京英语"等异彩纷呈的景象。于是人们还有机会从本族同胞所说的外语中识别出对方是"何方人氏"。

(2) 语言的民族和地域识别性的本质

不过,人们往往不容易看到语言识别性的另一个方面,即在民族接触和文化交融向纵深发展时,语言的民族识别性往往会降低甚至消失,出现语言与民族不对等的现象,既可以是一(语)对多(族),也可以是多(语)对一(族)。

例如,人们在观念上往往以为汉语与汉民族是对等的,即以汉语为本民族母语的必定是汉民族,反之,汉民族必定是以汉语为本民族母语。殊不知中国的回族同样是以汉语为本民族母语,从来没有产生过"回语"。此外还有许多少数民族已经成规模地处于以汉语为主、本民族语言为辅的双语状态,使其本民族语言处于濒危状态,甚至完全换用了汉语,导致其本民族语言的消亡。其中最典型的是满族的满语,已属于"语言活力"等级中最低的第六级"无活力,已经没有交际功能的语言"[1],即满族已经在整体上以汉语为本民族母语。由此说来,汉语已经是至少三个民族的民族母语,在这三个民族之间,汉语的民族识别性已经基本上不存在。如今,当一个汉族人和一个满族人用汉语交谈时,谁也听不出来两人本不是同一个民族。

也有相反的情况,即虽为汉族,却不以汉语为母语[2]。例如,在海南省北部的临高县及附近有一群"临高人",说的是临高语(Ong-be,意即"村话"),属于汉藏语系侗傣语族壮傣语支,是一种与壮语、布衣语等比较接近的独立语言。临高人原为壮族的一支,但他们自认为祖上是宋元以来从福建迁来的汉族,所以20世纪50年代被划为汉族。到了70年代末、80年代初,当地政府曾试图从语言的识别性着手,先将临高语认定为壮语的一个方言,然后以此为据,将临高人的民族身份改为壮族,

---

[1] 曾江,郝欣.满通古斯语族语言使用情况[N].中国社会科学报,2014-08-08:A05.
[2] 孙宏开,胡增益,黄行.中国的语言[M].北京:商务印书馆,2007.

并建立"临高壮族自治县",以便享受到国家的少数民族政策,促进当地经济的发展,然而此举遭到一部分人的激烈反对,最后只得作罢①。

又如,在海南省东方市和昌江县的昌化江下游两岸有一群"村人",其母语是村语,属于汉藏语系壮侗语族黎语支,是一种由汉语和黎语混合形成的独立语言。村人自称祖先是来自福建、河南和江西等地的汉族,大约在唐宋时期,由于战争的原因,一批军人漂流到海南岛昌化江入口处一带定居,自称为"村人"。他们与当地黎族人通婚后,放弃了汉语,逐渐形成了村语,但其民族文化心理仍然认同汉族。

再如,在广东省怀集县西南部山区有一群"标人",其母语是标话,属于汉藏语系壮侗语族侗水语支,是一种由汉语和侗语混合形成的独立语言。标人的祖先是2 200多年前的秦汉时代开始由中原陆续迁来的汉族士兵,他们与当地的壮侗族先民聚居通婚,放弃了汉语,逐步形成了标话,但其民族文化心理仍然认同汉族。

此外,在广西临桂县茶洞乡一带有一群茶洞人,其母语是茶洞语,属于汉藏语系壮侗语族侗水语支。茶洞人在民族身份上又分为两支,一支为茶洞汉族,另一支为茶洞壮族(其母语也是茶洞语,不是壮语)。

由此可见,仅汉族内部就有不同语族的汉语、临高语、标话、村语、茶洞语等5种语言,形成了5语对一族的局面。

上文提到回族采用汉语为母语,其实在回族内部也并没有都采用汉语。例如,在青海省海南藏族自治州尖扎县康杨镇有一群"康家回族",其母语是康家语,属于阿尔泰语系蒙古语族西支。另外,在海南省三亚市回辉乡有一支回民,其母语是回辉话,属于南岛语系印度尼西亚语族占语支,是一种以占语为基础并混入古汉语成分的独立语言。

同样,其他一些少数民族聚居地区,如内蒙古、青海、西藏、广西、云南、新疆等也大量存在语言与民族一对多和多对一的现象。

例如,景颇族主要由景颇人、载瓦人、勒期人、浪峨人、波拉人、仙岛人等6个支系组成,分别以景颇语、载瓦语、勒期语、浪峨语(浪速语)、波拉语、仙岛语为母语。

又如,藏族的不同支系有藏语、却域语、嘉戎语、白马语、扎坝语、纳木依语、尔苏语、贵琼语、史兴语、木雅语、尔龚语、拉乌戎语、五屯话等13种独立语言②。

其中五屯话是青海省黄南藏族自治州同仁县隆务乡五屯村一带的一群五屯人的母语,是一种以明代汉语江淮官话为基础并混入大量藏语成分和部分保安语成分的独立语言。五屯人的祖先主要是明代初年从今江苏、安徽一带迁徙过去的一

---

① 临高小Z.《海南岛"临高人"族属识别专题》档案资料汇编[Z/OL]. 360个人图书馆,2006. [http://www.360doc.com/content/08/1104/19/73199_1878199.shtml].
② 孙宏开,胡增益,黄行. 中国的语言[M]. 北京:商务印书馆,2007.

支汉人,受当地土族首领统治,并与藏人杂居,全盘接受藏文化和土族文化,所以是一支由汉、土、藏等民族融合形成的混血族群。由于受到藏文化的强烈影响,五屯人具有强烈的藏族认同取向。但在 20 世纪 50 年代,其民族身份被当地政府强行划为土族,所依据的是语言和服饰的识别性,即他们不说藏语,所以不是藏族;他们的女性穿土族服饰,所以应该是土族。如今,尽管老一辈的五屯人还是土族,但其下一代还是选择了藏族,形成了父子不同族的局面。

还有,台湾地区的高山族拥有多达 16 种独立语言[1],堪称中国之最,包括:阿美语、排湾语、泰耶尔语、布农语、鲁凯语、赛夏语、赛德克语、雅美语、巴则海语、邹语、卑南语、沙阿鲁阿语、卡那卡那富语、邵语、噶玛兰语。

据统计,目前我国的 56 个民族中,作为母语而使用的独立语言共有 129 种(不含方言)[2]。由此可见,在我国境内,语言的民族识别性是相当低的,而"五十六个民族……五十六种语言"的观念,则纯粹出于"想当然耳"。

因此,正如陈平所指出的:"语言是民族最重要的属性之一,但不是唯一的属性,也不是界定民族的必要条件。古今中外都有民族放弃了自己的原有语言而改用异族语言,它们的民族特征并不一定因此而弱化或消失。法兰西民族的主体是古高卢人的后裔,很早就从凯尔特语转向拉丁语。近代英国的苏格兰民族、爱尔兰民族和我国的满族也都已经放弃或正在放弃本民族语言而采用其他语言,他们的民族认同主要维系于其他因素。"[3]

方言之间也是如此。在一个人口不流动的国家里,方言无疑具有很强的识别性。而一旦人口流动加剧,这种识别性同样会随之降低甚至消失。

以上海话为例。在改革开放之前,最著名的上海人识别标志大约就是"阿拉嗓嗨宁"("我们上海人")这句话了,人们也可以从说不说标准的上海话一下子识别出"上海人"与"外地人"。然而,改革开放 30 多年来,上海已经从全国各地吸纳了大量的"新上海人",这些人的方言各不相同,往往在同乡圈内说方言,在不同方言人群之间则使用普通话。如果在上海街头听到有人在说着某种方言,例如山东话,旁人根本无法据此判断该人是从山东来的访客还是已经定居上海的新上海人了。反观本地出生的上海人,由于普通话普及程度之高,年轻一代以普通话为主要沟通手段的趋势越演越烈,他们虽然可以基本听懂上海话,说出来的却是一口"嗓嗨挨豁",以至于不少人已经开始担忧"上海小囡不会说上海话"了。因此,当人们面对一个普通话标准而流利,也会勉勉强强说一点上海话的年轻人,已经无法判断他是

---

[1] 孙宏开,胡增益,黄行. 中国的语言[M]. 北京:商务印书馆,2007.
[2] 孙宏开,胡增益,黄行. 中国的语言[M]. 北京:商务印书馆,2007.
[3] 陈平. 语言民族主义:欧洲与中国[J]. 外语教学与研究,2008,(1).

本地出生的上海人还是以上海话为第二方言的"新上海人"。

假如我们再把眼光放到国外,例如美国的洛杉矶等地,那里集聚了大量的上海新移民,上海话仍然是他们的母语,而他们往往已经加入美国国籍,至少在身份上连中国人也不是,遑论上海人。由于他们大都在家里坚持跟出生于当地的子女说上海话,因而这些一出生就是美国人的华裔(ABC,American Born Chinese)也能说一口流利的上海话,甚至比国内的孩子说得还标准,唯独不会说普通话。如果说,这些华裔的父母在祖籍上还能算个上海人,那么他们本身就不能算上海人了。因而,如果在洛杉矶街头听到有人在说上海话,旁人也无法判断该人是来自中国上海的访客还是一个上海华裔美国人。

由此可见,语言的识别性源自不同民族、不同地域之间的封闭性,一旦这种封闭性被打破,各民族、各地域以开放的心态接受异族、异乡的语言并保留自身的文化,或者各民族、各地域接受异族、异乡的文化并保留自身的语言,这种识别性就会随之降低甚至消失。因而,语言与民族对等性、方言与地域对等性的观念,就是这种封闭性的产物,因而也必然是一种保守而落后的观念。

(3) 汉语民族识别性的流变

通过语言来识别民族的习惯,也是古已有之。比较典型的当数孟子曾经将楚国学者许行讥为"南蛮鴃舌之人"。上文提到,在周代汉民族形成时期,"南蛮"由于历史和地理原因而融入较晚,因而南北文化界线鲜明。在语言方面就产生了中原的"诸夏"语言(即汉语)和以楚语为代表的"南蛮"语言之间的识别性。因此,所谓"南蛮鴃舌之人"就是从语言的角度来判别"南蛮"的非汉族身份。尽管楚国在东周时代已经强大到足以在中原地区连续稳坐"春秋五霸"和"战国七雄"的席位,其贵族阶层也已大大加快了自身汉化的进程,而且许行所创立的"农家"也是战国时代"诸子百家"之一,他开业授徒、著书立说、参与"百家争鸣"想必也是用的"雅言"和汉字,但估计许行这样汉化程度较高的楚人仍然是以楚语为母语,至少是雅言说得不正宗,所以还是免不了被孟子这位"正宗的汉人"揭出"老底"来讥讽一番。

当代以来,基于"五十六个民族……五十六种语言"的观念,人们不仅沿袭了以汉语识别汉民族的习惯,近一些年来,甚至还有人试图通过汉语来识别整个中华民族,并以汉语为基础来建构中华民族的认同。

正如上文提到的,中华民族是一个拥有56个民族的多民族共同体,中国是一个拥有129种语言的多语言国家;虽然汉语是使用人数最多、使用范围最广泛的一种语言,但并非唯一的语言。边远地区的少数民族群众,可能一辈子只说自己的母语,根本不说汉语,因此,"以汉语为基础建构中华民族认同,等于暗示他们自动将自己排除于对中华民族这一共同体的想象之外",而这一想象"所隐藏的政治风险是毋庸多说的"①。那些"藏独""疆独"分子,恐怕正等着这一天呢。

2) 汉字的民族识别性

(1) 文字的民族识别性的产生

不同的语言也往往采用不同的文字系统,不过世界上文字系统的数量则为数有限。除了大量没有文字的语言以外,在有文字的语言中,语言与文字系统也大都不是一对一的关系,除了少数语言采用独有的文字系统(如日语假名、朝鲜语谚文等)以外,大部分则共用某一套文字系统(如拉丁字母、西里尔字母等),并根据本语言的特点加以调整。如上所述,汉字也曾经是东亚一些国家(即"汉字文化圈")的语言共用的文字系统,不过如今继续在日常生活中完整使用的语言也只有汉语一种了。

与语言的识别性类似,由于不同的民族语言会采用不同的文字系统,因而就使文字也具有了一定的民族识别性,也就是人们常说的"同文同种"现象。当然,这种识别性仅限于有文字的民族,否则就无所谓识别性。

其实,文字的识别性比语言的识别性要复杂得多。这是因为文字是记录语言的符号系统,所以它是通过语言而与民族相联系的。也就是说,在文字和民族之间,还隔着一层语言,它是通过语言的识别性来达到民族的识别性。因此,只有在一个民族、一种语言、一种文字三者完全对应的情况下,文字才具有民族的识别性。在单一民族国家,甚至可以出现一个国家、一个民族、一种语言、一种文字四者完全对应的情况。例如在朝鲜半岛尚未分裂为南北两国时,大致就是这种情况。日本一般也被认为是单一民族国家,对境内唯一的少数民族阿伊努人不予承认,那么日本的情况也可视为一个日本国、一个大和民族、一种日语、一种日文四者完全对应的情况。

(2) 文字的民族识别性的本质

然而,世界上这种三者甚至四者完全对应的情况其实并不多见,因为自古以来不同民族之间文字系统的借用现象十分普遍,致使多个民族、多种语言采用同一种文字系统。这就意味着,"同文不同种"的现象其实更为普遍。

某个民族首创的文字系统在产生之初,肯定具有高度的识别性,这是真正的"同文同种"。之后通过文化的交流,这种文字系统如果在当时足够优越,就有可能被"异种"借用,就具有了跨语言性和跨民族性,即"同文异种",那么它的民族识别性就会相应降低。借用的民族越多,识别性就越低。如今世界上识别性最低的当推拉丁文字系统,唯一的原因就是它被采用得最多,共有120多种语言采用,跨语

---

① 吴泽泉. 身份焦虑与现实困境——论当代中国的语言民族主义[J]. 甘肃社会科学,2006,(5).

言性和跨民族性最强。反过来说，凡是具有高度的民族识别性的文字，都是未被其他民族借用的文字。如果说，被较多民族借用的文字系统是由于它的某种优越性的话，那么某些民族所引以为豪的独特文字，在其他民族眼里可能恰恰是不够合理的文字，因而并无兴趣借用，或者一度借用了也会废弃。

当然，由于语言的不同，共享同一个文字系统的民族仍需要将它进行一定程度的改造，以适应本民族语言之需，于是就会出现各民族的文字变体，从而也具有了一定程度的识别性。当然，这种识别性的产生，是由于语言的差异，而不是文字系统有什么不同。例如，英语和法语都采用拉丁文字系统，但具体采用的字母和拼法又有所不同。汉字主要由汉语使用，但也存在其他民族的变体，如在朝鲜语采用汉字时期，也自创了一些汉字，称为"国字"；日语采用的汉字系统也与汉语不尽相同，除了有100多个自创的"和制汉字"，如"辻""雫""畑""働"等，还有不少日式简体字，如"仮"(假)、"読"(读)、"変"(变)、"歩"(步)、"芸"(艺)等。

在汉字产生以来几千年的使用过程中，它的识别性经历过几次大的变化。在汉民族和汉语形成时期，它是三者完全对应的，所以具有汉民族的识别性。当"汉字文化圈"形成之后，它的识别性就降低了。于是，同样是一份汉字文献，一般人就不能仅仅因为它是用汉字写的就想当然地断定它是汉语文献，因为它也可能是朝鲜语(韩语)、越南语或者日语的文献，当然也不能断定写作者就是中国人。因此，日本也曾有学者称汉字为"亚洲字"，意在突出它在亚洲语言中的跨语言性、公用性。

然而，自从日本、朝鲜半岛、越南相继采用了本民族文字，汉字在这些民族中的地位日益下降，最终大部分废弃(如日本)、基本废弃(如韩国)或全部废弃(如越南、朝鲜)。如今汉字又基本恢复了"同文同种"的局面，当然是不够彻底的，因为日韩两国还在一定程度上使用着。

文字的识别性有时还会造成人们对语言差异的误解。例如，日语采用一部分汉字，由于识别性降低，使中国人有一种特别的亲近感，以为尽管日本人是"异种"，但至少其语言与汉语相近，因而必定易学，谁知越学越难，才发现"上当"不浅。这就是人们常说的"笑着进去，哭着出来"。

另一方面，在文字识别性较低的语言之间，也更容易互相借用词汇，而且往往不着痕迹。古代朝鲜、日本和越南就是通过采用汉字而借用了大量的汉语词汇，这些被称为"汉语"或"汉字词"的词汇在其语言中的比例甚至可以高达70%左右，并大量渗透到其基本词汇中，以至于如果将"汉语"全部剔除，这些国家的人将几乎"无法说话"。而近现代以来，日语中的大量汉字词汇又"不露声色"地大量进入汉语，如"共产党""干部"等，一般人在使用中根本感觉不到它们是外来词。

由此可见，文字的民族识别性是一种自然出现的现象，但未必是它的本质属性,至少不是普遍现象。它在不同民族和语言的历史发展中表现不同,既可以是具有高度识别性的"同文同种",也可以是识别性降低的"同文异种"。从这个角度看,文字在本质上并不具有民族识别性。因此,我们对待文字的民族识别性的态度,必须以本民族的生存发展为旨归,而不能刻意地追求"同文同种"或"同文异种"。

1.2.3 语言文字的"古老性"

所谓"古老性",是指现存的某种语言文字产生年代的久远程度。

1) 汉语的古老性

世界上的不同语言,都是在民族的形成过程中应运而生的。一般而言,语言的历史与民族的历史相伴而行。一个古老的民族,如果它没有发生过语言的换用,那么它的本民族语言也就同样古老。

汉语是汉民族从形成以来一直使用着的语言,其古老性当然无可否认。

"汉语"这个名称是后起的。汉语是因汉民族而得名,这个汉民族的得名又与汉朝有关,但这并不意味着作为一种语言系统的汉语是从汉代才开始有的。上文提到,周代(前1046—前256)是汉民族的形成时期,那么从周朝建立起算,汉语的历史约有3 000年左右。

周代的国名为"周",但把具有共同文化、共同语言的中原地区各诸侯国的人民称为"诸夏"(或写作"诸华")、"中夏"(或写作"中华")、"中国之人"等,以示与周边其他尚未"归化"的"四夷"相区别,即"夷夏之辨"或"华夷之辨"。这也是第一次出现国名与族名相分离的现象,与夏商两代是不同的。那么汉民族最早的名称应该是"夏"(或"华")或"中国"。这个"夏"与夏朝的主体民族"夏"有一定关系,但其内涵并不等同。这个周代"夏"民族即汉民族的语言就是"雅言","雅言"意即"夏言",但其内涵也不同于夏朝的"夏"。那么,汉语的早期称谓就是"雅言"。

在汉代以至三国时期,"汉"主要作为国名使用,以区别于周边其他国家,如"南有大汉,北有强胡"。汉朝之人当然可称为"汉人",但未必是汉民族。正如今天的"中国人"包含境内所有的民族,并不专指汉民族。例如,诸葛亮曾说:"先帝虑汉贼不两立,王业不偏安,故托臣以讨贼也。"(《三国志·蜀书·诸葛亮传》)这是因为蜀汉以自己为汉朝的延续,所以称曹操为篡国的"贼"。若以民族身份而论,"曹贼"当然也是汉人,与刘备、诸葛亮并无差异。这说明"汉"在当时仍然是用来做国号的。当时汉民族的名称,则仍然沿用过去的"夏""华""中华"和"中国"等。

自"五胡乱华"以来,北方游牧民族(统称"胡人")开始轮流入主中原,并与南方的汉族王朝长期对峙。由于他们占据中原华夏之地,又仰慕华夏文化,因而纷纷以"华""夏""中国"自居,反而指责退居南方的汉族政权是"南蛮"。这样一来,"华"

"夏""中国"就难以专指汉人,于是"汉"这个名称的重要性开始上升,渐渐用来专指汉民族。汉民族的语言也叫做汉语,胡人的语言则是"胡言""胡语"。

　　至于汉语史的分期,最简单的方法是分为古代汉语和现代汉语两个阶段。现代汉语以五四白话文运动为形成的起点,至今大约 100 年。与古代汉语数千年的历史相比,现代汉语这区区 100 年只及古代汉语的一个零头。

　　长达约 3 000 年的古代汉语还可以进一步划分为上古汉语、中古汉语和近古汉语 3 个阶段。由于各家依据不同,这 3 个阶段的分界点就有了不同的看法。一般以周秦两汉为上古,六朝至宋为中古,元明清为近古。近古汉语也称近代汉语,说明这是古代汉语走向现代汉语的一个过渡阶段。至于周代以前商代甲骨文的语言,也有人称为"远古汉语",以纳入古代汉语的发展序列。这个问题下文还要再谈。

2) 汉字的古老性

　　与"汉语"的名称相似,"汉字"作为汉字的名称当然也是后起的,不过可能比"汉语"一名稍早。在很长的一段时间内,汉字是中国人所见唯一的文字,所谓"文字"就是汉字。但这种观念最晚应该从汉代起就开始打破了。西汉张骞通西域,有可能看到过别国的文字。而东汉末以来佛教传入中国,随原版佛经而来的梵文需要加以翻译,更是让僧人见识了别的文字,并明白与汉字的不同之处。为了区别的需要,才开始有了"汉字"一名。这样,"文字"一词也有了广义和狭义的区分,广义指世界上的一切文字,狭义还是指汉字。

（1）汉字的产生年代

　　汉字是世界上迄今为止连续使用时间最长的主要文字,也是从远古到上古时期世界上各大文字体系中唯一传承至今的文字,不可谓不古老。正因其古老,所以汉字究竟有多少年历史也就显得扑朔迷离了。如同一位百岁老人,尽管不断焕发青春却又忘了自己的年龄。

　　目前所见我国最早的汉字系统是商代中晚期一直延续使用的甲骨文,其中最早的年代为大约 3 300 年前。不过,要说汉字的历史就是 3 300 年左右,也是不太合适的。假如我们从甲骨文的成熟程度来考虑,汉字系统的形成时期也可以适当地往前推一推。例如,据裘锡圭（1988）①推测,汉字大约是在 3 700 年前的夏商之际形成完整体系的。

　　不过,由于"夏商之际"的说法跨越了夏商两代,涉及夏人和商人这两大统治民族。就会引发一个关于汉字"发明权"的问题,即究竟是夏人造了字,并由商人继承下来,还是由夏代的商人造了字,却跟夏人无关？这可以分别归结为"夏人造字"说

---

① 裘锡圭. 文字学概要[M]. 北京：商务印书馆,1988.

和"商人造字"说。

提出这个问题的前提在于:"夏朝"和"夏代"并不是同一个概念,即"夏朝"是指一个以夏人为主体的政权,而"夏代"是指夏朝纪年所涵盖的一个时间段,两者是不可等量齐观的。对这两个概念,论者常常不予区分,以致二者通用。问题在于,夏朝之事,必然发生于夏代,而夏代之事,则未必可归之于夏朝。

(2) 关于"夏人造字"说

上文提到,夏朝并不是一个封建时代意义上的统一王朝,而是一个以夏人为主体建立的部落联盟性质的国家。当时部落林立,多如牛毛。夏人作为部落联盟的主体部落,其活动范围极其有限,一般认为集中于今河南西部和山西南部。而其他部落与夏人的关系,既有加入联盟的"执玉帛者万国"(《左传·哀公七年》),也有始终不愿加入联盟者。就加入联盟者而言,横向来看,则是有亲有疏,即所谓"甸服、侯服、绥服、要服、荒服"等"五服"(《尚书·禹贡》);纵向来看,则是时亲时疏,即所谓"盛则诸侯来朝,衰则诸侯不至"(吕思勉,2010)①。其中最典型者,莫过于夏代的东夷部落。

那么,在夏代,如果确实有人造了字,究竟是夏代的什么人(或曰哪个部落)造了字? 是作为夏朝主体部落的夏人造了字,还是其他部落造了字? 关于这一点,由于目前尚未找到可靠的直接证据,也只好进行相对合理的推论了。

目前学术界的主流观点是"夏人造字"说。不过,我们发现一些学者在分析论证"夏人造字"时,其常用套路是:文献记载+考古发现+文明与文字共生模式=夏人造字:

> 文献记载夏朝有"夏书",结合相当于夏朝的考古学遗址"二里头文化"遗址发现有较多的陶文符号等迹象分析,学者认为中国古代的文字首先是在夏代初期由居住中原地区的夏人创造的,这与中国历史中原的夏人首先进入文明,建立了我国历史上第一个奴隶制王朝——夏朝是相一致的。(廖志林,2007)②

不过,我们认为这样的论证套路及其论据还是需要进一步推敲的。

首先是文献记载的可靠性。就现有的传世文献而言,"夏朝有'夏书'"的说法确实存在。然而,《夏书》作为一篇文献,其写成年代却一直是个悬案。根据各家推测,虽然有早有晚,但最早的也不过周初(如叶修成,2007)③。据此,则该书连商人所写的可能性也不存在,何论夏人。

---

① 吕思勉. 中国通史[M]. 北京:中国言实出版社,2010.
② 廖志林. 20世纪中国文字起源论说评述[J]. 北方论丛,2007,(4).
③ 叶修成. 周公"制礼作乐"与《尚书》的最初编纂[J]. 求索,2007,(11).

正如谢保成(2002)所指出的,"所谓'夏书''商书',并非成于夏代之书、成于商代之书。夏代尚未进入'成文记事'时期,不可能有所谓'夏书'。商代虽已进入'成文记事'时期,却无编纂意识,也不可能有所谓'商书'。所谓'夏书''商书',是周秦之际的人们根据有关传说整理、编纂的'关于夏代之书''关于商代之书'"①。可见,连商朝也不一定有"商书",遑论"夏朝有'夏书'"。

有学者也承认,"至今为止,我们不能肯定流传下的任何一篇文献是属于夏代的",但同时又认为,"《夏书》之名称及引文在先秦文献中屡次出现,这表明夏代不仅有文字,而且可能有典册,这一推测应是符合逻辑发展的"(詹子庆,2012)②。

我们认为,要说"《夏书》之名称及引文在先秦文献中屡次出现",确实不假,然而在《夏书》的成书年代尚无法推测为早于周代的情况下,仅凭这一现象而推论出"夏代不仅有文字,而且可能有典册",却未必"符合逻辑发展",很可能是一种"三人成虎"现象。其实,更符合逻辑发展的解释应该是:该书可能在西周或两周之际成书,并在各国流传开来,为春秋战国时期的先秦文献所频繁引用。

其次是考古发现的证据作用。根据二里头遗址考古报告的介绍,二里头陶文符号绝大多数出土于二里头文化第三期和第四期,相当于夏代晚期到商代早期,"其中二里头四期已进入商代,是商灭夏后保留下来的夏人文化"(中国社会科学院考古研究所,1999)③。简言之,三期的符号是在夏末,四期的符号已是商代的了。而"发现的刻画符号,主要出自大口尊的口沿内侧和其他器内的口部,有粗细不同的竖线、字形、交叉形、簇形、树枝形等,有的近似象形字"(中国社会科学院考古研究所,1999)④。

对于这些符号的性质,学术界争议不断。有学者认为:"这些陶器上的符号,亦不能认为就是正式的文字,基本上还是一些记事符号。"(徐中舒、唐嘉弘,1985)⑤

也有学者通过其中某些陶文符号与甲骨文和金文的相似性,考释其含义,推断这些符号"应属于文字,它们与后来的甲骨文有十分密切的渊源关系"(曹定云,2004)⑥。其言下之意是,商文字是由夏文字继承而来。

---

① 谢保成.从口述传说到历史编纂——中国史学起源问题之三[J].中国社会科学院研究生院学报,2002,(6).
② 詹子庆.夏史与夏代文明[M].上海:上海科学技术文献出版社,2012.
③ 中国社会科学院考古研究所.偃师二里头:1959年—1978年考古发掘报告(中国田野考古报告集:考古学专刊)[Z].北京:中国大百科全书出版社,1999.
④ 中国社会科学院考古研究所.偃师二里头:1959年—1978年考古发掘报告(中国田野考古报告集:考古学专刊)[Z].北京:中国大百科全书出版社,1999.
⑤ 徐中舒、唐嘉弘.关于夏代文字的问题[A].夏史论丛1[C].济南:齐鲁书社,1985.
⑥ 曹定云.夏代文字求证——二里头文化陶文考[J].考古,2004,(12).

我们认为,鉴于二里头文化四期已进入商代纪年(公元前1600年起),其测定的年代下限为公元前1500年,那么二里头符号与甲骨文(公元前1300年起)的时间距离仅为200年左右。在这短短的200年中,这些原始的符号居然能够一下子发展到甲骨文的水平,还是令人难以置信。

同时,这些陶文出现于夏末商初,却仍与真正的文字系统有着不小的距离,这反而可证夏朝无文字。

退一步说,即使我们暂且承认这些陶文已经都是"原始文字",表明最晚在夏末已有"文字"。然而,如此"原始"的"文字",根本不足以用来写一部《夏书》。这就意味着夏朝人不可能写《夏书》,自然也不可能用它作为证据来证明夏朝有文字。

另外,在四川广汉三星堆文化的研究中,有学者认为,三星堆遗址出土的大量青铜祭器是夏文化的遗存,是夏人的一支在夏朝末年向西部蜀地逃亡时带去的(白剑,2002)[①]。如此说可靠,那么根据三星堆遗址并未发现文字,也可为推断夏朝没有文字提供间接证据。

再次是文明与文字共生模式的普适性。根据"中原的夏人首先进入文明,建立了我国历史上第一个奴隶制王朝——夏朝"而假设夏人一定创造了文字,这一推论也很勉强。这可以从两方面来看。

第一,中原的夏人是否首先进入文明?答案是否定的。考古发现已表明,"长江文明"早于"黄河文明",而黄河下游以山东龙山文化为代表的东夷文明早于中原文明。这意味着中原的夏人并未"首先进入文明"。"就考古资料所提供的整个中国六大文明起源版块中,夏代之前的五帝时代晚期,东夷民族所创造的山东龙山文化确实已达到了最先进的文明程度。"(江林昌,2013)[②]

因此,如果我们以奴隶制国家的建立作为进入文明的一个标志,那么也不能排除中原部落联盟以外的其他某些部落联盟(例如与中原联盟长期对峙的东夷联盟)也同时甚至更早就建立了奴隶制国家。

而这个可能率先建立奴隶制国家的东夷联盟,早有学者将它与先秦文献中频繁出现的"有虞氏"政权联系起来,并认为夏朝之前应该先有一个"虞朝"。早在20世纪50年代,就已有学者根据文献所载"有虞氏"的社会发展状况,推测夏朝之前的"有虞氏"部落"已经有了奴隶制的萌芽",并提出"研究中国古代史,有虞氏是不能忽略的一个历史时代,应当在中国史上给他一个应有的地位"(杨向奎,1956)[③]。此后更有学者根据先秦文献中"虞夏商周"的连称习惯等证据,明确提出"'虞'为独

[①] 白剑.文明的母地:华夏文明起源及裂变的考古报告[M].成都:四川人民出版社,2002.
[②] 江林昌.论虞代文明——再论五帝时代中华文明的重心不全在中原[J].东岳论丛,2013,34(1).
[③] 杨向奎.应当给有虞氏一个应有的历史地位[J].文史哲,1956,(7).

立朝代"说,认为"虞朝"才是我国历史上第一个奴隶制王朝,"中国阶级社会的开端在虞代的后半期,其相对年代可能要早于夏禹数百年以至上千年"(徐鸿修,1990)①。还有学者"就先秦儒书以外的文献记载历史上曾经出现过一个虞代来判断,东夷族可能已经在夏代之前建立过一个初型的国家,只是由于自然灾害,使得东夷民族所创造的这个虞代初型国家没有很好地发展下来"(江林昌,2007)②。因而,"以有虞族为核心代表的东夷人民共同创造的灿烂虞代文明,才是中国历史上的第一个早期文明国家,以夏禹族为核心的黄河流域各族人民共同创造的夏代文明,只是中国历史上的第二个早期文明国家"(江林昌,2013)③。

另外,根据林华东(1998)对良渚文化的研究推定,在良渚文化中期偏早时期(距今约4 800—5 000年),长江下游南岸可能存在过一个"良渚古国"④。这个早于夏朝的古国,只是由于昙花一现而未能成为后世史家描述的对象。甚至有学者以"良渚古国"和"虞朝"在年代、地望、世系、图腾、礼制等方面的"密合"为依据,进一步推定"良渚古国"就是"虞朝"(陈民镇,2009)⑤。"良渚古国"是否就是"虞朝",当然还可以进一步研究,但从年代上看,早于夏朝大约1 000年,这是没有问题的。

上述关于"虞朝"和"良渚古国"的观点和发现,不约而同地将首先进入文明社会(即阶级社会)的地点指向了位于黄河和长江下游的东夷地区,而不是中原。

同时,传统史学之所以认为中原的夏人首先进入文明并建立了我国历史上第一个奴隶制王朝,这是"传世先秦秦汉文献的某些观念偏见"所致,因为"以儒家经典为代表的先秦两汉文献,为了体现'夷夏之辨'的中原正统文化观念,对东夷民族所创造的这支重要区域文明或者不给予公允评价,或者不给予记录,从而给后人造成了从五帝到夏代的中原文明才是中华文明主流的误解"(江林昌,2007)⑥。

因而,就文字的产生而言,有学者指出,"当我国原始社会末期,生产力有了较大的发展,一些方国部族(如东方的少昊)即出现了文字发明制作,社会遂开始迈向文明的台阶"(刘桓,1993)⑦。这一说法囿于文明与文字共生模式,还把文字的发明

---

① 徐鸿修."虞"为独立朝代说——兼论中国阶级社会的开端[J].宝鸡师范学院学报(哲学社会科学版),1990,(2).
② 江林昌.五帝时代中华文明的重心不在中原——兼谈传世先秦秦汉文献的某些观念偏见[J].东岳论丛,2007,28(2).
③ 江林昌.论虞代文明——再论五帝时代中华文明的重心不在中原[J].东岳论丛,2013,34(1).
④ 林华东.良渚文化研究[M].杭州:浙江教育出版社,1998.
⑤ 陈民镇.良渚文化:虞代的考古学文化——兼论良渚文化的去向[J].绍兴文理学院学报(社科版),2009,(4).
⑥ 江林昌.五帝时代中华文明的重心不在中原——兼谈传世先秦秦汉文献的某些观念偏见[J].东岳论丛,2007,28(2).
⑦ 刘桓.殷代史官及其相关问题[J].殷都学刊,1993,(3).

制作上推到少昊时代,似嫌偏颇,但就东夷出身的部落最有可能发明汉字这一点来看,还是比较符合逻辑的。关于这一点,我们在后面的有关章节中还要进一步展开讨论。

第二,进入文明的社会是否一定有文字?我们上文基本采用裘锡圭(1988)关于汉字产生于"商周之际"[1]的说法,但仍然不同意他基于文明与文字共生模式的推论方法:

> 到公元前第三千年末期,我国正式进入阶级社会。统治阶级为了有效地进行统治,必然迫切需要比较完善的文字,因此原始文字改进的速度一定会大大加快。夏王朝有完整的世系流传下来这件事,就是原始文字有了巨大改进的反映。

关于文字与"有效统治"的关系,通常的理解是,"进入阶级社会以后,奴隶主头子——王进行统治的需要,社会生活中进行广泛交际的需要,产生了对于文字的十分迫切的需求"(李先登,1985)[2]。具体来说,"王的命令需要记录,需要传递"(李先登,1985)[3],文字自然必不可少;同样,政府要进行精神文化上的教化,需要教科书之类,同样少不了文字。

然而,关于文字与文明的关系,陈淳(2013;任思蕴,2013)[4]指出:

> 早期摩尔根把文字看作是文明的标准,考古学上一般把青铜、城市和文字作为文明起源的标志。1960年代,人类学采用社会的标准,以有一个政府的国家的出现标志文明的出现,而这个国家可以有文字也可以没有文字。由此可见,文明的起源是个很抽象的文化概念,现在普遍采用社会的标准,所以文明和国家的起源放在一起。

由此可见,文明与文字共生模式是一个早就过时的模式,它不仅在国外已经不适用,也根本不符合我国历史上许多已经进入文明时代的民族的实际状况。例如我国的苗族、壮族、布依族、土家族、羌族、哈尼族等,历史上都已进入阶级社会,却并没有创制各自的文字。

再以我国先秦两汉时期的匈奴为例。据匈奴史的研究(林幹,2007)[5],大约在公元前三世纪,匈奴人的氏族公社开始解体并进入奴隶社会,其标志就是秦二世元年(前209)冒顿杀其父头曼自立为单于,建立了北方草原第一个奴隶制王朝,即"至

---

[1] 裘锡圭.文字学概要[M].北京:商务印书馆,1988.
[2] 李先登.试论中国文字之起源[J].天津师范大学学报,1985,(4).
[3] 李先登.试论中国文字之起源[J].天津师范大学学报,1985,(4).
[4] 任思蕴.考古学更是了解过去普通人生活的窗口[N].文汇报,文汇学人访谈录,109,2013-08-26:09.
[5] 林幹.匈奴史[M].呼和浩特:内蒙古人民出版社,2007.

冒顿而匈奴最强大,尽服从北夷,而南与中国为敌国"(《史记·匈奴列传》)。匈奴王朝是以匈奴人为主体并包含诸多"匈奴别种"的"百蛮大国"(《汉书·西域传》),堪与中原王朝相抗衡。然而如此庞大的一个帝国,照样是"无文书,以言语为约束"(《史记·匈奴列传》),说明君王命令的下达与传递,仅凭"言语"即可,并不需要"文书",当然不需要文字。

汉代史书也记载匈奴人曾借用过一些汉字,但都是用于特定的场合。如汉文帝时叛逃匈奴的中行说曾"教单于左右疏记,以计课其人众畜物"(《史记·匈奴列传》),但那也只是用来记记账而已,并不是成系统的使用。另外,匈奴朝廷也曾多次向汉朝传递书信,但也仅限于外交文书,应该是由匈奴朝廷中归顺的汉人所代笔,并不意味着在其国内也采用文书进行管理。

由此可见,奴隶制国家可以有文字,也可以没有文字,而夏朝"无文书,以言语为约束"的可能性也是极大的。

至于裘锡圭(1988)认为"夏王朝有完整的世系流传下来这件事"即可"反映"夏代的"原始文字有了巨大改进"①,这也是值得商榷的。

我们只要看一看夏王朝"完整的世系",其中共有十四世十七王前后相继,内容何其简单,仅凭口耳也能相传,何必需要经过"巨大改进"的文字?而且,这个所谓"完整的世系",各家古史的记载也并不一致,哪来的"完整"。如果这是夏人用"白纸黑字"明明白白地写下来的,为何会有这诸多不一致?这种不一致,恰恰可以看作夏人没有用过文字的反映。

事实上,这种状况不仅限于夏朝,连很可能用过文字的夏代商人的先公世系也是支离破碎,众说纷纭。

也许《周礼》的一段记载可以让我们看出端倪:"瞽矇掌播鼗、柷、敔、埙、箫、管、弦歌,讽诵诗世、奠(帝)系,鼓琴瑟"(《春官·瞽矇》),这就说明,前代的世系往往是由"瞽矇"传唱下来的,采用的是口耳相传的"史诗"形式,根本没有文字什么事。

除了世系,还有夏商两朝的积年问题,甚至连西周早中期(即"共和元年"以前)诸王的在位年限,也是一笔糊涂账,还需要今人的"夏商周断代工程"来推测。

这就说明,文字即使到了商朝以及西周早中期,其应用还是不够广泛,国家的行政管理可能还是处在"无文书,以言语为约束"的状态,遑论夏代。这与汉字的早期功能有关,这一点下文还要展开讨论。

我们再来看其他可能用来推测夏人曾使用文字来管理国家的先秦文献记载。例如夏朝的法规,春秋晚期晋国的叔向曾提到,"夏有乱政,而作禹刑"(《左传·昭公六年》)。作为一个奴隶制国家,夏朝存在"禹刑",这是可以相信的,但也未必是

---

① 裘锡圭.文字学概要[M].北京:商务印书馆,1988.

书之于文字的法律。

一般认为,中国最早成文法的出现,迟至春秋晚期,即公元前 536 年郑国子产"铸刑书于鼎,以为国之常法"(《左传·昭公六年》杜预注),比古巴比伦王国的《汉谟拉比法典》(约前 1792—前 1750)晚了足有 1 000 多年。而且这一创新的举措还曾受到守旧势力的批评,被认为是亡国之兆。言下之意,法律是不可以写下来的。由此可见,夏朝的法律(如"禹刑")与文字并无关系。若以为已经是书面的,那就是"以今律古"的结果。

又如,战国末期也有关于夏末有"图法"的传说。据《吕氏春秋》载,"夏太史令终古,出其图法,执而泣之。夏桀迷惑,暴乱益甚,太史令终古乃出奔如商"(《先时览》)。不过,这一事件与《吕氏春秋》的另一项关于商末的记载如出一辙:"殷内史向挚见纣之愈乱迷惑也,于是载其图法,出亡之周"(《先识览》),基本上是把出场人物换了一下。

按夏曾佑(2010)针对先秦文献中"桀纣之恶"传说的大量雷同现象,曾一针见血地指出:"今案各书中,所引桀、纣之事多同,可知其间必多附会。"①如果说"殷内史向挚奔周"事件还比较可信,那么所谓"夏太史令终古奔商"事件,出于附会、仿造的可能性就是极大的了。据此,夏末有"图法"的传说也就难以置信了。

而且这个说法似乎还暗示,商人所用的文字有可能是夏人传过去的。不过这里的"图法"究竟是些什么东西,也是不清楚的,未必与商末向挚带到周国去的"图法"是一样的东西。如果确有一些像文字的东西,那也只是二里头陶文符号而已,还算不得文字。而此时的商人很可能已经超越了刻画符号阶段而拥有了真正的文字,哪里还需要这种落后的东西。

由此可见,夏人建立夏王朝,这一结果并未能促使他们创造或改进了原始文字。

也有学者在推定夏代的东夷人已有文字的基础上,进一步推论,"夏人既然建立了中国历史上的第一个王朝,其力量和文化程度应当比东夷多少要强一点。此时东夷既然已经使用文字(哪怕是很原始的),夏人应当也已产生文字"(俞伟超,2002)②。这样的推论,所依据的也是文明与文字共生模式,没有考虑不同民族、不同国家对文字使用需求的差异。

该说还以孔子关于"殷因于夏礼"(《论语·为政》)的说法,加上周人继承了商文字的事实,而推测商人也像周人继承前朝文字那样继承了夏文字,从而推论夏文字的存在,认为"当夏人建立起王朝后,自然以这种文字为夏朝的法定文字,并一直

---

① 夏曾佑. 中国古代史[M]. 长沙:岳麓书社,2010.
② 俞伟超. 丁公陶文是已亡佚的东夷文字[A]. 古史的考古学探索[M]. 北京:文物出版社,2002.

成为以后王朝的正统文字"(俞伟超,2002)①。其实,商人所"因"之"夏礼",究竟是些什么内容,是否一定包括文字,还需进一步研究。这是因为,商、周之间的文字继承模式,未必适用于夏、商之间;对周人为何继承商文字,商人有否继承夏文字,必须联系其他诸多因素来考察。这一点,我们在第六章还要展开讨论。

上文也提到,在夏代之前,东方的夷人和偏西的中原人就已成为两大部落联盟。黄帝虽然是夷夏大联盟的首任盟主,但中原人并未能始终掌控联盟的主导权,五帝的更替就是在这两大联盟之间进行的。至于更替的方式是和平的"禅让"还是血腥的争夺,历来就有针锋相对的不同看法,但是"禅让说"更符合儒家的治国理想。我们认为,即使禅让制确实存在过,至少也是以双方势力的大体平衡为后盾的。中国封建时代也屡次出现过"禅让",始作俑者当推篡汉的王莽,也许还是王莽首先悟出了"禅让"的真谛。每次"禅让"都是表面上客客气气,背地里刀光剑影。

从夏朝开始,中原人以独大之势打破了这种平衡,从此使"公天下"变成了"家天下"。由于中原人想要始终维持自己的统治地位,但力量尚不足以把东夷吞并,东夷人则不甘心永久失去当盟主的机会却又无力回天,因此导致这种矛盾和斗争此起彼伏。

按夏朝的建立和维持,虽然总体上是中原夏人取胜,但其建立之初,就遭到来自东夷联盟的伯益、有扈氏等部落的抵抗。而紧接着的"太康失国"事件,又导致夏朝领导权落入来自东夷集团的有穷氏手中近100年,其中还出现历时40年的"无王时期"。经过多年的战争,直到"少康中兴",才基本上巩固了夏王朝的根基。此后的夷夏关系,不断有"少康即位,方夷来宾"(《竹书纪年》)之类和平事件发生,大致是东夷人无奈臣服者居多。到了夏朝晚期,随着其国力的衰弱,"自孔甲以来而诸侯多畔夏"(《史记·夏本纪》),而且反叛者也主要是东夷人,致使夏朝最终还是亡于以商人为首的商夷联军。

上文也提到,在一个部落联盟制的国家中,不同部落之间一般是各安所居,主体部落也不会主动地向其他部落传播自己的语言文化。就文字而言,即使夏人创造了汉字,也不会传播到东夷去。反过来推论,如果商人在夏代后期已掌握汉字,那就必定不是夏人所传,而是商人自创。因此,"商人造字"说应该更符合逻辑。关于这一点,我们将在第六章中展开详细讨论。

总之,汉语和汉字是具有神秘性、识别性和古老性等特征的语言文字,它们具备了被奉上神坛的基础,因而促使人们在对语言文字的认知中产生超能观、崇老观、纯洁观等观念。我们将在以下各章中分别讨论。

---

① 俞伟超.丁公陶文是已亡佚的东夷文字[A].古史的考古学探索[M].北京:文物出版社,2002.

参考文献

白剑.文明的母地:华夏文明起源及裂变的考古报告[M].成都:四川人民出版社,2002.
曹定云.夏代文字求证——二里头文化陶文考[J].考古,2004,(12).
陈民镇.良渚文化:虞代的考古学文化——兼论良渚文化的去向[J].绍兴文理学院学报(社科版),2009,(4).
陈平.语言民族主义:欧洲与中国[J].外语教学与研究,2008,(1).
黄伯荣,廖序东.现代汉语(增订四版)上册[M].北京:高等教育出版社,2007.
江林昌.五帝时代中华文明的重心不在中原——兼谈传世先秦秦汉文献的某些观念偏见[J].东岳论丛,2007,28(2).
江林昌.论虞代文明——再论五帝时代中华文明的重心不全在中原[J].东岳论丛,2013,34(1).
李葆嘉.中国语言文化史[M].南京:江苏教育出版社,2003.
林华东.良渚文化研究[M].杭州:浙江教育出版社,1998.
刘桓.殷代史官及其相关问题[J].殷都学刊,1993,(3).
鲁迅.门外文谈//且介亭杂文[M].北京:人民文学出版社,2006.
裘锡圭.文字学概要[M].北京:商务印书馆,1988.
容庚.简体字典[G].北平:快佛燕京学社,1936.
苏培成.现代汉字学纲要(增订本)[M].北京:北京大学出版社,2001.
孙宏开,胡增益,黄行.中国的语言[M].北京:商务印书馆,2007.
唐娟.《干禄字书》子类分析[J].重庆工商大学学报(社会科学版),2007,(3).
吴泽泉.身份焦虑与现实困境——论当代中国的语言民族主义[J].甘肃社会科学,2006,(5).
夏曾佑.中国古代史[M].长沙:岳麓书社,2010.
谢保成.从口述传说到历史编纂——中国史学起源问题之三[J].中国社会科学院研究生院学报,2002,(6).
徐鸿修."虞"为独立朝代说——兼论中国阶级社会的开端[J].宝鸡师范学院学报(哲学社会科学版),1990,(2).
徐中舒,唐嘉弘.关于夏代文字的问题[A].夏史论丛[C].济南:齐鲁书社,1985.
杨向奎.应当给有虞氏一个应有的历史地位[J].文史哲,1956,(7).
叶蜚声,徐通锵.语言学纲要[M].北京:北京大学出版社,1997.
叶修成.周公"制礼作乐"与《尚书》的最初编纂[J].求索,2007,(11).
俞伟超.丁公陶文是已亡佚的东夷文字[A].古史的考古学探索[M].北京:文物出版社,2002.
詹子庆.夏史与夏代文明[M].上海:上海科学技术文献出版社,2012.
张应斌.古代文字崇拜及其思维方式[J].贵州文史丛刊,1994,(5).
周有光.语文闲谈(续编下)[M].上海:上海三联书店,1997.
中国社会科学院考古研究所.偃师二里头:1959年—1978年考古发掘报告(中国田野考古报告集:考古学专刊)[Z].北京:中国大百科全书出版社,1999.

第二章　汉语的超能观

所谓超能观,是指人们由于语言文字的神秘性而赋予其无所不能的魔力。

吕叔湘(1988)曾指出:"语言和文字是人类自己创造的,可是在语言文字的神奇作用面前,人们又把它当作神物崇拜起来。他们用语言来祝福,用语言来诅咒。"[1]在人际交往以及人与自然的斗争中,人们深感自己力量的渺小,因而需要借助某种神秘的魔力来实现自己的愿望。魔力虽然无处不在,但是其本身看不见,摸不着,需要依托某种物质形式而体现。于是,某块石头、某棵树木,或者某种动作、某种状态、某种现象,都可能被人们赋予某种魔力。而伴随人们一生的语言更便于使用,于是便被人们作为魔力的象征而崇拜着。

语言崇拜是世界各民族普遍存在的一种文化现象。人们相信,语言有着一种超人的魔力,在冥冥之中操控着人们的祸福。这种语言超能观催生和支撑着汉民族发达的语言祝咒文化。语言祝咒包括"祝"(即口彩)和"咒"(即语言避忌)两方面。在语言祝咒文化中,人们相信,用语言文字祝福人,真的可以使人得福;用语言文字诅咒人,真的可以使人得祸。这种文化的发达程度,恐怕在世界上也可称叹为观止。

语言祝咒的手段可以分为两大类,一是直接式,二是联想式。另有一类是谐音物化式。

2.1　直接式语言祝咒

直接式语言祝咒,即借助现成的词语进行祝咒,表现为对吉祥词语的追捧和对不吉词语的处置。可以从命名的理据、禁忌语和吉祥语、咒语等三方面来考察。

2.1.1　作为护身符的人名与称谓

每个人都有自己的名字。名字可以在人际交往以及人与自然的沟通中用来代替某个具体的人。然而,汉民族习惯于在命名时表达自己的祝咒愿望。

---

[1] 吕叔湘.语言和语言研究//中国大百科全书·语言文字[M].北京:中国大百科全书出版社,1988.

1) 命名的吉祥化

在人名方面，传统观念认为名字维系着一个人一生的幸福，所以几乎没有一个做父母的在给孩子取名时敢掉以轻心。人们喜欢用吉祥的字眼来给孩子命名，尤其是男孩子的名字。男子的名常常含有阳刚、吉祥、长寿之义，如"刚""强""龙""虎""福""禄""寿""喜"等。如希望幸福的，可叫"阿福""吉祥"等；希望做官的，可叫"裕禄""凤官"等；希望发财的，可叫"有财""富根"等；希望长寿的，可叫"寿民""百龄"等。还可以名叫"锁柱""拴柱"等，希望通过名字把他"锁住""拴住"，不让阎王爷过早地来索命。

也有的父母头胎生了女孩，大失所望之余，便给女儿起名"招弟""得弟""带弟""来弟"等，希望她能给父母"招得""带来"一个或一群弟弟。考虑到毕竟是女孩的名字，也常加上"女"字旁，写作"招娣""得娣""带娣""来娣"。

这种人名吉祥化的习俗大约起于周代，如周文王名"昌"，武王名"发"，用的都是"好字眼"。春秋鲁国的申繻曾向鲁桓公提出了贵族命名的"六不"原则，即"不以国，不以官，不以山川，不以隐疾，不以畜生，不以器币"（《左传·桓公六年》），堪称中国的首位"人名学家"。

另外，古代还有人采用否定形式来取名，以表达吉祥之意。例如，战国时期有思想家"申不害"，秦末"鸿门宴"事件中有告密者"曹无伤"（最后还是被项羽出卖而遭刘邦处死），西汉有名将"霍去病"，北宋有词人"辛弃疾"等等。

如今，商家企业择吉开张，取个吉利的名称也是题中应有之义。以上海为例，中药店有"人寿堂"，火锅城有"天天旺"，典当行有"恒源"，百货店有"百盛"，墓园有"仙鹤"，搬场公司有"永兴"，等等。

由于命名的重要性，竟至于出现了专门的"命名公司"。有一家命名公司的广告语称："赐子千金，不如教子一技；教子一技，不如赐子好名。""好名"竟比"一技""千金"更重要，可见语言魔力之大。

在我国漫长的封建社会中，统治者还特别重视年号的拟制。从汉武帝的"建元"，到末代皇帝溥仪的"宣统"，历代皇帝差不多都有自己的年号，有的还不止一个。"中国古代的年号名称繁多，但不外是图吉祥、粉饰太平、显示皇权的神圣性或希望国泰民安的意思"（本社，1987）[①]。

有的皇帝特别迷信年号的魔力，便频繁更改年号，使之不断花样翻新。汉武帝在位的54年里，用过11个年号。而更改年号的"冠军"，当数女皇武则天。她在位15年，竟用了14个年号：载初、天授、如意、长寿、延载、证圣、天册万岁、万岁登封、万岁通天、神功、圣历、久视、大足、长安，差不多平均每年一个年号。如此频繁地更

[①] 本社.中国文化史三百题[M].上海：上海古籍出版社，1987.

改年号,使年号失去了原本具有的纪年作用,突出了其趋吉避凶的魔力。

封建皇帝对"万岁""万寿无疆"等词语也情有独钟,以至于皇帝有了一个别称"万岁爷"。地位在皇帝之下的王爷们则类推了一个"千岁"。

古代遗留的一些地名也具有吉祥义,如"宁夏""辽宁""安西""安化""镇南关"等,希望通过命名来确保边疆地区的安宁。

2)"贱名"的保护功能

与人名的吉祥化并存的,还有人名的卑贱化,就是故意给孩子取"贱名"。这种习俗大约也是从周代开始的。据清代王士禛(王士祯)《池北偶谈》载:

> 《左氏传》申𦈡曰:"名有六不:不以国,不以官,不以山川,不以隐疾,不以畜生,不以器币。"按春秋诸侯、公子、卿大夫之名,犯此者甚众。沿及汉初犹然,如疥、疵、瘅、虮、虱、狗、彘、掉尾(姓昭涉)之类。见于《史》《汉》者,不可枚举。陆龟蒙《小名录》序云:"三代之时,殷尚质直,以生日名之,如太甲、太乙、武丁是也。周以伯仲次之,如太伯、仲雍、叔达、季历之类是也。自周以降,随事而名之,至有黑臀、黑肱之鄙,羊肩、狐毛之异,负刍之贱,御寇之强,杵臼、篷篨,髡顽、狂狡,不寿、不臣,皆名不正而言不顺也。"然则𦈡之言何据乎?(卷二十三《谈异四》"命名"条)

在这些著名人物的名字中,连"疥""疵""瘅""虮""虱"也有,简直是"不怕恶心,就怕不恶心",可谓"卑贱"之至。

按唐代陆龟蒙的考证,商代还没有这个习俗,周人建立周朝之前的先周时期,也还没有这样的习俗,之后才开始广为流行。而申𦈡提出的"六不"原则似乎并没有被普遍接受,至少是"不以隐疾,不以畜生,不以器币"这三条就没有做到,因而遭到后世学者的质疑。如鲁国的开国君主、周公旦的长子"禽",孔子的儿子"鲤"等,照样都是"小畜牲",确实"名不正而言不顺也"。

宋代还有这样的遗风。据宋代文莹《玉壶清话》卷第三载:

> 时辟杨蟬为益倅,奏名上,太宗不识"蟬"字,亟召问立名之因。奏曰:"臣父命之,不知其由,兄蚡、弟蜕尽从'虫'。臣家汉太尉震之后,今已孤,不敢辄更。"上曰:"'蟬'有何义?"奏曰:"臣闻出《羽陵蠹书》,曰白鱼虫也。"上叹曰:"古人名子,不以日月山川隐疾,尚恐称呼有妨,今以细碎微类列名其子,未知其谓也。"以御笔抹去"虫",止赐名覃。

杨家三兄弟分别名为"蚡"(鼢鼠)、"蟬"(蠹虫)、"蜕"(蝉蛇脱皮),不知他们家老爷子是怎么想的,连宋太宗都觉得不可思议,于是恩赐杨蟬改名为"杨覃"。

另据清梁章钜《浪迹丛谈》卷六"丑名"条载:

> 古人以形体命名,如头、眼、耳、鼻、齿、牙、手、足、掌、指、臀、腹、脐、脾之类

皆有之,而《庄子·达生篇》有祝肾,《列子·汤问篇》有魏黑卵,《北梦琐言》有孙卵齐,则不知所取何义。至以畜类命名,尤古人所不忌。卫之史狗与蘧伯玉、史鱼同为君子,卫宣公之臣司马狗,《汉书·人表》列之中中,司马相如初名犬子。南齐有小吏亦名犬子。《南齐·张敬儿传》云:"父丑,官至节府参军。始其母梦犬子有角舐之,已而有娠,生敬儿,故初名狗儿。后又生一子,因狗儿之名,复名猪儿。"《辽史》:懿祖之后,有小将军狗儿(圣宗第五子),南府宰相名狗儿。又有辽将赤狗儿,见《金史》。又金世宗子郑王永蹈,名石狗儿;又《李英传》有兰州西关堡守将王狗儿;又有都统纥石烈猪狗。《元史》有石抹狗狗,以武功著,郭狗狗、宁猪狗,皆以孝行闻,又有中书参知政事狗儿,则不知何姓。而《北梦琐言》有李蚵蛆、郝牛屎,《辽史·皇族表》有辽西郡王驴粪,《金史·宣宗纪》有四方馆使李瘸驴,《元史·泰定纪》有太尉丑驴,则尤不雅矣。

可见,宋金元时期不仅有那么多的"狗""狗儿""狗狗""犬子",还有"猪儿""猪狗""瘸驴""丑驴"等等,甚至还有"驴粪""牛屎""蚵蛆"等,比周代的人名还恶心。

清代也有类似的情况。据清代梁章钜《浪迹丛谈》卷六"丑名"条:

> 昔欧阳公家小儿有名僧哥者,或戏谓公曰:"公素不重佛,安得此名?"公曰:"人家小儿,要易于长育,往往以贱物为小名,如狗羊犬马之类,僧哥之名,亦此意耳。"

这里也提供了取"贱名"的用意,即"易于长育",反映了古代生产力低下,人们生存环境恶劣,儿童夭折常见的社会背景。人们通过为孩子取"贱名",希望冥冥之中的死神大发慈悲,"放他一马",不要过早地来"索命"。

直到今天,这种习惯仍在我国某些农村地区保留着。陈建民(1989)指出:

> 虎啊狗的,花呀草呀,都很容易活,人们常拿这些动植物分别作男孩女孩的名字。不少孩子名"石生""土生",无非表明从石头和泥土里钻出来的孩子都是贱的。山西绛县一带管小孩叫"茅缸""粪堆""铁蛋""山药蛋",也跟名字低贱容易活的思想有关。南方有的地方男尊女卑,说女性卑贱,竟用女孩的名字称呼男孩,为的是使男孩好养活[①]。

著名的天津特产"狗不理包子",据说其创始人小名"狗子"[②]。著名喜剧小品《超生游击队》中的男主人公小名"狗剩",意为"狗吃剩下的东西"。俗话说:"狗改不了吃屎。"连狗也不愿吃完的东西,自然是贱得连屎也不如了。然而正因其贱,阎王爷才会对他不感兴趣,当然也就不会过早地来索命了。

[①] 陈建民. 语言文化社会新探[M]. 上海:上海教育出版社,1989:49.
[②] 余志和. 称谓通鉴[M]. 北京:世界知识出版社,2010.

3) 亲族称谓的避忌

在我国东南沿海一带,曾经有过一种风俗,就是父母拒绝让孩子称呼自己"爸爸""妈妈"。例如,在福建大田的一些农村地区,通常让孩子称父亲为"阿叔""阿兄"或"阿哥",称母亲为"阿姊"或"阿嫂"。其原因是父母觉得自己命不好,怕把晦气传给子女;或者是算了卦,得知与孩子八字相克,怕克死孩子等等[①]。

这样做,就使自己和孩子的亲子关系有其实而无其名,实际上是在命运之神面前耍了个花招,使之误以为自己和孩子没有什么关系,也就不会给孩子带来不利的影响了。

4) 羞辱式的改姓

传统文化对姓氏看得很重,有"行不更名,坐不改姓"之说。但从历史的角度看,改姓却是常有的事,如接受皇帝的赐姓、攀附豪门的冒姓、为躲避灾祸而不得已的隐姓等。还有一种是犯了罪以后被迫改姓,则是羞辱式改姓。

这种羞辱式改姓在隋唐时代特别突出,皇帝喜欢将叛乱之人或者仇敌改为姓"枭""蟒""蝮""虺(huǐ)""毒"等,希望这些姓氏不仅作为家族的名称,同时也世世代代承受羞辱。例如,武则天称帝后,曾强令中宗的皇后王氏改姓"蟒",将起兵反对她的李姓诸王赐姓"虺(huǐ)"。

清雍正年间有一支马姓家族被皇帝改为"骂"姓,世代沦为贱民。在清朝被推翻以后的民国初年,他们在"骂"姓语音的基础上,新创"单人旁"的"傌"姓,表示重新获得了做"人"的资格。

2.1.2 具有迎祥避凶功能的吉祥语和禁忌语

吉祥语,又叫吉利话,指那些含有"吉祥如意"意思的名称和用语。由于语言的巨大魔力,人们认为只要多用吉祥语,就可以给人带来吉祥如意的效果,使自己的美好愿望通过吉祥语的使用而得以实现。反之,人们对于那些含有不吉利或不干净意思的名称和用语,则避之惟恐不及,以为只要避而不说或不听那些名称和用语,就不会受到它们所表示的不吉利事物的伤害或不干净事物的影响了,这就是词语的避忌。

1) 吉祥语

汉民族的日常生活,可以说是浸透着吉祥语,人们生活的方方面面都离不开吉祥语。

[①] 肖建华. 民俗语言初探[M]. 北京:中国社会出版社,2010

人们倾向于多说、多写吉祥语。例如"福",意味着称心如意的生活和境遇,是人们一生孜孜以求的目标。于是人们崇拜"福"字,处处写"福"字,时时念"福"字。值得一提的还有对"发"的崇拜。"发",意味着发财、发达、发展,人们崇拜"发",盼望"发",人名或商家名也多用"发"。

新年到来之际,除了"恭贺新禧"之外,还说"恭喜发财""万事如意""开门大吉""岁岁平安""福星高照"等等。

在北方一些地区,盖房的时候要贴上"上梁大吉""吉星高照"的红纸条,粮囤上也要贴上"取之不尽"的红纸条。

吉祥语的文学化,集中体现于对联,如春联、喜联、寿联等。春节到来,家家户户都要在门上贴春联,著名的有"天增岁月人增寿,春满乾坤福满门"等。商家门口,常用的有"生意兴隆通四海,财源茂盛达三江"等。

2) 禁忌语

吉祥语的反面就是禁忌语。对于禁忌语,人们首先是尽量不说或少说。在日常生活中,特别是喜庆的日子里,人们总是自觉避免使用"老""病""死""寡"等表示不祥事物的语句。如有人误涉此类禁区,将被众人斥为"乌鸦嘴"(乌鸦的叫声为不祥之兆)或者"没教养"。据明代冯梦龙《古今谭概·迂腐部》载:"(南朝)宋文帝好忌讳,文书上有'凶''败''丧''亡'等字,悉避之。……(后)汉汝南陈伯敬终身不言死。"

既然是禁忌语,虽然不可用于自己,必要时却也不妨用于他人,这样就成了诅咒语。所以在骂人话中,往往充斥着禁忌语。

除了群体性的禁忌以外,有些禁忌带有个人的色彩。如据《世说新语·规箴》载:"王夷甫雅尚玄远,常嫉其妇贪浊,口未尝言'钱'字。妇欲试之,令婢以钱绕床,不得行。夷甫晨起,见钱阁行,呼婢曰:'举却阿堵物!'"王夷甫认为金钱是污浊之物,连"钱"这个词也不干净,所以坚决不说"钱",宁可用"阿堵物"(意即"那些东西")来表示"钱"。

事实上,客观事物常常回避不了。于是人们又采用变换说法的形式回避直接的指称。变换的方法,一是将词语模糊化,二是将词语吉祥化。

(1) 词语模糊化

词语的模糊化,又叫"雅化",就是回避直白的语句,利用语言的模糊性,改用模糊词语,试图让交际的对方不能立刻明白语句的含义,而必须根据交际环境思考一下,甚至绕个弯子以后才能明白说话者的真实意思。模糊化的方法很多,主要有下列几类。

① 书面化,即改用书面语。例如"死"字,一般情况可用"去世""逝世""身亡"

"作古""丧生"等来代替;有特殊情况的可用"病故""夭折""英年早逝""香消玉殒""玉楼赴召""兰摧玉折"等。

② 描述,即改用描述性的语句。例如"死",可说成"离开了人世""心脏永远停止了跳动""停止了呼吸""献出了生命"等。

③ 关联,即改用事理上有一定关联的词语。例如"死",还可用"老了""百岁后"等。吴方言区的人把"吃药"称为"吃茶",江西人则把"喝药"称为"喝好茶",而把真正的"茶"改称为"茶叶茶"。店家忌讳"关门"(即破产倒闭),所以吴语中把每天晚上关门暂停营业改称"打烊"(意即把碎银子熔化铸成大元宝),并把"倒闭"改称为"歇业"(即暂停营业,以后从头再来)。

还有,"失火"不好听,那就改成"走水",因为火需要水来浇灭。例如,《红楼梦》中的一段故事:

> 刚说到这里,忽听外面人吵嚷起来,又说:"不相干,别唬着老太太!"贾母等听了,忙问:"怎么了?"丫鬟回说:"南院子马棚里走了水了,不相干,已经救下去了。"贾母最胆小的,听了这话,忙起身扶了人出至廊上来瞧时,只见那东南角上火光犹亮。贾母唬得口内念佛,又忙命人去火神跟前烧香。王夫人等也忙都过来请安,回说:"已经救下去了。老太太请进去罢。"贾母足足的看着火光熄了,方领众人进来。(第三十九回《村姥姥是信口开河,情哥哥偏寻根究底》)

在这里,明明是贾府马棚着火了,丫鬟却说是"走了水了"。

④ 暗喻,即通过事物的相似性而改用其他词语。例如,过去台湾的娼妓业、博彩业忌讳"蛇",就改称"溜"或"草绳仔"。

⑤ 泛化,即改用含义较宽泛的语句。例如,北方人把"老虎"改叫"大虫",温州人改叫"大猫"。"蛇"也可以改称"长虫"。又如"死",还可说成"走了""不在了""永远闭上了双眼""再也没有醒来"等。

⑥ 代指,即借助代词或数词。例如,《红楼梦》中,凤姐和尤氏在商量秦可卿的后事:"凤姐儿低了半日头,说道:'这实在没法儿了。你也该将一应的后事用的东西给他料理料理,冲一冲也好。'尤氏道:'我也叫人暗暗的预备了。就是那件东西不得好木头,暂且慢慢的办罢。'"(第十一回《庆寿辰宁府排家宴,见熙凤贾瑞起淫心》)"那件东西"即暗指"棺材"。

模糊化的词语在实际的语境中并不一定模糊。例如,从字面上看,"走了"未必就"死了";"不在了",也可能是去了别处;眼睛坏了,不能睁开,也可能"永远闭上双眼",相反有人真死了却可能"死不瞑目";植物人也可能"再也没有醒来",但不一定马上死亡。不过,在特定的交际环境中,没有人会误解这些说法的真实意思。而且有些模糊化词语因与特定的事物紧密相连,模糊性逐渐褪去,又会开始精确化或直白化,所以人们往往又需要回避,采用新的模糊化词语来取代它。

(2) 词语吉祥化

词语的吉祥化,就是不再一味地回避,而是干脆将不祥或不洁的词语改为吉祥的词语。例如,"棺材"改称"寿材""寿木""长生","尸衣"改称"寿衣","停尸房"改称"太平间"。又如"红白喜事",包括"红喜事"和"白喜事","红喜事"当然指"婚事",而"白喜事"指"丧事",居然也属于"喜事"一桩。人死了,指老人可说"仙逝""驾鹤西去",指佛教徒可说"圆寂""驾返瑶池"等等。广东潮汕人把"吃药"叫"食甘茶""食利市"等等。

又如,广州人把"气死我"说成"激生我",把"笑死我"说成"笑生我"等等①。

当代社会以瘦为美,说人发胖不好,所以"发胖"改称"发福"。太瘦也不漂亮,那就改说"苗条"吧。

在浙江民间流传的《蚕花本子》中,有这样的歌谣:

看蚕娘娘顶认真,百样事情都要改……"扫帚"改称"擂地光","猫儿"改作"宫家郎","老鼠"改称"夜明珠",见了"百脚"叫"蜈蚣",小小"花蛇"叫"秤梗","豆腐"改称"白马肉"②。

其中提及的几种小动物,都是养蚕人之大忌,所以就要改个说法,有的就采用了吉祥化的方法,如"老鼠"改称"夜明珠"等。

2.1.3 作为驱邪克敌秘密武器的咒语

咒语是人们用来除灾或降灾以及与神灵沟通的特殊用语。人们深信,当灾难降临时,只要念动咒语,就可以把灾难祛除;反之,当他们需要除掉自己的敌人时,也只要凭借咒语就可以把灾难降临到对手身上。同样,如果人们想要和神灵沟通,也可以利用咒语,使神灵召之即来,挥之即去。根据咒语的作用,大致可把咒语分为除灾咒、降灾咒和请神咒三大类。

1) 除灾咒

"除灾咒"就是用来祛除灾祸的咒语,大致有套语式和歌谣式两种。

(1) 套语式除灾咒

对生活中的不祥语,尽管人们煞费苦心地加以避忌,难免有疏忽的时候,特别是小孩子说话,"童言无忌","口没遮拦",可谓防不胜防。但人们也有办法解决,就是在门上贴一条幅,上书"姜太公在此,百无禁忌"。当小孩说了不吉利的话,大人

---

① 肖建华. 民俗语言初探[M]. 北京:中国社会出版社,2010.
② 张鸿苓. 中华民俗览胜[M]. 北京:语文出版社,2000.

就会赶紧说:"放屁!放屁!姜太公在此,童言无忌!"于是,不祥语的灾难性影响就被抵消了。

清代的义和团在与洋人的战斗中,团员们冲锋陷阵,毫无畏惧。他们身佩符箓,口中高喊"刀枪不入"的咒语,以自己的血肉之躯冲向敌人的枪林弹雨,至死也没明白自己为什么会死去。

汉民族古今都有在除夕夜"卖"或"送"不祥事物的习俗。大致有"卖痴呆"(或"卖懵")、"卖懒""送穷"等,人们希望通过吆喝这些咒语,把"痴呆""懒""穷"等不喜欢的东西送走。例如,南宋范成大《卖痴呆词》云:

除夕更阑人不睡,厌禳钝滞迎新岁。小儿呼叫走长街,云有痴呆召人买。二物于人谁独无,就中吴侬仍有余。巷南巷北卖不得,相逢大笑相揶揄。栎翁愧坐重帘下,独要买添今问价。儿云翁买不须钱,奉赊痴呆千百年。

这是说,范成大于除夕夜守岁,听见街上有一群小孩儿高呼"卖痴呆",却又卖不掉,便"幽它一默",出门询价,小孩儿天真答道:老爷爷想买的话,不用付钱,就赊给你好啦,千百年以后也不用偿还。

如今,广东有的农村地区还有"卖懒"的风俗①。除夕那天,孩子们成群结队,穿街走巷,边走边吆喝:"卖懒!卖懒!"据说这可以让孩子们驱除"懒筋",在新的一年中勤奋学习。

(2) 歌谣式除灾咒

除灾咒还可以采用歌谣的形式。例如,上文所举"卖懒"的习俗,还可以采用歌谣形式,叫做《卖懒歌》。在不同地方还有不同版本,例如:

① 卖懒,卖懒,卖到年三十晚,人懒我唔懒。
② 卖懒卖懒,卖到年三十晚,今年唔懒,明年唔懒。
③ 卖懒仔,卖懒儿,卖得早,卖俾广西王大嫂;卖得迟,卖俾广西王大姨。
④ 卖懒,卖懒,卖到年三十晚。卖狗虱,卖木虱,卖到年初一。

同样,"送穷"也有《送穷歌》:

穷鬼出,富贵入。穷鬼照河下,富贵转屋家。

又如,山东一些地方有在农历二月二驱蝎、驱鼠的习俗,老太太敲着破瓢或者屋梁、床边唱道:

二月二,敲瓢擦,十个老鼠九个瞎。
二月二,敲房梁,蝎子蚰蜒无处藏。

还有,在胶东地区,小孩子未能完成预定的割草任务,就把镰刀向空中一扔,念道:

---

① 长河.懒一点又何妨[N].上海大众卫生报,2008-11-28.

镰,镰,往下扎,家去不挨打。

在河南的很多地方,小孩子肚子疼,大人会边揉边说:

肚子疼,上开封,开封有个好先生……

或者:

肚子疼,上王营,王营有个好先生……

山东人则说:

肚子痛,找老宋……

这位"老宋"大约是当地的一位名医吧,不仅可以手到病除,甚至可以"名"到病除。

在一些地方,人们常可以在街头看到墙上贴着这样一首顺口溜:

天皇皇,地皇皇,我家有个夜啼郎。过路君子念一遍,一觉睡到大天亮。

婴儿夜啼,当然有诸多原因,但传统观念认为,这是恶鬼作祟所然。而这个恶鬼并非不好对付,只要让每个过路人念一遍这首诗,就足以吓退恶鬼,使孩子安然入睡了。

2) 降灾咒

与除灾咒相比,降灾咒的使用似乎更广泛一些。降灾咒是用来诅咒他人的咒语,包括致死、控制、贬损等功能类型。

(1) 致死型

致死型可用来诅咒他人死亡。例如,明许仲琳的小说《封神演义》中,商末丞相比干被纣王挖去心脏,幸亏有姜子牙的灵符保护,得以暂保性命。他骑上马奔北门而去:

且说比干走马如飞,只闻得风响之声。约走五七里之遥,只听的路旁有一妇人手提筐篮,叫卖无心菜。比干忽听得,勒马回问:"怎么是无心菜?"妇人曰:"民妇卖的是无心菜。"比干曰:"人若无心,如何?"妇人曰:"人若无心,即死。"比干大叫一声,撞下马来,一腔热血溅尘埃。(第二十七回《太师回兵陈十策》)

作者对此评论道:"妇人言'人若无心即死',若是回道'人无心还活',比干亦可不死。"看来比干是误中了"人若无心即死"这句咒语了,而且这句咒语的威力竟比姜子牙的灵符还要大。

有的降灾咒是拐弯抹角的。据明冯梦龙《古今谭概·矜嫚部》载:

杨大年弱冠,与周翰、朱昂同在禁披。二老已皤然矣。杨每论事,则侮之曰:"二老翁以为何如?"翰不能堪,正色曰:"君莫欺老,老亦终留与君。"昂曰:"莫留与他,免得后人又欺他。"

47

杨大年即北宋文学家杨亿(字大年),年纪轻轻就当了翰林学士,年少气盛,对同为翰林学士的白发老人周翰和朱昂一口一个"老"字,以示轻侮。周翰好言相劝:别欺负老人,你也会有老的时候。而朱昂则反过来说:别把老的时候留给他,免得后人又欺负他。这句话乍一听,似乎是为杨亿着想,实际上暗藏着极其恶毒的诅咒:别让他活到老年,让他短命而死。史载杨亿死于46岁,果然没活到老的时候。从科学的角度讲,这个事实与咒语绝对没有因果关系。然而古人(包括当今某些迷信的人)对此笃信不疑。

在人与人的争斗中,人们常用不祥语来诅咒对方。而且这往往是势单力薄一方最后仅有的武器,想借助语言的魔力来弥补实力的不足。据《尚书·汤誓》记载,夏桀暴虐无道,百姓们骂道:"时日曷丧,予及汝偕亡。"(这个君主怎么还没死,我和你一起死吧。)这大概是现存最早的一句降灾咒了。

生活中,人们喜欢用"不得好死""出门被车撞死""吃豆腐梗死""断子绝孙""天打五雷轰""碎尸万段"之类咒语来咒骂对方,而对方也往往很在乎这些咒语。因为人们的想法是:"宁信其有,不信其无",至少也是"不可不信,不可全信"。例如,有这样一则报道:

> 河南油田一个车来人往较多的十字路口,附近的小商小贩图省事,将垃圾倒在这块空地上。夏天时,堆积如山的垃圾臭气熏天,蚊蝇成群,过路人无不掩鼻。某日,垃圾被清理后,竖起了一面牌子,上面写着"请不要在此处倒垃圾",客气礼貌的语言,却没啥效力,倒垃圾者依然我行我素。又一日,垃圾被清理后,又竖起一面牌子,内容换成了"严禁在此处倒垃圾",语气颇为严厉,可倒的垃圾丝毫不减。不久,牌子又被垃圾埋没了。再一日,牌子内容又更新,"倒垃圾死全家"。没想到这恶毒诅咒竟收到了神奇的效果。从此之后,再没有人在此倒垃圾了①。

从中可以看到,"请不要……"之类礼貌用语也好,"严禁……"之类法律用语也好,都不如"死全家"一句咒语的效力大,便是明证。

据报道②,2003年1月的一天,福建省长乐市鹤上镇居民陈兆球家的大门和外墙突然被人画满了棺材、骷髅和各式各样的挽联,其中有"陈府玉开君之三子兆球不幸身亡,终年三十四岁""兆球死得好惨啊""人虽去音容在""多感生前好友来祭奠,明早八点出葬"等红漆大字。陈兆球认为:"这比拿刀砍我还恶毒啊!无冤无仇的,究竟是谁要这样损我?"他告诉记者,类似的情况半个月前已经发生过一次,当时他觉得不吉利,所以没有声张,自己用二甲苯洗掉并涂上石灰。但是没想到竟然

---

① 宗石."倒垃圾死全家"——一块警示牌内容变迁令人深思[N].文汇报,1999-01-27.
② 李进,马海涛.福建省长乐一家门被写满咒语[N].海峡都市报,2003-01-15.

又发生了,而且两次都选择在有人出殡的时候。这样的行为在当地引发了众怒,并遭到谴责:"这样侮辱诅咒人,怎么行!抓到应该让他坐牢!"对此,当地派出所展开了调查。不过,那位隐身的降灾人,此时一定正躲在哪个角落里暗自得意于自己的"杰作"吧。

在发誓的时候,人们常说"赌咒发誓",说明"咒"与"誓"密不可分。西方人发誓,一般说一句"我起誓"之类就可以了。汉民族在发誓时,除了说出正面的誓言,还常常说出一种以上的报应,要说:"如果我不守信用,就让我如何如何",这是借助降灾咒以示信守诺言的诚意,而且咒语越恶毒,越能显示其诚意,可见人们对降灾咒的重视程度。

针对特定对象使用不祥语,就可以使之成为一句降灾咒。而另一方面,在人际交往中,由于误用不祥语,也可能被误认为是故意使用降灾咒。

(2) 控制型

控制型用来控制天下或敌方的行为。例如,据《史记·殷本纪》载:"汤出,见野张网四面,祝曰:'自天下四方皆入吾纲。'"《礼记·郊特牲》载年终腊祭的祝词曰:"土反其宅,水归其壑,昆虫毋作,草木归其泽!"《山海经·大荒北经》载:"魃时亡之,所欲逐之者,令曰:'神北行!先除水道,决通沟渎。'"

又如,在古典小说《西游记》中,常可见到佛教大师用咒语来惩戒叛逆弟子,以达到控制的目的。先是如来佛用书写着"唵、嘛、呢、叭、咪、吽"六字真言的帖子,把孙悟空压在山下 500 年,直到唐僧来到揭去帖子,才得释放。此后,每当孙悟空不听师傅教诲时,唐僧便屡屡念起紧箍咒,使孙悟空头上的戒箍越勒越紧,使他头痛欲裂,最后不得不乖乖就范。另外,观音大士也曾动紧箍咒,收服了红孩儿。

历史上还有把佛教的经文当作降灾咒的。传说南朝梁简文帝笃信佛教,在两军对垒之际,竟命令僧人诵经以退敌,留下了千古笑柄。

(3) 贬损型

贬损型用来贬损他人人格。例如,常见的贬损他人的词语有:孙子、流氓、蠢货、淫妇、王八蛋、十三点、二百五、老年痴呆等等。

据报道[①],北京有一位出租车司机,家住的小院门口经常有人乱停车,使他无法出车。于是他在门口挂上"禁止停车"的牌子,结果没用;后来改成"严禁停车,后果自负",也没用,因为他不敢真砸人家车子。无奈之下,他又换了一块牌子:"孙子门口停车",居然效果非常好。为了避免成为"孙子",人们再也不敢乱停车了。这个事例倒与上文提到的"倒垃圾死全家"有异曲同工之妙,虽不至于"死全家",但也不想成为"孙子"。

---

① 男子为防家门口被人停车,挂牌"孙子门口停车"[N]. 新京报,2004-08-13.

3) 请神咒

在民间信仰中,为了消病除灾、呼风唤雨,需要请求神仙相助。请神是一项很专业的工作,一般由巫婆、神汉担任。著名的诸葛亮"借东风",就是一场请神的骗局。

用于请神的咒语,就是请神咒。请神有一套复杂的程序,每一道程序都有相应的咒语。巫婆、神汉口中念念有词,各路神仙便会降临人间。

据刘孝存(1999)[①]研究,请神咒主要有焚香咒、净水咒、咒纸文、咒笔文、书符咒、咒符等。请神的过程大致是,首先烧起高香,念动焚香咒:

  道由心合,心假香传。香焚玉炉,心注仙愿。真灵下降,仙佩临轩。今臣关告,径达九天。所启所愿,感赐如言。

然后制仙水,念动净水咒:

  天一生水,地六成之。一六既令,五行乃基。吾今动,秽逐飞。白乾元,亨利贞。

接着神化所用的纸和笔,念动咒纸文:

  楮玉之英,天地生成。龙章凤篆资之陈,符飞迅远,遍历灵天。

以及咒笔文:

  神笔扬扬,万古传芳。吾今书篆,飞召千方。去兴飙驭,速降灵场。神墨灵灵,通幽达冥。松君效职,德友凝馨。仙真降格,速驾云乘。

还要神化符字,念动书符咒:

  玄女云君,普化十方,祷无不应,求无不通。三教之内,六合之中,顺命者吉,逆命者凶。仙离蓬岛,疾如雷霆,符命一至,电掣风行。急急如律令。摄曰:苍龙朱雀,白虎玄武,经天四值,二十八宿。

做完这些准备工作,便可以正式请神了。这时应该念动咒符:

  虔诚恭叩请,符使为通传。不分时与刻,直抵到桃源。仙宫日日寂寂,洞府月月涓涓。我今禀启元君令,号召蓬莱请众仙。五真宝气临麝世,驾鹤胜云阐祠源。高毫笔书文字,速降威灵走锦。叩启诸天诸地府,通灵位上紫姑仙。今时有请速报应,落度乾乾万古传。火急律令风雷现,感光禀禀作敬天。请仙宫,桃源洞,东海首郡是真仙。李公铁拐汉钟离,吕公洞宾韩湘子,曹公国舅蓝采和,何公仙姑张果老,正真显灵能。传梦尚书范太保,作诗作赋断吉凶。阴阳祸福无私告,不分高下贫与贵,一一件件分明报。灵威对迹箕中显,有求皆应无不从。弟子焚香虔拜请,仙公翁亲齐降临。天高高,地遥遥,海天万里来飘飘。不为人间酒与肴,有如王母献蟠桃。与汝共作神仙会,相随永结岁寒

[①] 刘孝存. 中国神秘言语[M]. 北京:中国文联出版公司,1999.

交。敢请仙童达洞府,投身弟子愿皈依。头上插花迎仙侣,急急归业附我箕。天灵灵,地灵灵,水灵灵,天地水火他最灵。奉请仙翁请圣众,降我明常责我净,我净室永协我箕。急急如律令。

于是各路神仙纷纷到场,各显神通。

2.2 联想式语言祝咒

联想式语言祝咒,即通过语义或语音的联系,将原本并无吉祥或不吉意义的词语纳入语言祝咒的范围。根据联想的途径,可分为语义联想型和语音联想型。

2.2.1 语义联想型祝咒

语义联想型祝咒,是指利用词语的同义或聚义联系,使某个词语或其组合拥有另一个词语的意义,从而用来表达祝咒。这种类型一般用于禁忌语,且往往有个人色彩。

据《太平御览》载,东晋十六国时期的前秦皇帝符生天生一只眼睛失明,因此最忌"不足""不具""少""无""缺""伤""残""毁""偏""只"之类词语。"符生常使太医令程延合安胎药,问人参好恶,并药分多少,延曰:'虽小小不具,自可堪用。'生以为讥己,遂斩之。"(卷九百八十四《药部一》)只因为符生认为程延讥笑自己眼睛"不具",就把他处死了。

又如,鲁迅的小说《阿Q正传》里,阿Q生有一头的癞疮疤,所以不喜欢听到"光""亮""灯""烛"等字眼。因为"光""亮"可使人联想到"光头","光头"与"癞疮"有关,而"灯""烛"又可联想到"光""亮",所以这些词语都有了"癞疮"的象征义。于是,当有人在阿Q面前使用这些字眼时,在他看来,无异于"指着和尚骂贼秃","一犯讳,不问有心与无心,阿Q便全疤通红的发起怒来,估量了对手,口讷的他便骂,气力小的他便打……"(《阿Q正传》第二章)

2.2.2 语音联想型祝咒

在汉民族的语言祝咒文化中,语音联想型祝咒之发达,可谓叹为观止。这是因为汉语中大量的同音词语为这种文化的充分发展提供了十分有利的条件。人们相信仅凭谐音关系就可以把两个毫不相干的词语的意义等同起来,如"八"可以祝愿"发财""四"可以诅咒"死亡"等等。而且这种谐音关系并不仅限于语言层面,还可以进一步予以物化,即依托于某种本不相干的具体行为和物品,如"送钟"这一行为可以通过谐音而联想到"送终","发菜"这一物品也可以通过谐音关系而联想到"发财"等等。

谐音祝咒,是指利用词语的语音相似关系,使某个词语或其组合拥有另一个词语的意义,使之成为吉祥语或禁忌语,但以禁忌语更为常见。这里所谓的语音相似,并不要求发音完全相同,只要近似即可(许多相关的词语只是在方言中同音)。例如,"四"与"死",声调不同;"八"与"发",声母不同,但仍然算作同音。

在饮食方面,如在旧上海的面馆里,如果客人点了4碗面条,因为"4碗"与"死完"谐音,所以堂倌(跑堂儿的)不能吆喝"这位先生要4碗"。当然也有对策,可改为"两两碗","两两"的结果就是四。要理解这个说法,听话人还得会做乘法,否则就听不懂。

又如,"猪舌""牛舌"的"舌"与"折"谐音,就有了"折本"之义,所以北京人改叫"口条儿",吴方言改叫"门腔",南昌人、四川人改叫"损毁才"。"舌"在广东话、温州话、客家话等方言中谐音"蚀",象征"蚀本",所以广东人、温州人、客家人等忌讳说"舌",就干脆改为"利"或"赚",那么不仅不会"蚀",反而能得"利"、有得"赚",便有了"猪利""牛利""猪口赚""猪利钱"等说法。以后"利"字又加上月(肉)字旁,写作"脷",成为"猪脷""牛脷"。广东菜有"大脷""横脷",取意"大利""横利",表示"获大利""发横财"。

广东人也忌讳"猪肝"的"肝",因为它与"干"谐音,有"干枯""没油水"之义,于是干脆把"干"改为"润",表示"利润",于是"猪肝"就成了"猪润","鸡肝"就成了"鸡润","豆干"也成了"豆润"。

广东人还忌讳"丝瓜"的"丝",因为它在广东话里与"输"谐音,所以把"丝瓜"改称"胜瓜",那就不但不会"输",反而能"胜"。

因"梨"与"离"谐音,象征"分离",早在明代,吴人就把"梨"改称为"圆果"了。

在湖南长沙话中,"腐乳"的"腐"与吃人的"虎"谐音,所以当地人改称"猫乳"。

在浙江嘉兴话中,"酱油"的"酱"与"僵"谐音,农村养蚕人避之,改称为"颜色"。

在吴方言中,因"鹅"谐音"我",所以"吃鹅""杀鹅"就成了"吃我""杀我",于是就把"鹅"改说成"白乌鬼"(也写作"白乌龟"),与"乌鬼"(即黑色的鸬鹚)相对。

北方有的地区吃饭时不能问人"吃不吃醋",因为"醋"与"错"谐音,"吃醋"就是"吃错",而山西人则干脆改称为"忌讳"[1]。浙江海宁人也忌讳说"醋",所以把"醋"改称"人仙",那么不但不会"错",反而可以"得道成仙"了。

又如,在广东话中,"空"与"凶"谐音,所以"空屋"听起来就成了"凶屋"。如有"空屋出租",就要改为"吉屋出租"了[2]。

"抹布"古代叫"幡布",因"幡"与"翻"谐音,乃船家之大忌,于是改叫"抹布"或

---

[1] 易中天. 大话方言[M]. 上海:上海文化出版社,2006.
[2] 肖建华. 民俗语言初探[M]. 北京:中国社会出版社,2010.

"云转布"。同样,船上的"帆"也得改叫"蓬"。"箸"与"住"谐音,象征"停滞不前",也是船家之大忌,所以改为"快儿",那么不但不会"停住",反而"快"了。以后又新创竹字头的"筷",成为"筷儿""筷子"。

"伞"因与"散"谐音,古代有的地方改叫"竖笠",即"撑起来的斗笠"。此外,"雨伞"要改称"雨盖""雨档""雨拦""雨遮"等。而且,不能说累得"散了架",要改说"碎了架"或者"拆了架"。例如,戏曲表演艺术家新凤霞有一回在后台说:"我先歇歇!刚跑到这儿,浑身都是汗,累得都散了架子了。"话音还没落,把头李小眼就大吼一声"忌讳",接着又骂道:"你还是在戏班长大的,怎么这么外行哪?这个字是戏班的忌讳,你不知道哇?你怎么不说是拆了架、碎了架?"①

在四川,对船家说话不能说姓"陈",因为"陈"与"沉"谐音,象征"船沉"。所以陈姓人必须改说姓"淹",意即"水深",有利于船行。也可以改说姓"耳东",暗示"陈"字。

在湖南邵阳话里,"重阳节"的"重"与"穷"谐音,所以当地人改为"富阳节"。"枞树"的"枞",也与"穷"谐音,所以当地人改称"富树"。这样,不但不会"穷",反而会"富"了。

在武汉话中,"府正街"的"府"与"虎"谐音,所以当地人改称"猫正街"。

冯梦龙《古今谭概》说:"民间俗讳,各处有之,而吴中为甚。……讳'狼藉',以'郎搔'为'兴哥';讳'恼''躁',以'谢灶'为'谢欢喜'。"(《古今谭概·迂腐部》)

尽管人们普遍认为"八"象征"发",而实际上"八"也并不总是那么受宠。在有的地方,因"八"与"疤"谐音,所以年轻人办喜事最忌讳"八"②。

在言行方面,如多人一起吃饭时,不能问:"谁要饭?"因为"要饭"(需要米饭)与"要饭"(乞讨)谐音。船家吃饭时,"盛饭"要改叫"装饭"或"添饭",因为"盛"与"沉"谐音。

谐音祝咒有时也具有个人特点,与当事者的权势有关。

例如,(南朝宋文帝)"移床修壁,使文士撰视,设太牢祭土神。江谧言及'白门',上变色曰:'白汝家门!'"(明冯梦龙《古今谭概·迂腐部》)"白门"原是南朝宋的首都金陵(今南京)的一个地名,宋文帝将它理解为"使家门发白"即"使家里死人"之意,难怪他要大发脾气,反骂道:"让你家门发白!"

慈禧太后属羊,所以"羊"就象征慈禧本人,于是在宫中不能把"羊"用于不利的语境,"羊肉"要改成"福肉"或"寿肉"。据说有一次她在听京戏《玉堂春》时,其中的"我好比羊入虎口有去无还"一句使她大怒,于是改为"我好比鱼儿入网有去无还"。

---

① 易中天. 大话方言[M]. 上海:上海文化出版社,2006.
② 行思. 发菜发了谁[N]. 中国青年报,2000 - 08 - 17.

53

据说袁世凯称帝时,下令把北京煤站里的"原煤"字样涂去,因为"原煤"与"袁没"谐音,意即"袁世凯没有了"。同时,因"元宵"谐音"袁消",象征"袁世凯消亡",遂下令改为"汤圆"。

由上可见,由于联想式语言祝咒文化的发达,使汉语在使用中几乎处处都是"陷阱"。在专制时代,甚至还有性命之忧。

2.3 谐音物化式祝咒

谐音物化式祝咒是指在谐音祝咒的基础上,进一步将祝咒落实在某个具体的事物上。具体而言,就以语言的形式部分(即语音)作为联系的桥梁或媒介,将其他本来不相干的事物与吉祥语或禁忌语"强行"结合起来,使之成为祝咒的媒介物。例如,发菜作为一种食品,与"发财"之义毫不相干,但因其名为"发菜",与"发财"同音,结果使这种食品本身也有了"发财"的意义。整个联想过程是通过语音"facai"为媒介,使"发财"义"物化"为作为一种实物的发菜。由于祝咒义体现在实物上,谐音物化祝咒可以在不说话的情况下发挥作用,这是与谐音祝咒的本质区别。

2.3.1 谐音物化式祝咒的表现

谐音物化式祝咒的表现,可以从谐音物化口彩和谐音物化避忌两方面来考察。

1) 谐音物化口彩

谐音物化口彩就是利用语言的谐音关系,赋予某些事物以吉祥义,使之成为看得见、摸得着的事物。这些事物自身的性质和特征与其所表达的对象毫不相干,只是由于语音的联系而成为祝咒的媒介物。因此,这些事物常常是"莫名其妙"地受到顶礼膜拜,从而成为人们竞相追逐的对象。如果说,吉利话只是"口惠而实不至",那么谐音物化口彩则是"确有其实"了。

(1) 数谐音口彩

某些数可以因谐音关系而成为祝咒媒介物。人们常把数的谐音笼统地称为"数字谐音"。不过,"数字谐音"的说法并不确切,是将数、数词、数字这三个处于不同层面的事物混为一谈的结果。"数"是客观世界的一种现象。例如,当人们面对两棵树,能够判断出来这是两棵而不是一棵或三棵,并形成"二"的概念,这就是"数"。因此,数学的研究对象是"数",而不是"数字"。当人们进一步用语言来表达不同的数,就产生了"数词"。掌握文字以后,又可以把这个数词写下来,就成了"数字"。

改革开放以来,人们特别热衷于数谐音口彩。例如,由于广东话中数词"八/8"

与"发"同音,所以在粤港澳地区,凡是跟"8"有关的日期、号码,便有了"发"的意义。改革开放以来,由于广东话的影响,这种"8"字热竟席卷了整个中华大地。每逢结婚典礼,商家开张,过去的人们习惯于查阅老皇历,或者请教算命先生,选择黄道吉日。如今,带有"8"字的日期自然成为首选。1月8日为"要发"("1"可读作"yao",谐音"要"yào),2月8日为"来发"(2在音乐简谱中读作[re],近似"来"lái),3月8日为"再发"(上海话"3"发[sε]音,近似"再"[tsε]),4月8日为"死发"(广东话"死"意为"绝对"),5月8日为"我发"("5"谐音"我")……最好的可能是8月8日(发发)、8月18日(发一发)、8月28日(发二发)等。2008年8月8日晚上8点,第29届奥运会在北京举行。这个聚集了四个"8"的时间的选择,据官方的解释是与"发"无关,但民间则宁可相信这是一个非常吉利的时刻。

车牌号、电话号中也是8字越多越好,以至于所谓的"吉祥号码"成为拍卖场上的宠儿。出门坐车,当然也是首选车牌尾数为"8"字的,最好是"8888"(发发发发)、"1688"(一路发发)、"2288"(你来发发)等等。

在一些消费场所,常见以"8"结尾的价格,如"168元""198元""998元"等等,也是为了讨"8"字的口彩。有时这也成了某些无良店家的一种宰客术。例如,当客人结账时,店家故意把收费提高到以"8"结尾的数字,还不忘恭维道:"刚好168元,先生真是'一路发'啦!"使不明就里的客人高高兴兴地挨宰。

除了"八"以外,"六"谐音"禄","九"谐音"久",所以也是吉利数字。

例如,据报道[①],2008年10月,上海实行自选车牌政策。最先被挑走的是"8888""9999""6666"等四连号",最先被用完的是"6""8""9"等数字,但传统意义上讨口彩的"18""58""516""518"等组合并不多。从统计数据来看,上海人最喜欢的还是"6"和"9",代表"六六大顺"和"长长久久",而广东人则特别喜欢"3",老板尤其是饭店老板则格外偏爱"7",等等。其中,"3"谐音"生","7"则因"七上八下"而象征"上"。

在一些地方,高考考生所坐车的车牌号也以"6"为首选。例如,被称为"亚洲最大的高考工厂"的安徽六安毛坦厂中学,为考生送考的大巴车牌号为"皖n91666",谐音"就要溜溜溜","溜"表示"顺溜、顺利"。同时,开车司机必须姓马,以示"马到成功"(属于姓氏谐音口彩)[②]。

(2)食物谐音口彩

在许多地方的旧俗婚礼中,要吃"喜物",或者叫"喜食",通过这些食品名称的谐音来讨口彩。例如,因"枣"谐音"早","栗子"谐音"立子",所以要吃红枣、栗子,

---

① 栾吟之,简工博. 自选车牌:"6""9"较走俏,"3""4"也平常[N]. 解放日报,2008-10-26.
② 光明网. 高考工厂独特风景:陪读大妈穿上艳丽旗袍,寓意考生旗开得胜[N/OL]. 光明网,2017-06-06[光明图片].

意为"早立子",而且口中还要念念有词:"一把栗子一把枣,明年生个大胖小。"还要吃花生,意为"(男孩女孩)花搭着生";吃桂圆,意为"高贵圆满";吃百合,意为"百年好合";吃榛子,意为"增子"。在有的地方,新郎和新娘要共吃用黑枣、花生、桂圆、莲子合炖的甜羹,象征"早生贵子"。有的地方要在婚床上放四只柚子,谐音"有子"。

因"生涩"的"生"谐音"生育"的"生",所以婚礼中要让新郎吃生面条或生饺子,意为"能生育";旁边还专门安排人问道:"生不生?"新郎答道:"生!"有的地方要让新郎吃西瓜,旁边人问道:"有籽没有啊?"新人答道:"有!"旁边人还要追问一句:"多不多?"新郎答道:"多!"这是以"籽多"象征"子多"。

因"鱼"谐音"余",所以年夜饭上,一定要有一条鱼,而且必须留到新年,意为"年年有余"或"连年有余"。而且每个人都要吃一点鱼头和鱼尾,意为"从头到尾都有余"。因"糕"谐音"高",所以很多地方过年时要吃年糕,乔迁时要吃定胜糕,重阳节要吃重阳糕,意为"年年高""步步高"。因"豆腐"谐音"都福",所以北方有些地方在吃年夜饭时一定要有一盘豆腐,象征"都有福气"。南方过年,有的地方要吃汤圆(或汤团),取意"团团圆圆";吃橘子,取意"万事大吉"。在浙江临安,要"签柏枝于柿饼,以大橘承之,谓之'百事大吉'"[①]。江苏启东、海门一带,过年要吃赤豆,因当地方言"赤豆"谐音"出头"。在广东话地区,新年期间要吃蚝豉(即蚝干)、猪手(即猪蹄)、横脷(猪舌),因广东话"蚝豉"谐音"好市"或"好事","猪手"谐音"就手","横脷"谐音"横利"(即横财)。在闽南话中,称"萝卜"为"菜头",谐音"彩头",所以年夜饭中一定要包含萝卜。

鲍鱼是名贵的海鲜,东南沿海一带的人们爱吃,不仅由于其美味和营养,还有好口彩:"鲍鱼"谐音"包余",象征"包内有余钱"。

又如,广东梅县一带的客家人中,流行着男家向女家送"兔子礼"的习俗,因为"兔子"谐音"吐子"(生子)。这种假"兔子"是将猪肚翻个面,里面塞入米糠,再做上耳朵、眼睛而制成。送礼时,男家向女家赠送一对公母"兔子",女家将公的留下,将母的返还男家。俗语云:"过了兔子礼,即可吐子吐孙。"

据有关资料介绍[②],若干年以前,福建外贸部门向海外出口茉莉花茶,一直没在海外华人中打开销路,原因便是"茉莉"谐音"没利"。后来福建龙岩地区有一位青年建议,将"茉莉花茶"改名为"莱莉花茶","莱莉"谐音"来利",仅一字之差,生意立即兴旺起来。为此,外贸部门奖励这位青年几千元人民币,诚可谓"一字千金"。其实,消费者喝了"莱莉"未必"来利",真正"来利"的还是茶叶商。

---

① 胡朴安.中华全国风俗志[M].上海:上海科学技术文献出版社,2008.
② 王连义.给老外"送温暖",好心未必有好报[N].民营经济报,2005-02-07.

第二章 汉语的超能观

这种习俗古已有之。据明冯梦龙《古今谈概·俗谶》载:"南郡乡试前一日,居停主人必煮蹄为饷,盖取'熟题'之意。又无锡呼'中'字如'粽'音。凡大试,亲友则赠笔及定胜糕米粽各一盒,祝曰'笔定糕粽'。"这是以"熟蹄"象征"熟题"。碰到"熟题",当然容易考中。笔、定胜糕、米粽,则可连说成"笔定糕粽",谐音"必定高中"。唐代还有给赶考人送猪蹄的习俗,以"猪蹄"谐音"朱题",象征"朱笔题名"[1]。

旧时代有些庸医会借助药名和病名的谐音联系来进行"谐音物化口彩式疗法"。例如,鲁迅的散文集《朝花夕拾》中有一篇《父亲的病》,记录了当地一位名叫陈莲河的名医为他父亲治水肿病的情景:

> 药引寻到了,然而还有一种特别的丸药:败鼓皮丸。这"败鼓皮丸"就是用打破的旧鼓皮做成。水肿一名鼓胀,一用打破的鼓皮自然就可以克伏他。清朝的刚毅因为憎恨"洋鬼子",预备打他们,练了些兵称作"虎神营",取虎能食羊,神能伏鬼的意思,也就是这道理。

> 单吃了一百多天的"败鼓皮丸"有什么用呢?依然打不破水肿,父亲终于躺在床上喘气了。还请一回陈莲河先生,这回是特拔,大洋十元。他仍旧泰然的开了一张方,但已停止败鼓皮丸不用,药引也不很神妙了,所以只消半天,药就煎好,灌下去,却从口角上回了出来。

鲁迅的父亲得了鼓胀病(肝腹水),这位陈名医用"败鼓皮"(打破的旧鼓皮)制成的丸来医治,以"败鼓"(破败的鼓)表示"败鼓"(打败鼓胀病),两者之间只有语音的联系,并无任何药理依据,自然不会有疗效,以至于病人最后连汤药也灌不进。所以鲁迅认为它与清朝"虎神营"的得名由来如出一辙,纯属巫术。

食品口彩一般都可以人为地刺激相关食品的生产和消费,但有时却会导致对自然环境的破坏甚至浩劫。发菜的遭遇就是一个典型事例[2]。

发菜本来只是一种黑绿色或黑色的、形如乱头发的野生藻类植物,盛产于我国西北地区,以宁夏的产量最多,质量也最好,可供食用和药用,其味道不见得多好,营养价值也不是太高。然而由于"发菜"与"发财"音近,它便成为广东人以及港澳台人士和海外侨胞情有独钟的菜肴,不惜以重金购买馈赠亲朋或制作佳肴,因而刺激了消费。

自20世纪80年代初以来,大量"淘金"人群涌入我国北方草原地区搂发菜。搂发菜对环境的破坏极大,经计算,产生1.5—2.5两发菜,需要搂10亩草场,而收入仅为40—50元,却破坏了10亩草场,导致草场10年没有效益。加上人群涌入草原后,吃住烧占等造成巨大的经济损失,使国家每年因搂发菜造成的环境经济损失达

---

[1] 肖建华.民俗语言初探[M].北京:中国社会出版社,2010.
[2] 发菜.百度百科.

到近百亿元,而发菜收益仅几千万元。搂发菜使草原植被受到大面积破坏,原本十分脆弱的生态环境进一步恶化,不仅加速了草原沙化和一些珍稀物种的灭绝,而且严重破坏和干扰了农牧民的正常生产、生活秩序,影响了民族团结和社会稳定。为了阻止这一场由谐音物化口彩引起的环境浩劫和社会动乱的蔓延,国务院于1999年批准将发菜从原来的"国家二级重点保护野生植物"升格为一级重点保护野生植物,又于2000年下达了《国务院关于禁止采集和销售发菜,制止滥挖甘草和麻黄草有关问题的通知》。

发菜先因"吉利"而身价倍增,随后又因"吉利"而面临绝迹,而且连累了草原环境和社会稳定,可谓"爱之适以害之","成也口彩,败也口彩"。

(3) 物品谐音口彩

除了食物以外,不少其他物品也可以成为谐音口彩的媒介物。例如,北方有的地区在婚礼中,要把铜碗和鞋子放在新娘床上,或者把铜镜和鞋子作为贺礼,表示"同偕"。送礼还可以送筷子,表示"快生子";送扇子,表示"善于生子"。新娘进门时,要在门槛上放一只马鞍,让她跨上去骑一下,表示会给这家人带来"平安"。辽北地区的迎亲习俗中,要在喜车内放置斧头一把,表示"福"。上海人在接新娘放鞭炮时,要把鞭炮绑在一杆秤上,以示"称心"。有的地方,乡间女人出嫁穿的绣花鞋,鞋面要用绸子,因为"绸"谐音"稠",意寓着"稠子多孙"。有的地方订婚时,要送银一锭、金如意一只,以示"一定如意"①。

近年来有的地方流行一种"辟邪结",即把中国结制成鞋子形状,挂在墙壁上,以"壁鞋"象征"辟邪"。

许多地方还有对"灯"与"钉"的崇拜。"丁"(即男子)对于家族的强盛与延续至关重要,人们企求人丁兴旺。因"灯"与"丁"音近,灯火本身又可暗示"火种留传",所以人们热衷于举办灯节、灯会,进行观灯、赛灯等活动,以寄托"添丁"的愿望。又由于"钉"与"丁"同音,而且钉子的形状也可暗示男根,所以旧时有妇女到城门口摸钉的习俗,据说摸到了大门钉,就一定会受孕生子。

在河南的不少地方,做床必须长7尺7,宽3尺7,高1尺7,因为7谐音"妻",希望能顺利娶妻。

据明冯梦龙《古今谈概·俗谶》载:"宗师岁考前一日,祷于关圣者,必置笔与锭及戥子于神前,取'必定一等'之意。"笔、锭和一只戥子可以连说成"笔锭一戥",象征"必定一等"。

在有的地方,清明节时,青年男女要头戴柳冠或柳环,因"柳"谐音"留",以象征

---

① 姚周辉,倪芳. 传统民俗中的谐音现象及其文化内涵[J]. 思茅师范高等专科学校学报,2000,(2).

"留住青春"。民谣还有"清明不戴柳,红颜成皓首"的说法①。

旧时北京戏班的后台除了布伞以外不能带入别的伞,因为"伞"谐音"散",象征"散伙",而"布伞"则谐音"不散",是口彩。

在杭州一带,还有贴"无字对联"的习惯。所谓无字对联,即一个字也不写的空白对联。因"无字"在杭州话中谐音"无事",所以象征"平安无事"。

近一些年来,在每年高考期间,以考生父母送考时的服饰来讨口彩的现象也在一些地方流行起来。若是母亲送考,要穿旗袍,以"旗袍"之"旗"象征"旗开得胜";若是父亲送考,则要穿马褂,以"马褂"之"马"象征"马到成功"。

(4) 图案谐音口彩

在民间年画或剪纸图案中,人们常画两只蝙蝠,寓意"双福";画孩子逮住五只蝙蝠,表示"五福天降";画五只蝙蝠围绕"寿"字,表示"五福同寿";画蝙蝠背着铜钱,表示"福在眼前";画蝙蝠在大官头顶飞翔,表示"天官赐福";画一只大蝙蝠缀在戟和磬的下方,象征"吉庆有福"。人们也常画佛手。把佛手与桃子、石榴画在一起,表示"多福多寿多男子";把佛手与瓶、马鞍画在一起,表示"福寿平安"。

其实,蝙蝠本来只是一种会飞的哺乳动物,长相丑陋;佛手也只是一种小乔木,其果实形状象半握着的手,它们跟人们所追求的"幸福"并无半点因果关系,而只是因为"蝠"与"福"同音,"佛"与"福"近音,便首先"幸福"地成了人们顶礼膜拜的对象。

此外,用来表示吉祥的动植物以及其他用品的图案主题还有:"喜鹊登梅"表示"喜上眉梢","獾与喜鹊"表示"欢天喜地","喜鹊铜钱"表示"喜在眼前","爆竹花瓶"表示"祝报平安","毛笔穿轮"表示"必定高中","蝴蝶与猫"表示"耄耋高寿","鲤鱼莲花"表示"连年有鱼","九鹌菊花"表示"九世安居","枣与樟树"表示"早日弄璋","大官与鹿"表示"加官受禄","鹰立岩石"表示"英雄独立","象背如意"表示"吉祥如意","金鱼荷花"表示"金玉同贺","戟插花瓶"表示"吉祥平安","鹭与莲花"表示"前路连连","猴骑马上"表示"马上封侯","枫猴挂印"表示"封侯挂印","母猴背子"表示"辈辈封侯","花豹喜鹊"表示"向您报喜","柿饼柏橘"表示"百事大吉","花瓶马鞍"表示"平平安安","童子吹笙"表示"连生贵子","玉磬鲤鱼"表示"吉庆有余","童子骑麟持莲花"表示"连生贵子","钟馗持剑伴蝙蝠"表示"只见福来"等等。有的地方过春节时,要在窗户上画两只大公鸡或者贴两张大公鸡的剪纸,表示"新春大吉"。

(5) 植物谐音口彩

有些植物也因其谐音口彩而受到人们的追捧。据说,京剧表演艺术家梅兰芳

---

① 姚周辉,倪芳.传统民俗中的谐音现象及其文化内涵[J].思茅师范高等专科学校学报,2000,(2).

就在其居宅中植了两棵柿树和一棵苹果树,以"柿""柿""苹"表示"事事平安"①。

古人在送朋友远行时,除了照例要说一些"依依惜别"的话,也要"折柳相送"。这是因为"柳"谐音"留",表示"挽留"。

(6) 行为谐音口彩

逢年过节,人们喜欢把"福"字倒着贴,通过"倒"与"到"的谐音联系,把"福倒了"曲解为"福到了",使之成为"福"的行为口彩。同样,"财"字倒贴,表示"财到了","春"字倒贴,表示"春到了"。在一些地方,办喜事时可以把"囍"字倒着贴,表示"囍到了"。类似的现象还出现在寻人启事中。有人把"寻人启事"的"人"字倒着写,用"人倒了"来祈求"人到了"。

许多地方的民间有在大年初一举行"添柴"活动的风俗,表示"添财"。据记载②,有的地方专门有人"于元旦担水抱柴,扣门户而问之。答曰'送'则入,而置其水其柴灶中,大喊'添柴''添柴',家家如是"。

在婚礼方面,民间还有"传袋"仪式。据清王棠《知新录》载:"今人娶新妇,入门不令足履地,以袋递相传,令新妇步袋上,谓之'传袋','代''袋'同音也。"这就是说,新娘子进门,必须在地上铺两只麻袋,令其踩在麻袋上,"一袋一袋"交替地往前移动,称为"传袋",表示"传代"。在古代徽州的婚礼中,采用的是青布袋,当新娘踩上身前那只青布袋时,身后那只青布袋即由两位傧相举起,并从新娘头顶翻到前面,口中高喊"一袋传一袋,一袋高一袋"③,谐音"一代传一代,一代高一代"。

另外,在安徽合肥的婚礼中,新娘入洞房时必须换上新郎的鞋子,以夫妇"同穿一双鞋",表示"同偕",即"同心偕老"。

有的地方在婚礼中,要让新郎给在场的小孩儿分发硬币,以"发"(分发)财表示"发"(多得)财。

据报道,2017 年 6 月高考期间,河南郑州某公交公司开展"爱心助考"活动,特意将 985 路和 211 路公交车停放在考点门口,作为考生和送考家长的休息站,让他们"(登)上 985/211"休息,寓意"(考)上 985/211(高校)"。车身上还挂出标语:"天王盖地虎,全考 985;宝塔镇河妖,全上 211",以示祝福④。在台湾,每当考季来临,一些学校要为学生举行包粽子仪式,以"包粽"象征"包中",即一定考中。包好的粽子还要高高地挂起来,以"高粽"表示"高中"。

---

① 孟昭泉.汉文化的语音精灵——谐音[J].台州学院学报,2003,(1).
② 胡朴安.中华全国风俗志[M].上海:上海科学技术文献出版社,2008.
③ 肖建华.民俗语言初探[M].北京:中国社会出版社,2010.
④ 重庆晨报.郑州考生家长"占领"211、985 公交:数字吉利沾喜气[N].重庆晨报,2017-06-07[上游新闻综合].

北京旧俗中还有在孩子出生时用葱打的习惯,还边打边说:"一打聪明,一打伶俐。"[1]这是因为"葱"谐音"聪",而"打"是教育的意思,那么"打葱"孩子,就是"打聪"孩子,表示把孩子教育得聪明伶俐。

旧时上海理发行业有一个规矩[2],理发师在应丧家要求为死者遗体剃头时,只能剃颅前发,不能剃颅后发,同时口称"留后发,留给后人发"。因为"发"("头发")谐音"发"("发财")。丧家闻听,觉得讨了口彩,就会赶紧奉上红包。

(7) 现象谐音口彩

传统文化中有"圆话"的习惯,就是在出现意外时,为了避免尴尬,通过谐音口彩的方法来加以化解。例如,吃饭的时候,如有人不小心把筷子掉落在地上,旁边的人会说:"快乐,快乐!"因为"落"在许多方言中与"乐"同音,所以"筷落"可表示"快乐"。于是,一件不愉快的事情顷刻间竟变成了一件好事。

吉庆佳日,如有人打碎杯盘碗盏,当然是不吉利之事。然而人们照样有办法加以化解,只要说一句"岁岁平安"("碎"谐音"岁")就可以逢凶化吉了。

据说,在某地的一次婚礼中,新娘刚下轿,附近有一枚爆竹意外爆炸,烧坏了新娘礼服的裙边。这时,一位老人走上前来说:"恭喜你们幸福无边。"[3]这是因为"新服"谐音"幸福","无边"(没有裙边)谐音"无边"(没有边际)。

对一些自然现象,人们也会利用来讨口彩。例如,举行婚礼时,如遇下雨天,有点煞风景,却又无法避免,但上海人有办法使之成为"好日子",称之为"有财有势",因上海话"水"谐音"势"。

2) 谐音避忌

谐音避忌就是通过语言的谐音关系,赋予某些事物以不吉利的含义,从而尽量予以回避。

"谐音避忌"与"谐音口彩"相反,但又紧密相关。由于在实际生活中,避忌的事物实际上常常无法避免,所以有时就相应地改为"谐音口彩"。因此,"谐音避忌"常常与"谐音口彩"相辅相成,成为一个现象的两个方面。

(1) 数谐音避忌

在汉语中,"4"因与"死"音近,所以在很多地方成为避忌的对象。而且这一习俗还随着汉语词传到了日本,成为日语中唯一的数谐音避忌。

与"8"的受宠相反,尾数为"4"的日期、号码等让人避之唯恐不及。如"14"意即

---

[1] 孟昭泉.汉文化的语音精灵——谐音[J].台州学院学报,2003,(1).
[2] 林培.老上海理发趣话[N].新民晚报,2009-05-29.
[3] 肖建华.民俗语言初探[M].北京:中国社会出版社,2010.

"要死""914"意即"就要死"等等。

在上海话中,"4"与"输"音近,所以表示"输""失败"。例如,据报道,1999年7月高考期间,有一考生为赴考预约了一辆出租汽车;当汽车按时到达考生家门口时,考生家长一眼瞥见车牌号码尾数是"44",便甩下一句"阿拉勿要了"(我们不要了)后拉上女儿扭头就走。同时,那些车号尾数为6的汽车也普遍不受考生们的欢迎,因为上海话中"6"谐音"落",象征"落榜"[1]。

在房产买卖中,由于带"4"的楼层不吉利,所以这些楼层往往只能降价销售。而一些新开发的楼盘在给楼层编号时,只得回避"4"层、"14"层,改为"3A""13A"等,甚至干脆取消"4"层、"14"层,造成实际楼层与编号楼层不相符的情况。

尽管"4"谐音"死",但是40岁的寿诞还是可以做的。据说是因为做了四十大寿以后,就"破了法"[2],已经越过"死"的鬼门关了,也就不怕死了。

据统计,在上海的自选车牌活动中,上海人比较忌讳"250""38"及与"七零八落""不三不四"谐音的"7086""8384"等组合。同时,不同年龄和职业的人群对数字的忌讳也不同。比如,老年人多忌讳"7"与"4"、新婚夫妇忌讳与"散"谐音的"3"等等。其中,"250"意即"二百五","38"谐音"三八","7"则表示"做七"(人死后的祭奠习俗)[3]。

在湖北天沔一带,做菜、送礼不能凑满六个,因为"六"谐音"禄",东西凑满六个就是"满六",谐音"满禄",意即"福寿已满",等于"死"。

古代有的地方忌讳"十",因为"十"谐音"失"。例如,贵州黔东南州有一座明代汉人进入黔东南地区实行军屯制而设立的军事城堡——隆里古城,因为避讳"十"字与"失"字的谐音,城内所有大小街道都不以"十"字开通,而以"丁"字相连,以求人丁兴旺[4]。

由于受西方文化的影响,有的大楼甚至连"13"层也不设,而改设12A。有的地方还认为"18层"也不祥,因为象征"十八层地狱"。

(2) 食物谐音避忌

在吴方言地区,探望病人时,不能送苹果,因为吴语中"苹果"与"病故"同音。上海话把梨叫做"生梨",谐音"生离",象征"生离死别",所以也不能送给病人。据说上海有一对老夫妻,老太太因病住院,老头儿买了梨给她送去。不料老太太勃然大怒,以为老头儿故意咒她快死,好另找老伴。

---

[1] 新民晚报,1999-07-10.
[2] 肖建华. 民俗语言初探[M]. 北京:中国社会出版社,2010.
[3] 栾吟之,简工博. 自选车牌:"6""9"较走俏,"3""4"也平常[N]. 解放日报,2008-10-26.
[4] 诸葛漪. 这是一片神奇的土地——贵州黔东南州原生态旅游展侧记[N]. 解放日报,2008-10-23.

有些打麻将的人连蔬菜也不吃,因为"蔬"也谐音"输"。

有的地方的农民在每年第一次吃新米时,不能同时吃鸡,因为"鸡"谐音"饥"①。

旧时上海的婚俗,新娘上门,不能吃瓜,因为"瓜"与"寡"音近。而有的地方,婚礼中不能吃桃,因为担心新娘子"逃之夭夭"②。

上文所举的茉莉花茶一例,则是因"茉莉"谐音"没利",而被一些海外华人认为不详。在香港,送人茶叶时不能送茉莉花茶,也是因为"茉莉"与"没利"同音。

对有的人来说,饮料也不能随便送。市场上有一种"七喜"牌汽水,字面上挺吉祥,可是在上海话中却与骂人话"屈死"音近,所以也被一部分人视为不祥。据说有一位毛脚女婿第一次上门,送的礼物中有"七喜",未来老丈人大怒道:"这不明明是咒我'屈死'吗?"

(3) 物品谐音避忌

打麻将的人,忌讳有人坐在旁边看书,因为"书"谐音"输",意即"输钱"。

有的地方,乡间女人出嫁穿的绣花鞋,鞋面忌用缎子,因为"缎"谐"断",缎子做鞋,则意味着断子绝孙。

旧时上海的婚俗,嫁妆中不能有格子被面,因为上海话中"格子"与"格嘴"音同,意即"拌嘴""吵架"。

(4) 姓氏谐音避忌

某些姓氏也会因谐音而被认为不吉利,从而使拥有该姓的人受到歧视。这种情况一般具有个人特点。例如,据《新五代史·桑维翰传》载:

> 桑维翰……初举进士,主司恶其姓,以为桑、丧同音。人有劝其不必举进士,可以从佗求仕者。维翰慨然,乃著《日出扶桑赋》以见志。又铸铁砚以示人曰:'砚弊则改而佗仕。'卒以进士及第。

五代时期的这位主考官为了回避"丧"字,连姓桑的人也不予录取。有好心人劝桑维翰别考了,而他却有"行不更名,坐不改姓"的志气,坚持再考,终于及第。

同样的事情在当代社会中也时有耳闻。例如,长春一位裴姓女子在求职时,接连找了10多家单位均告失败。后来一位女老板道出个中缘由:"你说你姓啥不好,偏姓裴(赔),有哪个商家愿赔钱?"③这是仅仅因为老板不喜欢"赔"(赔钱),所以连姓"裴"的人也不要。后来裴女士不得已改为母姓"刘",终于找到了工作。

(5) 属相谐音避忌

旧时上海的婚俗,属鸡的与属狗的不能结为夫妇,因为"鸡"与"狗"在一起,就

---

① 姚周辉,倪芳.传统民俗中的谐音现象及其文化内涵[J].思茅师范高等专科学校学报,2000,(2).
② 姚周辉,倪芳.传统民俗中的谐音现象及其文化内涵[J].思茅师范高等专科学校学报,2000,(2).
③ 高波.说"裴姓"女士求职遇阻[J].人才开发,2002,(4).

是"鸡狗鸡狗",在上海话中谐音"叽诟叽诟",意即吵嘴、闹矛盾。

(6) 地名谐音避忌

有些地方的名字被认为不吉利,所以人们避而远之。例如,苏州市吴中区的西山镇,因"西山"(西洞庭山)谐音"西山"("日落西山",指衰败),"一些外地客商看中西山这块风水宝地,都想来干一番事业,可是对于西山这个行政区域名字却有另外一种想法,并表示不解"①,于是镇政府于2007年正式将它改名为"金庭",讨了个"好口彩"。

又如,据报道,江苏新沂市和宿迁市交界的骆马湖,因"骆马"谐音"落马",被认为不吉利,不能吸引旅游者。为了开发旅游景点,2009年,新沂市境内的骆马湖改称"龙马湖"。2010年,旅游开发商也将宿迁市境内的骆马湖改称"马上湖",谐音"马上福",但是引起了一场轩然大波②。

(7) 植物谐音避忌

河南、山西一些地方,在房子周围栽树时,要求"前不栽桑,后不栽柳,当院不栽鬼拍手"。因为"桑"谐音"丧",出门不能遇丧,所以"房前不栽桑"。("柳"是招魂幡的木料,且要插在坟的背面,所以屋后不能栽;"鬼拍手"指杨树,随风摇曳的声音像鬼拍手。)

有的地方忌讳在庭院里种杏树,因"杏"(杏树)谐音"杏"("红杏",指有外遇的妻子),以免"红杏出墙"③。

在香港,因"梅"与"霉"同音,所以梅花不能送人。看望生病的亲友,不能送剑兰,因为广东话"剑兰"谐音"见难",意即今后见面难。

(8) 行为谐音避忌

自古以来,梨不能分着吃,因为"分梨"可表示"分离"。

船家吃饭时,不能把筷子隔在碗的边沿上,因为"搁"象征"搁浅"。同样,吃鱼时,吃完朝上的一面,不能把鱼翻过来接着吃朝下的一面,因为"翻"鱼象征"翻"船。

在有的地方,过年不能劈柴,因为"破柴"谐音"破财"④。

在江苏一些地方,旧时求医看病,在拿到医生的处方后,如需要折叠起来,只能正折,禁忌反折。这是因为"反"(反面)谐音"反"(相反),表示"药效相反"⑤。

在扬州,妇女有"七不出"⑥的习俗,即逢七日不能出门。这是因为"七出"(逢七

---

① "日落西山"影响西山镇招商引资?[N].天府早报,2007-06-28.
② 劲松等.江苏千年骆马湖因谐音落马改名,现成"马上湖"[N].扬子晚报,2010-05-23.
③ 姚周辉.倪芳.传统民俗中的谐音现象及其文化内涵[J].思茅师范高等专科学校学报,2000,(2).
④ 姚周辉.倪芳.传统民俗中的谐音现象及其文化内涵[J].思茅师范高等专科学校学报,2000,(2).
⑤ 姚周辉.倪芳.传统民俗中的谐音现象及其文化内涵[J].思茅师范高等专科学校学报,2000,(2).
⑥ 肖建华.民俗语言初探[M].北京:中国社会出版社,2010.

日出门)谐音"七出"(传统休妻的"七出之条")。

清代慵讷居士《咫闻录》记载了一则有趣的故事：

> 广东为富庶之区,重在洋物,民间凡有喜事,莫不斗丽争华。昔有大宪生辰,官绅士商各献奇珍,迎合趋逢。洋商某,思内地宝物衙中都有,惟以洋货为重。遂出重资巨万,购得西洋自鸣钟,高五尺,机关灵动,八音克协,按时呈牌,不爽毫发。至期呈送,为显者寿。斯时僚宾毕见,和容愉色。忽见家人手持红束曰："洋商送钟,请谒拜寿。"大宪失色,勃然大怒,曰："吾位及人臣,欲享期颐之寿,他物具可送,何独送我以钟？'钟'与'终',字不同而音同,使我心惊肉战,是该商明假此以咒我也。情殊可恨。"即令人将钟携至大堂,用铁杵击碎,将商发县讯问,亦不排宴享客矣。洋商挽人求饶,不准,后情与面具到,乃已。是洋商以钟而见长,今反以钟而买祸。从知话言,因当谨慎,而馈送亦应审音。

大官过生日,洋商送寿礼,本想出奇制胜,反而弄巧成拙。作为计时工具的钟,是人们日常生活中不可缺少的一种用品,与表示完结的"终"毫无瓜葛,不少国家的人们(如西洋人、日本人等)也常用来送礼。但在中国,由于"送钟"与"送终"同音,钟便有了"完蛋"的意义,于是在中国人的礼品单上,就没有了钟的地位。在中外交流中,甚至会引发文化冲突。

(9) 现象谐音避忌

在古代,吃饭时如果正好有读书人在场,不能让筷子掉落地上。因为"地"与"第"同音,所以"筷落地"谐音"快落第",意即"马上名落孙山"。万一出现尴尬局面,旁人也可以用"圆话"的方法来化解。例如,可以说"筷及地",谐音"快及第",意即"马上考中状元"。其实,"及地"与"落地"意思相同,但是其谐音词语"及第"与"落第"的意义则刚好相反。

2.3.2 谐音物化祝咒的表达与解读

谐音口彩和谐音避忌如果用来向他人传递某种信息,也可以成为强化情感表达的手段。口彩有"讨"和"送"两个方面,人们相信,真正的口彩是需要"讨"的,只有别人"送"来的口彩才真正有价值。当人们用具有口彩的东西送人,或者以具有口彩的行为示人,这就是"送口彩",可以表达友谊、亲情或者祝福。例如,向亲朋好友馈赠发菜,可以表达"希望你们发财"之义；婚礼时向新人赠送铜镜和鞋子,可以表达"祝愿你们同心协力"等等。

而需要避忌的物品或行为,如果故意用来针对他人,则可以表达不敬甚至诅咒之义。不过,这时会遇到如何解读的问题,对方是"故意"还是"无心",有时很难判断。例如上文所提到的老头儿给病中的老太太送梨、毛脚女婿给未来老丈人送七喜牌汽水、洋商给大官送钟等事例中,送礼者都被受礼者认为是一种故意诅咒的行为。不过,从旁观者来看,这些均应是无心之"过"。

1) 谐音物化祝咒的地域性

谐音物化祝咒在不同的地区往往具有不同的表现,甚至出现互相矛盾的景象。这些不同,有的与不同的方音有关,有的则与不同的历史文化背景有关。

例如,数谐音祝咒中,对数量四的忌讳,一般流行于南方一些方言地区,而北方人并不怎么忌讳"四",相反还认为是比较吉利的。本来,以中原文化为代表的中国传统文化其实是崇拜数量四的。仅就传世文化遗产而言,就有"四书""四史""四库""四大发明""四大石窟""四大古都""文房四宝""四大古典小说"等等。反映在成语中,就有"四海一家""四平八稳""四世同堂""四通八达"等等。北方人送礼时,常送"四彩礼"(四样礼物);吃酒席时,要吃"四凉四热";北方名菜有"四喜丸子"等。

同样,数字"八"在北方话中虽然也是吉利字眼儿,如"八面光""八面玲珑""八面威风""八仙过海"等等,但并不谐音"发",不具有"发财"义。甚至在某些地方,因"八"谐音"疤",所以办喜事必须避开"八"。如今之所以全民崇拜"八",完全是因为改革开放以来受到广东话的影响。

广东人、香港人喜欢"三",是因为广东话"三"谐音"生"或"升",而在北方话中则无此义。

数字"十"在中国的绝大部分地区都是好字眼儿,如"十佳""十全十美"等,而在贵州黔东南州的隆里古城,却因"十"与"失"的谐音而被视为不祥。这是因为它曾是明代设立的一座军事城堡,作为城堡,当然宜"守"不宜"失(十)"了。

广东话中的食品谐音祝咒特别丰富,主要是在广东话地区流行,有些则渐渐扩散到其他地区。

江苏启东、海门一带方言中,"赤豆"谐音"出头",其他地方就没有这样的意义。

因"苹"谐音"平",所以北方人喜欢送人苹果,象征"平安"。但在吴语中刚好相反,"苹果"谐音"病故",所以探望病人不能送苹果。

在婚礼中,有些地方要让新郎吃西瓜,表示"子多"。而旧时上海的习俗却是不能在婚礼中吃瓜,因为"瓜"谐音"寡"。

在婚俗中,属鸡的不能与属狗的结婚,嫁妆中不能有格子被面等,这些讲究都与上海话有关,所以基本上流行于上海地区。

同样,"重阳节"的"重"、枞树的"枞"在湖南邵阳话中谐音"穷",也具有鲜明的地域色彩。

2) 谐音物化祝咒的时代性

有不少谐音物化祝咒具有强烈的时代特征。例如,古人以瓜象征"瓜瓞绵绵"

"多子多福",而旧时上海的婚俗中,新娘上门却不能吃瓜,因为"瓜"谐音"寡"。在当代社会,人们喝喜酒时一般也并不忌讳吃瓜。

自古以来,人们一直以桃为吉祥物,因为桃子果实累累而且味美可口,桃木可用以避邪,而桃花则"依然笑春风"。不料,随着"桃之夭夭"变成成语"逃之夭夭",桃就有了"逃"的意义,在有的地方,婚礼上竟不能吃桃了。

上古时代的人们也不避桑树,因桑叶可以养蚕,为中国的"丝国"之美誉奠定了物质基础。古代"农桑"并举,可见桑树实为人们的经济命脉之一。蚕桑之乡,人们遍植桑树,哪管房前屋后。而"桑梓"一词,指的就是"故乡"。不料,时过境迁,却弄出个"房前不栽桑"的规矩。若桑树有"知",不知作何"感想"。

3) 谐音物化祝咒的领域性

谐音物化祝咒有时与不同的行业、职业相联系。例如,船家忌讳"翻""搁",所以吃鱼时不能把鱼翻过来,也不能把筷子搁在碗沿上。又如戏班忌讳"散",所以旧时北京戏班的后台只能带入布伞,不能带入别的伞,因为"布伞"谐音"不散"。同样的祝咒习俗在其他行业就比较少见。

不过,领域性的谐音物化祝咒有时也会渗透到全民语言中。如以"筷子"取代"箸",本来是船家习俗,如今则早已成为全民通用词了。

4) 谐音物化祝咒的语境性

在不同语境中,同一个媒介物也可以被赋予不同的祝咒意义。

例如,带"6"的车牌号,因其谐音"溜"(意即"顺溜"),所以象征"六六大顺",深得人们的喜爱。但是在与考试有关的语境中,又因其在某些方言中谐音"落",可以象征"落榜",反而成为不吉利的数。

5) 谐音物化祝咒的权势性

谐音物化祝咒还常常表现出权势人物的专制思维,也与某些个人的偏执有关,即"我说忌讳就是忌讳"。

例如,五代的桑进士和当代的裴女士因其姓氏的谐音"不祥"而受到排斥,是因为他们的主考官或老板不喜欢。

上海的那位毛脚女婿因送"七喜"牌汽水而惹怒未来老丈人,是因为老丈人在二人的关系中居于"至尊"地位。

某老先生因送梨而惹怒病中的老伴儿,则反映出夫妻关系的阴盛阳衰。

上海某些赶高考的考生之所以因出租车带"4"或"6"的牌号而随意取消预定的车,则是以当地出租车的"买方市场"为支撑的。

至于"送钟"与"送终"的谐音忌讳,也与权势者个人的态度有关。1601年,明万历皇帝得到了意大利传教士利马窦进贡的两架自鸣钟,爱如珍宝,却并无任何"龙颜大怒"的记载。还有,故宫的钟表馆里至今收藏着大量来自英国和法国的钟表,也未听说当年清朝历代皇帝以及慈禧太后为此生气。相比之下,广东的那位大官因洋商送钟而勃然大怒,则显然是要摆一摆他的"位极人臣"的谱。

6)谐音物化象征的随意性

同一个媒介物,只要人们愿意,有时可以做出相反的祝咒义释读。

例如,带"4"的车牌号,不少地方的人们,无论是司机还是乘客,避之唯恐不及。但据报道,河南某地的一位司机,因其车牌号含有"4444",开始感到不愉快,后来有人解释说,"4"在乐谱中读作 fa,谐音"发",所以"4444"就是"发发发发",是好兆头,于是该司机逢人就宣传自己的车牌号如何"吉利"了①。

同样,"7"可以因"七上八下"而表示"上",那么"8"呢?却因发音的近似而表示"发"。至于"八下",就只能闭眼不认账了。

反正,同一个东西,"吉"也好,"凶"也罢,都有说头。

7)谐音物化祝咒的盲从性

不少名称是祖祖辈辈沿用下来的,得名理据也是朴素之极,谁也没觉得有什么吉利不吉利的问题。忽然有一天,有好事者煞有介事地加以一番诠释,众人觉得"言之有理",于是,或者趋之若鹜,或者避之唯恐不及。

例如,苏州的西山,即坐落于太湖中的西山群岛。其中西山本岛是中国内湖第一大岛,与东山半岛隔湖相望,两山合称"洞庭山",分称"西洞庭山"(或"洞庭西山",简称"西山")和"东洞庭山"(或"洞庭东山",简称"东山")。因此,"西山"是以地理位置而得名,意即"西面那座山",并无任何不吉之处。

历史上,西山经济长期落后,远不及与苏州市区接壤的东山,交通不便是其主要原因。1994年,我国内湖第一长桥——太湖大桥建成,连通了东山和西山群岛的西山本岛以及一些附属岛屿。1995年,西山镇所属的原吴县撤县建市,设"吴县市";2001年,原吴县市撤市设区,西山镇归属苏州市吴中区。这些举措加快了西山的城市化进程,经济实现了跨越式发展,西山也已成为著名的旅游景区,被称为"太湖明珠"。而偏偏在西山经济"蒸蒸日上"的时候,却有人根据"日落西山"这一成语,"突然发现"了西山正在"日落","一定程度上阻碍了招商引资和旅游业发展的进程",于是非要改名不可。但是,"在当地电视台舆情调查版块中,81%的观众反

---

① 郭熙.中国社会语言学(增订本)[M].杭州:浙江大学出版社,2004.

对更名"①。

　　另据有关资料显示,目前我国行政区划中称为"西山"的地名,还有不少,如云南昆明市有西山区,江西新建县、广西桂平市、贵州从江县都有西山镇,云南大理市洱源县、云南潞西市、广西巴马县、广西灌阳县、新疆哈密市、青海海东地区互助县、四川南充市阆中市、四川越西县、贵州息烽县都有西山乡等等。不过,既然还没有"高人点拨",或者当地人仍然"执迷不悟",那就只能继续"日落"下去了。

　　又如江苏省境内的骆马湖,是该省四大淡水湖之一,位于马陵山下,从高处看,形状像一匹大马的脊背,这是骆马湖得名的来由,历史上还曾写作"乐马湖""洛马湖""马乐湖"等。这是以形状而得名,并无任何特别的含义,一直沿用了上千年,人与自然相安无事,其乐融融。只是近年来,经一些"旅游策划专业人士"一点拨,当地部分官员"幡然醒悟",才发现"骆马"谐音"落马",顿感不寒而栗,不仅自己有"落马"之忧,也会令游客中的官员裹足不前,于是纷纷酝酿改名。

　　另据有关资料显示,还有一些地方名为"落马桥",如浙江新昌县斑竹村有一座落马桥,江西景德镇市珠山区有一个落马桥里弄,温州市有一个落马桥街区,湖北蕲春县有一个落马桥水库,浙江衢州市柯城区双港街道有一个落马桥村……这些地名在字面上就写作"落马",并不需要谐音联想,然而当地官民却对此"熟视无睹""听若不闻",并无改名之打算。老百姓当然不怕"落马",而官员们似乎也"不大开窍"。

　　此外,香港元朗区东北部有一个落马洲(Lok Ma Chau)口岸,与深圳皇岗口岸相连,是香港往内地的车辆交通的重要口岸,也是目前香港至内地唯一全天开放的陆路出入境口岸。按理说,香港人平时比较讲究语言忌讳,喜欢讨口彩,然而"落马洲"这个名称却并没有引起他们的反感。

　　由此看来,这种基于谐音物化祝咒的地名更改措施似乎与官员的廉政、善政问题还有点关系。腐败分子试图求助于改地名来免遭"落马",无能之辈也可以将政绩的缺乏归咎于地名的"不吉利"。

　　综上所述,谐音物化祝咒在表达与解读上的地域性、时代性、领域性、语境性、权势性、随意性、盲从性等特点,充分显示了谐音物化祝咒的任意性,可以随着时移事迁、人心向背而发生变化,甚至可以因人而异。从本质上来看,都是语言的超能观使然。

参考文献

本社. 中国文化史三百题[M]. 上海：上海古籍出版社,1987.

---

① "日落西山"影响西山镇招商引资？[N]. 天府早报,2007-06-28.

陈建民.语言文化社会新探[M].上海：上海教育出版社,1989.
刘孝存.中国神秘言语[M].北京：中国文联出版公司,1999.
吕叔湘.语言和语言研究//中国大百科全书·语言文字[M].北京：中国大百科全书出版社,1988.

第三章　汉字的超能观

由于汉字在产生以后所起到的巨大作用,使汉民族产生了汉字具有超能性的幻觉,因而形成了浓烈的汉字情结,并加以宗教式的崇拜。

这种汉字情结,也延伸到了对神秘符号(即"天书")的崇拜。例如,据报道,四川省彭水县太原乡花园村的一座山上有块神秘的石头,海拔1 000多米,当地人称"张飞岍[qian]"。这块石头上有一片石刻,上边刻有一些疑似文字符号的东西,当地人称为"天书"①。据《彭水县志》描述:"符号为阴刻,呈枝状、爪状、蚯蚓状,无环形、方形、三角形,个别略似象形状,不类甲骨文、钟鼎文,亦不类道家符咒。"《四川省文物档案》则称,张飞岍石刻"据考证乃秦代以前所刻,据专家考证,既非甲金文,亦非大小篆,音义也不辨识"。正因为如此,千百年来,张飞岍石刻早已成为附近村民,甚至彭水县以外的人供奉的对象。逢年过节,或谁家有人生病了,谁家有人出远门,谁家有红白喜事,人们都要来烧香烛纸钱以祈福。例如,有一位滕姓老人,其3岁的孙子又闹肚子了,他想到的第一件事就是拿几柱自制的土香,到小溪对面的张飞岍石刻去祭拜,求神灵庇护孙儿福寿安康。结果还真灵,刚回家,孙子就好了,跟没事似的。

尉万传、周健(2004)讨论了汉字文化崇拜的具体表现和社会文化原因,认为:"国人对汉字的崇拜情结由来已久、无所不在,它具体表现为造字传说、谶语、符咒、拆字、避讳、文字狱、人地命名、类图腾崇拜、书法等多种形式。这种情结首先源于初民的万物有灵信仰和图腾崇拜,封建文化专制主义在其中起了推波助澜的作用,人们'经世致用'的传统文化心态、意识形态的相对独立性以及汉字本身的特点等也都是形成这种情结的重要原因。"②

汉字超能观的具体表现不少,本书着重讨论传统文化中的汉字祝咒文化、"敬惜字纸"信仰和现代社会中的"统一法宝"论。

3.1　汉字祝咒文化

我们在上一章中详细讨论了汉语祝咒文化。由于汉语和汉字的紧密关系,汉

---

① 周立.彭水石刻天书无人破解,传说张飞用手抓出来[N].重庆晚报,2009-12-14.
② 尉万传,周健.论汉字文化崇拜[J].社会科学,2004,(2).

字也不免在祝咒文化中大显身手,并与汉语祝咒文化密切配合。汉字祝咒表现在文字层面,通过拆字、倒写、变形、组合、换旁等方式来表达祝咒。

3.1.1 拆字式

拆字,就是将一个汉字的各个组成部分按需拆开,得出另一种解释。例如,按民间风俗,父母给孩子取名时,先要请人算命,然后按"五行"中"缺啥补啥"的原则,选用相应偏旁的汉字。命中缺"金"的,多用"金旁"字,特别是"鑫"字,甚至有姓金的就叫"金鑫",希望以此补充足够的"金"。命中缺"木"的,多用"木旁"字,特别是"森"字,甚至有姓林的就叫"林森"。同样,缺"水"的,多用"淼"字;缺"火"的,多用"焱"字;缺"土"的,多用"垚"字,等等。

3.1.2 倒写式

倒写,就是将写好的字倒着贴(挂)。例如,将"福"字倒写,并通过语言的谐音联系,解读为"福到了"。倒写的"喜"字可解读为"喜到了",倒写的"春"字解读为"春到了",倒写的"财"字解读为"财到了",倒写的"人"字则解读为"人到了"。

把人的名字倒写,则可以表示咒骂和羞辱。如"文化大革命"期间,满街张贴着关于前国家主席刘少奇的标语,而且常常将"刘少奇"三字倒着贴,并解读为"打倒"。在山东曲阜的红卫兵砸烂孔庙时,曾挂出大标语"打倒孔家店",其中"孔家店"三字就是倒着贴的。

3.1.3 变形式

变形,就是把某个字写得像另一个字,或者把某个字的偏旁写得像另一个字的偏旁。例如,江浙一带的人们,逢年过节要张贴"招财进宝"之类条幅,但其中的"财"字从"贝",谐音"背",有"背运"之义。于是,人们就将"贝"旁的最后一"、"写成"L",使之看起来像"见"旁,于是这个变形的"财"字,不仅不会让人"背"财,反而可以"见"财了。

"文革"期间,有人特有创意地把"刘少奇"的"奇"字横过来写,并把"大"旁写得像个"犭"旁,"可"旁写得像个"句"旁,使整个字看起来像"狗"字,于是"刘少奇"就成了"刘少狗",以示辱骂。

3.1.4 组合式

组合,就是将两个以上汉字组合成一个类字图形或类似另一个字。例如,汉族人在举行婚礼时,常将两个红色的"喜"字组合成为"囍"形,写的时候将两个"喜"字中段的"丷"符合并为一个,使两个字成为一个连体字。"囍"字并没有与之对应的词,也没有自己的读音,只能通过语言释读为"双喜"或"红双喜",表示"双喜临门""喜上加喜"。严格说来,这不是一个标准汉字,只是一个类字图形,所以一般词典中不收。以后出现在电脑文字库中,音"喜"。

民间还有"招财进宝"图,是将繁体的"招""财""進""寶"四字拼合在一起。这个类字图形构思极其巧妙,它以"寶"字为核心,在其下半部的"貝"符左边加"進"字,并将"進"字的最后一捺延长,使之托住整个图形;"貝"符右边加"招"字;而这个"貝"符又兼作"财"字的"貝"符,这个"招"字的"扌"符又兼作"财"字的"才"符。

3.1.5 换旁式

换旁,即改变汉字的偏旁,产生一个新字,以取代原字。例如,南朝宋文帝"改'騧'字为马边瓜,以'騧'字似'祸'故也"(明冯梦龙《古今谭概·迂腐部》)。就是说,由于"騧"[gua](黑嘴的黄马)字形似"祸",所以宋文帝下令改变该字的声旁,新创一个"𩢲"。

3.2 "敬惜字纸"信仰

中国传统文化中,曾经有过"敬惜字纸"的信仰和习俗,即要求将写有汉字的废字纸加以妥善处理,不能移作他用,也不能随意丢弃。而且认为,凡敬惜字纸者,可得善报;反之,则得恶报。

鲁迅曾指出:

> 因为文字是特权者的东西,所以它就有了尊严性,并且有了神秘性。中国的字,到现在还很尊严,我们在墙壁上,就常常看见挂着写上"敬惜字纸"的篓子;至于符的驱邪治病,那就靠了它的神秘性的。文字既然含着尊严性,那么,知道文字,这人也就连带的尊严起来了。新的尊严者日出不穷,对于旧的尊严者就不利,而且知道文字的人们一多,也会损伤神秘性的。符的威力,就因为这好像是字的东西,除道士以外,谁也不认识的缘故。所以,对于文字,他们一定要把持①。

3.2.1 "敬惜字纸"信仰的产生背景

"敬惜字纸"的信仰和习俗并不是一开始就有的。上文提到,汉字是人们在长期的生活中无意识地创造出来的一种自源文字。而且从汉字的早期功能来看,它主要是作为一种人神之间的交际工具,掌握在王室的"巫史"(即祭司)手中。至少

---

① 鲁迅.门外文谈[A].且介亭杂文[C].北京:人民文学出版社,2006.

直到商末，汉字仍然尚未见用于人际交流，因而也尚未发挥它对社会发展的巨大促进作用。

周朝建立以来，随着周公旦所开启的文化建设的大繁荣和思想观念向人文理性的转向，汉字被普及到一般的贵族阶层，逐渐成为国家和社会管理的重要工具，开始真正成为现代意义上的文字，即人类最重要的辅助交际工具。

春秋末期以来，由于孔子等教育家倡导了与社会发展相适应的"有教无类"思想，又使汉字进一步普及到平民，使汉字的作用呈井喷状进一步发挥出来，终于为全社会所认识。于是，人们开始能动地对汉字的巨大作用加以认识和解释，战国以来为汉字寻找来源的"仓颉造字"说就应运而生，而且越传越神秘，到汉代达到顶峰。关于这一过程，我们下文还将以专章加以讨论。

作为一种有意识地崇拜和保护汉字的观念和习俗，"敬惜字纸"是一种将汉字敬作神明的行为，它必然产生于汉字的巨大作用为人们所意识到之后，因此不会早于"仓颉造字"说的产生。如果说，"仓颉造字"说只是将造字者奉上了神坛，那么"敬惜字纸"观是进一步把汉字本身也奉上了神坛。

其实，春秋战国以来，人们并不只是探索了汉字的创造者，也探索了几乎所有对社会的文明进步起到巨大作用的那些技术的创造发明者，并加以崇拜起来。这些说法就今人看来不足凭信，但它们所反映的"吃水不忘掘井人"的感恩思想，却是我们民族世代所奉守的高尚道德之一。

而且，相关传说毕竟也只是神化了那些技术的发明者，但还没有将那些技术本身奉若神明，弄个"敬惜琴瑟""敬惜兵器""敬惜衣服"之类。可见在当时人们的眼里，值得敬畏的是那些技术的创造发明者，因为正是他们用自己的智慧为后人提供了受用不尽的文明财富，却也不至于在"吃水"之余还要为"水"也立个牌位。

由此可见，当时的人们还没有"敬惜字纸"的观念。这也是我们在先秦文献中看不到这一习俗的相关记载的根本原因。即使是在《论语》中，作为汉字普及一大功臣的孔子也还未曾提出过"敬畏汉字"的思想。在孔子的观念中，汉字无疑是极其有用的，但也只是一个有用的工具而已，还不足以被当作神明来崇拜，这与"子不语怪力乱神"的原则是一致的。孔子倒是讨论过工具问题，即"工欲善其事，必先利其器"，反映的是利用工具、改善工具为我所用的思想，却没有想过要把工具本身也放到神坛上去加以顶礼膜拜。

3.2.2 "敬惜字纸"信仰的产生年代

关于"敬惜字纸"观念的具体产生年代，万晴川(2006)[①]考证认为，"这一习俗在

[①] 万晴川."敬惜字纸"的民俗信仰[J].内江师范学院学报，2006，(3).

六朝时已经形成",其根据是北齐颜之推《颜氏家训》中的一段话:"吾每读圣人之书,未尝不肃敬对之。其故纸有《五经》词义及贤达姓名,不敢秽用也。"(《治家第五》)其实,这段话是颜之推告诫他的家人对圣贤的书籍要有肃敬、珍爱之心,他特意提到,"借人典籍,皆须爱护,先有缺坏,就为补治,此亦士大夫百行之一也",并以济阳人江禄和他自己为楷模。同时他也批评了"或有狼藉几案,分散部帙,多为童幼婢妾之所点污,风雨虫鼠之所毁伤,实为累德"的现象。这一态度也进一步扩大到写过字的内容与圣贤有关的"故纸",要求不"秽用"。所谓"秽用",即用于肮脏的场合,如用作手纸等。用写有《五经》词义及贤达姓名"的"故纸"擦屁股,自然会"亵渎"圣贤。这就说明,"敬惜字纸"只是一部分士大夫自认为高尚且值得提倡的"百行之一"。从他批评的"反面教材"来推论,当时"不敬惜字纸"的情况似乎更为普遍。而使用"故纸"擦屁股的情况应该是寻常之事,这与当时纸张稀缺而珍贵,人们爱惜纸张、物尽其用的观念有关。

按所谓习俗,应该是人们自觉遵守而下意识实施的行为规范,是根本不需要提倡的。既然颜氏等人的"敬惜字纸"观尚处于提倡阶段,就谈不上已形成为习俗。

我们再参照颜之推在同一篇《治家第五》中写的其他内容,更能清楚地看到这一点。他批评了社会上的一些陋习,其中有一条是把女儿当作"赔钱货"并加以轻视甚至抛弃的行为,并质问道:"世人多不举女,贼行骨肉,岂当如此而望福于天乎?"他认为"天生蒸民,先人传体",女儿也是自己的骨肉,应该加以善待。由此可见,颜之推的出发点是希望移风易俗,改变"世人多不举女"等习俗,那么他所提倡的那些东西恰恰还不是习俗。这就如同当今社会年年提倡"雷锋精神"、评选"道德模范",然而真要想让"学雷锋"成为习俗,恐怕还有漫长的路要走。

颜之推的提倡当然也可以看作"敬惜字纸"观念的一个发端。不过我们更要看到,在敬惜的范围上,颜之推所提倡的也仅限于写有《五经》词义及贤达姓名"的废纸,本是出于对"圣贤"的"肃敬"之心,着眼点还在于敬惜纸上的内容,不在汉字本身,并不是凡写有汉字的故纸都值得敬惜。如果内容与圣贤无关,倒也不妨"秽用"的。在敬惜的程度上,他也是仅限于"不敢秽用",除此之外,可能也是敢于"他用"的。这与后世形成的以崇拜汉字本身为目的、范围无限扩大而且程度不断提高的"敬惜字纸"观念和习俗具有本质的不同。

一般认为,"敬惜字纸"的习俗与佛教关系密切,最初也是在佛教内部作为教规加以实施的。例如,唐代僧人道宣所述《教诫新学比丘行护律仪》的《上厕法第十四》中第八条规定,僧人上厕所"不得用文字故纸"。由此反观民间,"用字纸擦屁股"应该是长期流行的习俗之一,所以需要向"新学比丘"特别加以提醒和禁止。

另一方面,佛教僧人也把"敬惜字纸"作为一种修行的善事加以身体力行,并积极向普通百姓进行宣传和劝导。

又据对敦煌莫高窟遗书的研究,发现里面有大量破旧残缺或作废的各类文书、书籍,除了大约90%为佛教文献外,其余还有官方文书、四部图书、道教典籍、摩尼教典籍、景教典籍、社会经济文书、文学书、儿童读物等,其中有不少是复本,还有一些习字的或抄错的废纸等,推测这些东西可能是民间捐献给相关佛寺加以集中处理,佛寺未加焚毁而统一收藏于藏经洞(桑良至,1996)[①]。

按敦煌遗书中大部分汉字文献写于唐代中期至北宋初,大致可推测"敬惜字纸"的习俗产生于唐宋以来,信奉者主要是善男信女。正是由于寺庙僧人的持续宣传和身体力行,才使"敬惜字纸"观念逐渐普及开来。至于对字纸的处理方法,开始时采用埋藏、封存,后来才改为焚烧。

3.2.3 "敬惜字纸"信仰的发展和衰微

大约从宋代开始,尤其是在明清,这一观念与佛教的"因果报应"观相结合,认为"敬惜字纸"相当于行善,会有善报。至于善报的清单,则有"眼目光明、安乐无祸、德名光显、永无是非、多生贵子、子孙发达、本身增寿、子孙昌盛、增寿一纪、永远富贵、百病不生、转祸成福、其人昌达、得安乐、获福必多、得享清福、转世富贵、科甲连绵、瞽者转明、愚者转智、求子得子、求寿得寿、功名富贵皆能有成、疾病不生、邪魔不扰等等"(孙荣耒,2006)[②]之报。

例如,明刘宗周《人谱类记》有一则应验的例证:"(北宋)王曾之父生平见字纸遗弃,必拾而以香汤洗之,然后焚化。一夕梦至圣抚其背曰:'汝何敬重吾字之勤也。恨汝老矣,无可成就,当遣曾参来生汝家。'未几生一男,即沂公(王曾)也。三元及第,为宋名相。"(卷下)这说明只要"敬惜字纸"持之以恒,就能感动"至圣仓颉",生下的儿子可当宰相。

反之,"不敬惜字纸"则等同作恶,会受到神明的惩罚。归结起来,可得"薄福受刑、蒙蔽慧心、穷苦受杖、生叉指疮、穷年窘迫、生不孝子、恶病夭折、多遭横非、受枷锁刑、不得吉祥、生逆忤子女、得晕眩拘挛之疾、变成瞎子、来世遍地愚钝、延祸子孙、招来杀身之祸等等"(孙荣耒,2006)[③]之报。

例如,《太平广记》记载了一则"现世报"的故事:

宋尼智通,京师简静尼也,年貌殊少,信道不笃。元嘉九年,师死罢道,嫁为魏郡梁甫妾,生一男,年七岁,家甚贫穷,无以为衣。智通为尼时,有数卷素

[①] 桑良至.中国古代的信息崇拜——惜字林、拾字僧与敦煌石窟[J].北京大学学报(哲学社会科学版),1996,(3).

[②] 孙荣耒.敬惜字纸的习俗及其文化意义[J].民俗研究,2006,(2).

[③] 孙荣耒.敬惜字纸的习俗及其文化意义[J].民俗研究,2006,(2).

《无量寿》《法华》等经,悉练捣之,以衣其儿。居一年而得病,恍惚惊悸,肌体坏烂,状若火疮,有细白虫,日去升余,惨痛烦毒,昼夜号叫。常闻空中语云:"坏经为衣,得此报也。"旬余而死。(卷一一六"尼智通"条)

在这个故事中,那位还俗的尼姑由于"家甚贫穷",七岁的儿子"无以为衣",就把一些写有佛经的绢素加以捣练后重新织成衣料,"以衣其儿",结果一年之后受到神明的惩罚,体生恶疮,痛苦而死。看来,所谓"我佛慈悲"也是有限度的。

又如,清蒲松龄《聊斋志异》也记载了一个因前世抛弃字纸过多而来世变成瞎子的例子:"……即前日瞽僧,亦一鬼也,是前朝名家,以生前抛弃字纸过多,罚作瞽,彼自欲医人疾苦,以赎前愆,故托游廛肆耳。"(《司文郎》)

清末无名氏志怪体善书《青云梯》中有一篇《敬字说》[①]则为敬惜字纸提供了理论依据:

字诚天地之灵机,万世之法则也,是故天无日月不明也,地无江河不通也,世无文字不立也。朝廷无字,从何而能治理?儒门无字,从何而取科名?商贾无字,数目从何而记?释门无字,戒律从何而持?道门无字,丹诀从何而授?极之天文地理,无字难知;天经地义,无字不显;圣贤教训,无字难遵;经史流传,无字不远;三纲五常,无字不达;忠孝廉节,无字不彰;一技一术,无字不传。

不过,对于这些连哄带吓的报应故事以及"理论根据",实际上也是信者信之,不信者照样不信。特别是在明清时期,一方面是这一类善书故事大量涌现,另一方面却是"不敬惜字纸成为明清社会的普遍现象"(杨梅,2007)[②]。

清朱彝尊《南泉寺新建惜字林记》在回顾北京南泉寺建立"惜字林"的缘由时指出:

翻刻流传日多,士子得书易而怠心生。又科场定制经书各有专门,程子、朱子、胡氏、蔡氏、陈氏诸家而外,帖括罔敢逸出。于是经书义稍有异于诸家者,多束而不观。至于士子揣摹时文是习,坊间选本盈屋充栋,人之意见各别,非所好者,土苴视之,或覆酱瓿,或糊蚕箔。至若京师,五方所聚,一有委弃,辄涸于粪壤中。(《曝书亭集》)

由此可知,当时读书人普遍的习惯还是乱用、乱扔废字纸,其原因是考试用的"复习材料"大量涌现,相关书籍的保存价值降低。

于是,南泉寺指派了几个"拾字僧"带着篾筐去街上捡拾,存放在名为"惜字林"的仓库内,然后每逢初一、十五将废字纸放进焚烧炉烧掉。这有点像当今的"环保志愿者",当然出发点完全不同。

---

① 王见川,林万传.明清民间宗教经卷文献第 11 册[M].台北:新文丰出版公司,1999.
② 杨梅.敬惜字纸信仰论[J].四川大学学报(哲学社会科学版),2007,(6).

到了清代，"不敬惜字纸"的现象日益严重，甚至皇帝亲自出面来劝诫也未必有效。例如，康熙《圣祖仁皇帝庭训格言》训令曰："凡读书者一见字纸，必当收而归于篾笥，异日投诸水火，使人不得作践可也。尔等切记。"到了雍正时，则更是训令道："凡字纸俱要敬惜，无知小人竟掷在污秽之处，尔等严传，再有抛弃字纸者，经朕看见，定行责处。"(《国朝宫史》八编八册)

看来，当时"读书者"和"无知小人"乱丢字纸的现象并不稀奇，甚至还发生在皇帝眼皮子底下。康熙爷"尔等切记"的谆谆教诲看来无效，还非得雍正爷疾言厉色地再来个"定行责处"不可。

现代以来，随着民智的开化，汉字也已走下神坛，还原其工具身份。"敬惜字纸"信仰本来也不那么坚定，因此也很快衰微下去。

不过，世纪之交以来，文化复古主义盛行，不少人热衷于从传统文化的糟粕中来个"沙里淘金"，试图挖掘其中的"合理内核"以及"现实意义"，以便"化废为宝"、发扬光大。结果，"敬惜字纸"信仰居然也成为"宝藏"之一。甚至有人重新提倡"敬惜字纸"，批评"在全球化、网络化、信息化的今天，随着文化的广泛普及以及文字的工具性增强，文字载体的多样化，文字的神圣性被逐渐消解，许多人不知敬惜字纸为何物，更不知文字的神圣"（杨宗红、蒲日材，2009）[1]，实给人以恍若隔世之感。

这些口口声声要继承传统文化的人，倒是更应该好好看一看当年孔子对待汉字的态度是什么样的。

3.3 "统一法宝"论

长期以来，在一部分知识分子中流传着这样一种观点，就是认为，中国的领土面积与整个欧洲差不多，地域的广大造成方言众多，甚至达到互相无法交流的地步，但是并没有像欧洲那样分裂成众多小国，这是汉字之功劳。具体来讲，由于汉字不是拼音文字，不同方言的人们虽然不能进行口头交流，但借助汉字仍然可以沟通，这样就维持了汉民族的向心力，从而也维持了国家的统一。由此推论，如果当初汉语采用的是拼音文字，将造成沟通障碍，也就无法维持国家的统一。

这个观点可以美籍华人唐德刚（2005）的一段相关论述为代表：

> 我们有了方块字，教育愈普及，则民族愈团结；民族愈团结，则政治统一便愈容易推动。政治、文字、教育有其一致性，它也就限制了方言的过分发展。如今世界，四个人之中，便有一个是"炎黄子孙"，岂偶然哉？文艺复兴以后的

---

[1] 杨宗红,蒲日材.敬惜字纸信仰的嬗变及其现实意义[J].重庆邮电大学学报(社会科学版),2009,(5).

欧洲便适得其反。他们教育愈发达,则方言愈流行;方言愈流行,则政治愈分裂。这就是今日白鬼种族繁多之所以然也。这也就是两种不同文字"偶然"的发展,在人类社会发展史上所发生不同的"必然"后果!①

另一方面,也有不少人认为,秦始皇统一中国之后实行的"书同文"政策,对于维持国家的统一也起到了重要作用。

这样一些过于夸大汉字对于国家统一之功的观念,可以归结为"统一法宝"论。这种信念,既是基于汉字的神秘性做出的想象,也是出于对中国历史的无知。对于这个问题,我们只要简单回顾一下中国的统一史和分裂史,考察一下汉字在其中所起的作用,就可以得到比较清醒的认识。

我们可以把统一划分为两个层次,一是民族内部的较低层次的统一,即同一个民族从属于同一个国家政权;一是不同民族之间的较高层次的统一,即若干不同民族从属于同一个多民族国家政权。

3.3.1 汉字与汉民族统一的关系

如第一章所述,汉民族是在周代以周人为主体并融合中原地区其他各民族形成的一个统一的混血民族。这个民族在精神上认同华夏文化,在政治上认同周天子为自己的领袖。在汉民族的形成过程中,汉字作为精神文化的载体,无疑起到了巨大的作用。

然而,自古以来汉民族的统一,主要是体现在精神文化层面,并不一定体现在政治层面。我们只要稍微观察一下整个东周的历史,就可以发现一个看起来很矛盾的现象:汉民族一方面在文化上进入了最终形成的冲刺阶段,另一方面却立即在政治上开始了内部分裂的进程。如果说,这种分裂在春秋时期和战国前期尚不明显和彻底,因为"五霸"打出的旗号还是"尊王攘夷",至少他们头顶上还有个名义上的"共主",那么战国后期就是名副其实的分裂时代了,因为此时各国纷纷开始称王而与周王平起平坐,周朝的地位逐步下降为"周国",最终连"共主"的名义也没有了。

这就意味着,恰恰是在汉文化大繁荣而汉字大行其道的时候,国家的分裂越演越烈。我们当然不能得出结论说,正是汉字文化的发展导致了国家的分裂。理性的判断应该是:汉民族在政治上统一与否,与汉字毫无关系。

等到秦国脱颖而出,就由秦始皇结束了这种分裂局面,完成了统一中国的壮举。然而,秦始皇是凭借着"虎狼之国"的军事实力才得以横扫六国的,这里面并没有汉字的半点功劳。他不仅吞并了采用汉字的六国,也吞并了尚未采用汉字的岭

---

① 唐德刚. 胡适杂忆[M]. 桂林:广西师范大学出版社,2005:193.

南之地。六国并没有因为采用汉字而免遭吞并,岭南之地也不是由于尚未采用汉字而惨遭吞并。同时,对于匈奴所居之北方草原,秦始皇就没有予以吞并,原因很简单:面对没有文字而更为"虎狼"的匈奴,他的实力还是不够,汉字又帮不了他什么忙,所以只能筑起长城,试图把人家挡在外面。

秦始皇初定天下之后,鉴于当年周朝确立的大篆体汉字系统在中原各国产生了不同的变体,即"文字异形",不利于统一的行政管理,便立即实施了"书同文"政策。具体而言,就是以秦国变体为基础,加以删繁就简而形成小篆,并推行到全国,同时废除其他任何变体。

然而,"书同文"实施之后,秦王朝并未能巩固它的统治,而是仅维持了15年便被推翻,创下了中国历史上延续时间最短的统一王朝记录。我们当然不能把秦朝的短命归咎于"书同文"。事实上,战国时期出现的"书不同文"也非国家分裂的原因,而是结果。

汉朝建立之后,汉民族正式确立自己的意识形态为儒家思想,并正式确立自己的远古始祖为黄帝,进一步巩固了汉民族的文化特征。汉民族从此开始牢固树立了"黄帝子孙"的意识,凡是认同这一点的,都可以视为汉民族。

然而从东汉末开始,汉民族又一次进入了分裂时期,即延续了约60年的三国时代(220—280),直到西晋的统一。当然,这次分裂也不是由于汉字出了什么问题。事实上,正是在整个汉代,作为汉文化重要载体的汉字已开始大规模地随着汉字文献典籍向东方(朝鲜、日本)和南方(越南)的外民族传播,"汉字文化圈"也开始形成。

汉民族内部的第三次大规模分裂则出现于五代十国时期(907—960)。唐末以来,除了中原地区五代的连续更替以外,其外围陆续出现过主要由汉族建立的十大割据政权,史称"十国",大部分集中在南方。汉民族的这一次分裂,从前蜀第一个出现(891)到北汉最后一个被消灭(979),持续了将近90年,后来由北宋实现了重新统一。当然,五代十国的分裂和北宋的统一,同样与汉字无关。

我们发现,汉民族历史上多次发生的分裂有一个共同特征,即不同的政权均承认自己属于汉民族,同时又都认为自己才是汉民族的唯一代表,不能容忍本民族内部存在另一个并立的政权。战国时期是如此,三国时期也是如此,五代十国时期同样如此。至于谁能笑到最后,当然还是要看实力和机遇,秦朝是如此,西晋也是如此,北宋同样是如此。

这是因为,汉民族自形成以来,就有着"治国平天下"的"大一统"的观念,反映在政治上,则是"天无二日"的思想,即认为同一个民族只能有一个政权。战国时期的"王道"和"霸道"之争,争的是用什么方法来"王天下";方法可以不同,但"王天下"却是每个诸侯努力的最终目标。后来所谓"一个主义、一个政党、一个领袖",大抵与之一脉相承。

因此,在历史上的任何一个分裂时期,任何一个政权都会自然而然地以重新实现民族统一为己任。一旦自己的实力发展到足够强大,而且机遇适当,便会毫不犹豫地开始主导统一进程。这样一来,每次分裂的时间就会比较短,而统一维持的时间则会比较长。这就从政治上保证了汉民族维持其文化上的向心力,使之没有机会产生分化的结局。因而,每一次的民族分裂,并没有造成民族的分化而产生两个以上的新民族。也就是说,政治统一是民族统一的根本保障,而不是相反。这才是汉民族最终没有像欧洲那样分化为各安所居的众多小国的根本原因。

反观欧洲,就文字而言,大部分国家采用的是同一种文字系统,即拉丁字母;在语言方面,属于同一个语族的不同语言照样可以相互沟通。这就意味着,欧洲的分裂并不是语言的分化造成的,或者说,语言的分化并不足以导致欧洲的分裂,分裂的原因应该主要从政治、经济层面去找。

事实上,20世纪50年代以来,欧洲又开始了一体化进程:1951年法国等6国建立欧洲煤钢共同体,1958年改为欧洲经济共同体,1993年欧洲联盟正式建立;1995年申根协定正式生效,使申根国家之间的边境形同虚设;1999年欧元区正式启动,相关国家采用统一货币;2009年欧盟设立欧洲理事会常任主席一职,俗称"欧盟总统"。2012年,时任欧盟委员会主席巴罗佐在欧洲议会演讲时甚至大胆倡议:欧盟应迈向"民族国家联邦"[1],也就是把欧洲建成一个统一的多民族联邦国家。从欧洲一体化的发展历程来看,它是从经济一体化走向政治一体化,其推动力是欧洲各国经济和政治的合作意愿,绝不是因为相关国家的语言文字已经先期统一。相反,如果欧洲各国将来真的统一了,倒有可能在一定程度上促进语言文字的统一呢。

由此可见,影响到一个民族政治上统一与否的,是其他因素。在中国,中央政府的政治威望和对民族内部不同人群及其地域的控制能力尤其重要。这方面一旦出现问题,极易引发内乱,并诱发外敌入侵,反过来又进一步削弱朝廷的政治威望和控制能力,最终使民族走向分裂。无论是三国的分裂,还是五代十国的分裂,没有一次能逃出这个规律,却与汉字文化的兴衰毫无关系。

上文提到的唐德刚先生还是一位著名的历史学家,想必对"炎黄子孙"的历史造诣颇深,然而却成为汉字"统一法宝"论的一位代表人物,看来历史学家即使到了著名的程度,偶尔也有对历史看走眼的时候。

---

[1] 房乐宪. 欧盟成立20年,欧洲一体化在艰难中前行[N]. 中国社会科学报(国际月刊),2013-11-13:B-01.

3.3.2 汉字与多民族国家实现统一的关系

西晋重新完成统一(280)之后,直到清朝的覆亡(1911),在长达1 630多年的封建时代,中国也曾多次出现统一与分裂的交替状态,其中分裂的时期,除了五代十国以外,主要表现为多民族国家层面的不同民族政权的对峙,主要有东晋十六国时期、南北朝时期,以及两宋先后与辽、金、西夏、元的对峙时期。不过这种对峙往往是以外来的侵略为开端,实质上还不能算真正意义上的"分裂";从每次对峙之后即实现统一的结果出发,只能说是尚未统一。

自从西晋末年"五胡乱华"以来,北方游牧民族开启了反复入主中原的进程。这可以分为两个阶段。

第一个阶段是北方民族政权仅占据中原之地,并没有往南推进,而是与屈居南方的汉族政权形成南北对峙之势,主要有两次,第一次是东晋和五胡十六国的对峙并延续到南朝和北朝的对峙,第二次则是宋与辽、金、西夏、元的对峙。

南北朝的对峙结束于隋朝的统一,紧接着兴起的唐朝又乘势向周边地区收复失地、开疆拓土,一度使中国的版图大到仅次于后来的元朝。隋唐两朝当然属于汉族政权,但早期的隋唐王室本身却出自汉人与胡人的混血家族,拥有鲜卑等血统。

北宋虽然结束了五代十国的分裂状态,但基本上是汉民族内部的统一,对于正北方的辽、西北方的西夏、正西方的吐蕃、西南方的大理等国,则基本上只能防守或者根本管辖不到。因而北宋也是秦汉以来各大统一王朝中版图最小的。等到金人兴起,相继灭掉辽和北宋,宋室被迫南迁,重新建立偏安南方的南宋,又延续了150多年。

令人尴尬的是,与宋朝国防力量的衰弱相伴随的,却是汉字文化发展到了历史上的最高峰,即"华夏民族之文化,历数千载之演进,造极于赵宋之世"(陈寅恪,1980)[①]。

第二个阶段是北方民族政权开始不满足于暂居中原,而是反客为主,继续往南推进,直到统一中国全境,主要也是两次,第一次是元朝灭掉南宋,第二次是清朝灭掉南明。在这个过程中,屈居南方的汉族政权反而被看作阻碍统一的分裂势力。

这种观念其实早在金代就有了。例如,在金与南宋对峙时,金废帝(海陵王)完颜亮曾有《题扇屏》诗云:"万里车书一混同,江南岂有别疆封?提兵百万西湖上,立马吴山第一峰。"在他的眼里,南宋就是一个妨碍"万里车书一混同"的分裂政权,必须予以消灭。对此,他不仅"心动",也有"行动",实际上已经准备好了渡江战役,试图"打过长江去",却不料遭遇一场宫廷政变,被刺杀于长江北岸的瓜洲渡,"出师未

[①] 陈寅恪.《宋史职官志考证》序[A].金明馆丛稿二编[C].上海:上海古籍出版社,1980.

捷身先死"。

等到蒙古人兴起,相继灭掉西辽、西夏、金,在与南宋短暂的对峙之后,便继续南下,把南宋、吐蕃、大理等全部拿下,终于建立了元朝这一中国历史上疆域最大的多民族国家,也替完颜亮实现了那个统一的梦想。

明朝虽然推翻了元朝,但只是把蒙古人看作外来侵略者,其宗旨是"驱除鞑虏,恢复中华",因而所接收的疆域比之元朝已大为缩小,对于蒙古人逃回蒙古高原建立的北元以及在今新疆西部的东察合台汗国等,只能加以防守,谈不上统一。从这个角度来说,明朝作为一个多民族的国家,其统一实际上并不完整。

明末满洲人崛起,先是在明朝东北部建立后金政权,然后趁明朝内乱并被李自成推翻之机,入主中原。明宗室虽然在南方建立了南明政权,但并没有南宋那么好的运气,在硬撑了大约18年之后,终于亡于吴三桂手中。此后清朝继续清除汉民族割据政权的残余,又统一了新疆、蒙古等广大地区,基本奠定了今日中国的版图。

从以上历次作为多民族国家的统一过程中,我们并没有看到汉字文化对统一起了什么作用。我们甚至还可以总结出一条"规律":似乎越是不掌握汉字的民族,越是有能力统一中国,无论是统一局部(第一阶段)还是统一全境(第二阶段)。

清代曾有汉族文人看不起满洲人,讥讽"清风不识字"。殊不知,我们今天这个由56个民族组成的中华民族统一国家,恰恰是这些"不识字"的满洲人为我们留下的一笔巨大的遗产。

3.3.3 汉字与多民族国家维持统一的关系

一个多民族国家获得统一之后,更难的是如何加以维持。如果说,汉字在统一过程中没有发挥过什么作用,那么在统一局面的维持方面,是不是能有所作为?例如,在平时,中央政府能不能向少数民族地区积极推行汉字文化,以促使他们增强对国家的向心力,打消独立的念头?

答案是否定的。如果这一招真的有效,那么"汉字文化圈"中,那些曾经的藩属国,包括朝鲜、越南、琉球等,还会脱离中国吗?反过来,如今中国55个少数民族中,很多并不采用汉字,不也仍然与汉民族和谐相处同一个国家中吗?再者,如今"藏独"和"疆独"势力仍然存在,甚至制造一些暴乱或恐怖活动,是不是因为我们在藏族地区和维吾尔族地区推广汉字文化不力?

毋庸讳言,眼下中国又一次处于尚未完全统一的状态,而且是汉民族内部的不统一。自1949年起,海峡两岸的不统一持续的时间已经超过了三国时代。当然,这一次的不统一同样表现在政治层面,跟汉字扯不上边。

至于两岸的繁体字与简体字之争,开始于1956年大陆正式推行简体字之后,跟当年战国时期的"文字异形"属于同样性质,是国家分离的结果,而不是原因。当今两岸不断有人建议仿效秦始皇而再次实现"书同文",试图以此促进两岸的重新统一,可谓倒果为因,不足为训。我们相信,汉民族将来有朝一日必定会重新实现统一,但决不是靠汉字之力。

以上种种事实已经证明,汉字不仅谈不上有功于多民族国家统一的维持,甚至无法阻挡汉民族本身的分裂。

然而,国内持有这种"统一法宝"论的也是大有人在。例如,作家王蒙(2005)曾在"2004文化高峰论坛"上发表题为"为了汉字文化的伟大复兴"的演讲,盛赞汉字文化的诸多优越性,其中也包括"统一之功":

> 在中华民族的整合与凝聚方面,在维护中华民族的尊严和身份方面,在源远流长、一以贯之而又充满机变以摆脱困境方面,汉字功莫大焉。没有统一的汉字只有千差万别的方言,维系一个统一的大国,抵抗列强的殖民化是困难的。比较一下中国与亚、非、拉丁美洲其他国家的被列强殖民统治的历史,我们可以看到中华文化的力量。比较一下社会主义的苏联与社会主义的中国命运,我们也可以看到中华文化特别是汉字文化的强大生命力①。

这里提到了汉字的两大功劳,一是"维系一个统一的大国",一是"抵抗列强的殖民化"。

关于汉字能否"维系一个统一的大国",我们已经在上文做了分析。不过,既然王蒙提议"比较一下社会主义的苏联与社会主义的中国命运",那么我们也不妨试着来作一比较,看看文字在两种不同的命运之间究竟起过什么作用。

王蒙提到的苏联命运问题,当然是指20世纪八九十年代之交的"苏东剧变"时,作为一个庞大国家的苏联轰然解体,其15个加盟共和国全部成为独立国家之事。而中国的命运,当然是指中国经受住了当时的考验,"摆脱了困境",不仅没有像苏联那样走向解体,各族人民的团结反而更加巩固。

按苏联和中国是当时世界上两个最大的多民族的社会主义国家,两者确实具有可比性。对于两者截然不同的命运,当然很值得反思,也需要通过比较从不同角度进行解释,以总结经验教训。不过,作者将两者命运的不同归结于文字的不同,将中国的命运解释为汉字的莫大功劳,声称从中可以看到"汉字文化的强大生命力",将汉字文化视为维护国家统一的一大"法宝",却是有点匪夷所思了。

既然要从文字的角度来对比两个国家的不同命运,那么我们就不妨大致看一下实际情况究竟是怎样的。需要确认的是,苏联的分裂,只是发生在境内各大民族加盟共和国之间,而其中最大的加盟共和国俄罗斯联邦并没有分裂,作为主体民族的俄罗斯民族本身也并没有分裂。因此,这种比较必须从多民族国家中民族关系

---

① 王蒙.为了汉字文化的伟大复兴[J].汉字文化,2005,(1).

的层面来进行。

先说苏联。苏联(1922—1991)是以俄罗斯联邦为主体,联合其他民族国家组成的联邦制国家,包含的民族共有100多个,差不多是中国的两倍,因此民族问题向来很突出,国家基本上是采用高压手段来维护统一。在苏联存在的70年中,为了增强境内民族对统一国家的向心力,中央政府在民族政策方面强制实施了俄罗斯化,其中就包括俄语的普及和文字的统一。

1930年前后,苏联政府对境内许多有文字的少数民族实施了文字改革,先是推行拉丁文字,取代他们本民族的传统文字。对那些没有文字的民族,则同样采用拉丁文字为他们创制文字。后来又将所有的少数民族文字改为俄语采用的西里尔文字,实现了文字的高度统一。然而,苏联政府的这一番苦心,并没有在保持国家免遭分裂方面起到任何积极作用。

再说中国。新中国建立后,也开始模仿苏联对少数民族文字进行了改革。但是与其不同的是,中国宪法赋予了各民族自主选择语言文字的权利,因而中国政府并没有像苏联那样用主体民族的文字取代少数民族文字,也就是说,政府并没有向少数民族强行推广汉字,事实上也没有任何一个少数民族采用汉字来记录其本民族语言。以目前人民币上题写的文字为例,一共用了5种文字,除了汉字及汉语拼音以外,还有蒙文、藏文、维吾尔文和壮文等代表性的少数民族文字,分别属于不同的文字类型。

少数民族一般采用拼音文字,但在采用哪种拼音文字方面,中国政府也充分尊重了少数民族的意愿。例如,政府曾提出"汉语拼音方案可以作为各少数民族创造和改革文字的共同基础"。这是因为"许多兄弟民族都表示这样的愿望,就是要同汉族在字母上取得一致,以便于交流文化,学习汉语,和吸收汉语的名词术语",因而要求"今后各民族创造或者改革文字的时候,原则上应该以拉丁字母为基础,并且应该在字母的读音和用法上尽量跟汉语拼音方案取得一致"[1]。因此,目前有壮语、布衣语、苗语、侗语、哈尼语等14种语言采用拉丁文字。

也有个别少数民族采用了拉丁文字之后,又出现了反悔的情况,中央政府也予以尊重。例如,维吾尔族在历史上先后使用过突厥文、回鹘文、察合台文等,并在晚期察合台文基础上形成了以阿拉伯字母为基础的拼音文字。1965开始推广拉丁化的新维吾尔文,主要在学校中使用。后来经当地人大决定,从1982年9月起恢复使用采用阿拉伯字母的老文字。这样的"待遇",在苏联大约是无法想象的。

然而,中国境内语言和文字的不统一,并没有导致各民族走向分裂。我们也并

---

[1] 周恩来.当前文字改革的任务——在政协全国委员会举行的报告会上的报告[N].人民日报,1958-01-10.

没有看到汉字文化在维持多民族国家的统一方面表现出了什么"强大的生命力"。

看到这里,事实已经非常清楚了:苏联的失败并不是由于文字不统一,而中国的成功也不是由于汉字文化这一"法宝"。其根本原因,更应该从政治层面来寻找答案。

当然,若说文字问题对两种命运一点影响也没有,倒也未必如此。如上文提到的,苏联采取的是强制同化的少数民族文字政策。其初衷虽然不错,但效果却适得其反。由于不尊重少数民族的传统文化(包括语言文字),反而刺激了他们的离心倾向,一旦中央政府的高压手段失效,便纷纷独立,结果是一个庞大的国家瞬间解体。

反观中国,采取的是各民族一律平等的政策,注意维护民族文化的多样性,从来没有在少数民族地区实行过强制性的汉化。在汉语的地位方面,1956年,中国政府正式确定现代汉民族共同语为"以北京语音为标准音,以北方话为基础方言,以典范的现代白话文著作为语法规范的普通话",而这个"普通话"只是"汉民族共同语",并不是"中华民族共同语",亦即不是我国的"国语"。2000年颁布的《中华人民共和国国家通用语言文字法》则正式规定:普通话是"国家通用语言","各民族都有使用和发展自己的语言文字的自由"。这样,既可以使汉民族共同语不至凌驾于其他民族语言之上,也体现了其可以作为全国各民族族际通用语的功能。

这样的语言文字政策,使得少数民族感觉受到尊重,反而更增强了对国家的向心力。换言之,语言文字的不统一,反而更有利于多民族国家的统一。

假如我们通过一张中国文字地图来看一看汉字文化与国家统一的关系,就可以令人惊讶地发现,汉字文化地区与非汉字文化地区仍然安然无恙地处于统一状态,而在汉字文化地区内部,却仍然处于尚未统一状态。假如我们再把眼光扩大到"汉字文化圈"的中国境外,还会赫然发现那里的几个国家早就脱离了中国。

由此可见,我们若幻想把汉字文化当作维护国家统一的"一帖良药",那实在是"吃错了药",其效果必然适得其反。这应该也是苏联为我们留下的沉痛教训之一。

至于汉字能否"抵抗列强的殖民化",我们只要简单回顾一下中国近代史就可以看明白的。众所周知,1840年鸦片战争的失败标志着中国进入了"半殖民地半封建"时代,西方列强开始了将中国殖民化的进程。

为了改变中国落后挨打的命运,有识之士开始反思国家积贫积弱的原因,寻找强国之道。五四新文化运动唤起了民族的觉醒,其中就包括对汉字文化的质疑。以鲁迅、瞿秋白等为代表的新文化棋手甚至提出了"汉字不灭,中国必亡"这样的激进口号。经过全国人民同仇敌忾的浴血奋战,终于赶走了列强,恢复了民族独立。

在这个过程中,我们也没有看到汉字发挥了什么了不起的功劳。尽管我们并不赞成把国家的积贫积弱归罪于汉字的那种激进观点(这一点还将在本书最后一章中讨论),但那种以为汉字可以用来"抵抗列强的殖民化"的观点,则更是有"走火入魔"之嫌。这种观念与当年义和团身上贴着汉字咒语、嘴里喊着"刀枪不入"冲向英国侵略军的长枪的愚昧之举并无本质区别。

　　假如我们再看印度的例子,也可以得到一些启发。印度的人口仅次于中国,面积也比中国略小,与中国同为文明古国,也是经历了数千年的多民族统一国家,所以两者具有一定的可比性。

　　以文字而论,印度从古至今一直采用的婆罗米文字,即拼音文字。据唐玄奘《大唐西域记》介绍,"详其文字,梵天所制,原始垂则,四十七言"(卷二),就是说当时的婆罗米文字是由47个字母组成。如今印度的官方语言印地语有五大方言,大方言内部还有次方言,但仍然采用婆罗米文字。印度历史上也像中国一样经历过分分合合,陆续建立过由本地民族或外来民族主导的强大王朝,并逐渐由北向南扩展,最后大致形成以整个印度次大陆(包括如今的印度、巴基斯坦、孟加拉国等)为一个统一国家的版图。

　　近代的印度没有像中国那样仅仅成为"半殖民地"的"好运气",而是完全成了英国的殖民地,然而其原因却不能用采用何种文字或文字的统一与否来解释。在沦为殖民地的过程中,印度人民也一直在"抵抗列强的殖民化",直到1947年重新赢得独立,其采用的"武器"也并非统一的文字。

　　当然,印度独立的过程,也是一个分裂的过程,即"印巴分治",由印度教徒与穆斯林分别独立建国。然而,这次分裂是由宗教矛盾造成的,跟拼音文字的使用毫无关系,也不存在语言沟通的障碍问题。

　　说到巴基斯坦的建国,不妨再提一下后来巴基斯坦的分裂和孟加拉国的独立。根据"印巴分治"方案,位于印度两侧的西巴基斯坦和东巴基斯坦以伊斯兰教的共同信仰为基础,建立了以西巴基斯坦乌尔都族为主体民族的统一的巴基斯坦伊斯兰共和国。

　　独立后的巴基斯坦中央政府以乌尔都语为唯一的国语。但自1948年起,占全国人口56%的东巴基斯坦孟加拉人提出了将孟加拉语确立为国语之一的诉求,但遭到政府拒绝。1952年2月21日,在达卡大学校园内举行的游行示威遭到警察镇压,5名示威者被枪击身亡。这一事件大大激发了孟加拉人的离心情绪。尽管1956年巴基斯坦宪法终于规定孟加拉语和乌尔都语同为国语,但已难以挽回东巴基斯坦的独立趋势。1966年,东巴基斯坦独立派领导人拉赫曼上台,随即提出要求自治,但遭到中央政府拒绝。1971年,东巴基斯坦在印度的支持下正式宣布独立。在随后发动的第三次印巴战争中,巴基斯坦遭遇惨败,被迫承认了孟加拉国。

　　1999年,联合国教科文组织决定每年的2月21日为"世界母语日",通过纪念为维护母语尊严而献出生命的5位"语言烈士"(Language Martyrs),以促进语言和文化的多样性以及多语种化。

　　诚然,巴基斯坦的分裂是由其国内外诸多矛盾综合造成的,但其中央政府采取的歧视非主体民族语言文字的政策无疑是一大诱因。这一命运与苏联的命运也有类似之处,同样为我们提供了反思语言文字与国家统一之间关系的一个很好的反面教材。

3.3.4　汉字在汉民族融合过程中的地位

如上所述,我们并不否认汉字在汉民族的形成过程中起过巨大的作用,也不否认汉字在汉民族形成以来与其他民族的融合过程中继续起过巨大的作用。这种长期的融合确实促进了汉民族本身的进一步强盛,也彰显了汉字文化的伟大。

然而,我们若是仔细观察一下历史上民族融合的过程,却可以发现单凭汉字文化的弘扬并不足以使其他民族融入汉民族。汉民族与其他民族的长期杂居与通婚,才是发生民族融合的关键因素。

其中最典型的例子就是北魏孝文帝强制推行的汉化改革运动,包括在鲜卑贵族中禁北语、禁胡服、改姓氏、改籍贯、鼓励与汉人通婚等若干措施。鲜卑人在东晋十六国时期,就已经在"五胡乱华"中扮演了重要角色,其中的代国(338—376)就是由鲜卑拓跋部所建立。后来道武帝拓跋珪建立北魏(386—557),定都平城(今山西大同),一方面统一"五胡",另一方面则进一步南下,夺取了南朝在黄河流域的中原地区。北魏建国伊始,道武帝就采取了加速汉化的一些政策。到孝文帝开展汉化改革运动时,为了进一步取得实效,特意采取了一项配套措施,即迁都洛阳,使贵族阶层真正"浸泡"在汉文化氛围中。直到北朝结束(581),这个过程长达243年。结果是鲜卑族在整体上不复存在,大部分都融入了汉族。

另一方面,如果没有长期的杂居和通婚,那么更常见的现象是其他民族在不同程度上接受汉字文化却仍然能够保持本民族的独特性。例如辽朝(916—1125)的契丹贵族吸收汉字文化的程度也很高,一般都是汉语和契丹语的双语者,汉字和契丹文字都是官方文字。辽朝自开国伊始就采取"尊孔"政策,汉文化修养最好的辽道宗甚至自称为"诸夏"。但是在契丹人南下过程中,由于遭到五代以及北宋等中原汉族王朝的有效抵抗,它所占据的中原之地仅限于东北角的燕云十六州,因而没有发生类似鲜卑人的那种大规模融合。随着女真人在它背后兴起,契丹人在南北夹击之下被整体打散,之后又遭遇更为强大的蒙古人,最后分别融入其他民族,主要包括女真、高丽、蒙古以及中亚地区诸民族等,却少见融入汉族的。

当然,契丹人的四处流散对于汉字文化在更大地域上的扩散倒是起到了不小的作用。其中最著名的有:耶律楚材辅佐成吉思汗和窝阔台汗父子征服天下,被誉为向蒙古贵族传播汉字文化的第一人;西辽时期的耶律大石将汉字文化带到中亚地区,堪称汉唐以来汉字文化向该地区传播的又一次高潮。不过,这些传播汉字文化的有功之人,自己却并没有融入汉民族。

女真人的情况又有所不同。在辽朝与北宋对峙期间,女真人在它的背后兴起,建立金朝(1115—1234),并联合北宋把它推翻。不久之后又进一步南下,推翻北宋,开始入主中原,并与南宋对峙。当蒙古人在金朝背后兴起之后,金朝又遭遇与辽朝同样的命运,在南北夹击之下被消灭。由于金朝拥有中原的核心地区,并以大兴(今属北京)为"中都",开封为"南京",因此女真人在汉化方面比契丹人走得更远。女真贵族不仅主动接受汉文化,而且以汉化为荣。金朝中期以后,女真人改汉姓、穿汉服、不懂女真语、不会女真文字的趋势愈演愈烈。虽然金世宗积极倡导贵族学习女真语言文字,但已经难以挽回这一趋势。等到金朝覆灭,中原地区的女真人与当地的汉人基本上已经没有什么区别,同属于元朝民族等级制度中的"三等公民"——"汉人",因而彻底融入了汉民族。另一方面,留居东北的未经汉化的女真人则保留了自己的民族特征,后来发展为满洲人。

综上所述,汉字文化虽由汉民族创造,但又是一种包容性极强的文化。这使得其他民族在仰慕它、接受它的同时,也能够保留自己的民族特性而免予被彻底同化。换言之,汉字文化不能与汉民族划等号,更不能与多民族的统一国家划等号。它可以用来促进不同民族之间在文化上的趋同,也在汉民族的融合过程中起过巨大的作用,但对汉民族内部和多民族国家层面政治上的统一以及抵御外来侵略,却是无能为力的。它对汉民族内部的统一都不起作用,遑论多民族国家的统一。这一点,也是我们在评价汉字功劳时需要看清楚的。

参考文献

陈寅恪.《宋史职官志考证》序[A].金明馆丛稿二编[C].上海:上海古籍出版社,1980.
鲁迅.门外文谈[A].且介亭杂文[C].北京:人民文学出版社,2006.
桑良至.中国古代的信息崇拜——惜字林、拾字僧与敦煌石窟[J].北京大学学报(哲学社会科学版),1996,(3).
孙荣耒.敬惜字纸的习俗及其文化意义[J].民俗研究,2006,(2).
唐德刚.胡适杂忆[M].桂林:广西师范大学出版社,2005.
万晴川."敬惜字纸"的民俗信仰[J].内江师范学院学报,2006,(3).
王蒙.为了汉字文化的伟大复兴[J].汉字文化,2005,(1).
尉万传,周健.论汉字文化崇拜[J].社会科学,2004,(2).
杨梅.敬惜字纸信仰论[J].四川大学学报(哲学社会科学版),2007,(6).
杨宗红,蒲日材.敬惜字纸信仰的嬗变及其现实意义[J].重庆邮电大学学报(社会科学版),2009,(5).
周恩来.当前文字改革的任务——在政协全国委员会举行的报告会上的报告[N].人民日报,1958-01-10.

第四章　汉语汉字的崇老观

　　所谓"崇老观",指人们由于某种语言和文字的古老性而产生的历史越悠久越值得尊崇的观念。

　　汉民族向来有尊老的优良传统,这也是任何一个文明社会的普世价值。然而,基于这个尊老的传统,汉民族又产生了任何事物都是"越老越尊""越老越好"的观念。这种观念进一步发展,就产生了为事物"虚加年龄"和"以旧为正"的现象。

　　本来,在"尊"和"老"的关系上,必须是先"老"后"尊",因"老"而"尊","老"是"尊"的前提。然而,这个"越老越尊"的观念又进一步发展为"越尊越老",即因其"尊"而进一步想象其"老"。于是人们往往"不嫌其老,但恐其少",人为地将某个事物的起点往前推,把它的历史拉长,使之更值得敬仰和神化。

4.1　汉民族的"尊老"和"托古"传统

　　汉民族本来就有在人的年龄上"作假"的习惯,如以虚岁论年龄、生日"做九不做十"等,反映了人们对长寿的美好愿望。这是因为古代物质条件匮乏,天灾人祸频仍,人们夭折现象较为普遍,平均寿命较短,即所谓"人生七十古来稀"。而"长命百岁"的理想,往往也是可望而不可即。所以人们习惯以出生即为一岁,过个年又可长一岁,把寿命算得长一点是一点。这个习惯,由于"虚"得还不算过分,本也无可厚非。

　　然而,在一些涉及远古时代英雄人物年龄的传说中,"虚"的程度往往就比较大了。以五帝为例,他们不仅个个贤明,而且人人长寿:黄帝111岁(《史记集解》皇甫谧曰:"在位百年而崩,年百一十一岁。")、颛顼98岁(《史记集解》皇甫谧曰:"在位七十八年,年九十八。")、帝喾105岁(《史记集解》皇甫谧曰:"在位七十年,年百五岁。")、唐尧118岁(《史记集解》皇甫谧曰:"年百一十八,在位九十八年。")、虞舜100岁(《史记·五帝本纪》:"年六十一代尧践帝位。践帝位三十九年……崩。")。我们从中可以看到,除了颛顼没有"坚持到底"而"功亏一篑",其余四帝都是百岁人瑞,似乎非如此便不值得尊崇。这虽然符合"好人长寿"的美好愿望,其可信度却着实令人生疑。当然传说中还有一个"长寿冠军",即800岁的彭祖,那已经不是人了。

　　除了人的年龄,这一观念也推及到了社会生活的其他方面,表现为"托古"的倾向。例如在著书立说方面,"世俗之人多尊古而贱今,故为道者必托之于神农、黄帝而后能入说"(《淮南子·修务训》),这是由于作者担心自己权威性不足,便故意隐姓埋名而假托某位著名的远古先人所作,弄得后世读者信也不是,不信也不是,只得多方考证,也未必能够定论。如《神农本草经》和《黄帝内经》之类,其成书年代不可能早于春秋战国时期,却托名炎帝、黄帝所作。

还有,中国历史上不少王朝建立之后,往往有追封死去的先祖为皇帝的制度。这一方面是认可先祖的创业之基,另一方面也可以显示自己的王朝由来已久,具有正统性。

秦汉时代倒是尚无这种追封制度。如嬴政建立秦朝,就以自己为"始皇帝",并没有追封其父庄襄王为皇帝,显示出开天辟地的英雄气概;刘邦以平民身份当了皇帝,没有显赫的家世,只是为其健在的父亲刘太公封了个"太上皇帝"的虚衔。

曹魏建立后,文帝曹丕追封其父曹操为"太祖武皇帝"、祖父曹嵩为"太皇帝",可谓开了追封制度之先河,不过也仅限于祖先若干代。唐高祖李渊开国以后,也照样追封其父李昞为"世祖元皇帝"、祖父李虎为"太祖景皇帝"。

然而,到了唐高宗李治,就把这种追封制度变成了自欺欺人的把戏。他除了追封更多的历代祖先为皇帝,还追封春秋时期的老子李耳为"太上玄元皇帝",他以老子为"首任皇帝",一下子把唐朝的历史往上延伸了1 000多年。武则天篡唐改周,更是追封周文王为"始祖文皇帝",以示她的大周朝与西周一脉相承,比唐朝还要古老而正统。到了玄宗李隆基,居然又追封五帝时代的皋陶为"德明皇帝",那就意味着夏朝之前已经有"唐朝"了。

这种观念也影响到人们对汉语和汉字历史的认知,尤其是在与国外同类事物的比较中。如上所述,汉语和汉字至少已有3 000年的历史,本来已够古老,也足以让人自豪,但在"爱国主义"和"民族主义"的驱使下,人们似乎往往嫌其还不够老,遂不断为其"年龄"加码,非要为其争个"世界第一""遥遥领先"不可。

另一方面,当汉语和汉字在其自身历史发展中出现不同的变体时,人们也是习惯于以旧的变体为正宗,加以尊崇和维持。

4.2 汉语的崇老观

上文提到,汉语是伴随着汉民族的形成而形成的一种语言。汉民族的前身是华夏族,那么汉语的前身就是"华夏语",但与汉语不同。

4.2.1 越早越好的汉语史观

学术界有时也把华夏语称为"原始汉语""太古汉语""远古汉语"等,主要是着眼于它与汉语之间的传承关系。

不过,如何看待这种传承关系,也是见仁见智的。古汉语研究中也常把距今3 300年左右的商代甲骨文中的语料默认为最早的汉语语料,那就意味着至少在商代,汉语已经存在了。若从商代建立起算,那么汉语的历史应该是3 600年。

如此认识的理由大致有两个,一是甲骨文语料中的词汇和语法与后世的汉语有一定的传承关系,二是甲骨文是目前所见最早的汉字系统,汉字是记录汉语的,那么甲骨文的语料自然也是汉语。不过,这两条理由也有可资质疑的地方。

就传承关系而言,商人的语言肯定是汉语的一个来源,但未必是唯一的来源。好比某人张乙与其生身父亲张甲具有血缘上的传承关系,然而单有张甲也独自"造"不出张乙来,还得有张乙的母亲李甲吧?如今把母亲这一来源忽略,又直接把张甲和张乙认定为同一人,张甲就是张乙的"幼年时代",凡张甲说过的话都归于张乙,岂不荒谬?

其次,就甲骨文而言,它属于汉字系统不假,然而汉字记录的一定是汉语吗?它不是也曾用于越南语、朝鲜语以及日语吗?这种不同民族语言之间互相借用汉字的事情,早在商周之际就发生过的可能性难道不存在吗?

至于"原始汉语"等名称,也有同样的问题,甚至更大。这就如同把张乙的祖父、曾祖父、高祖父等都看作"原始张乙",却忘了他还有来源未必相同的祖母、曾祖母、高祖母等。

当然,我们无意推翻把甲骨文语言算作汉语的看法。不过,若是有人仅仅出于民族自豪感,相信黄帝也说汉语,则实在是过分了。在不少人看来,既然黄帝是中华民族的始祖,他的子孙说汉语,而他本人居然可能不说汉语吗?黄帝不说汉语,必然说"外语",说外语的必然是"外国人";我们把一个"外国人"当作始祖来崇拜,岂不是"认贼作父"?黄帝的子孙继承和发展了他所开创的中华文化,却没有继承他的语言,岂不是"数典忘祖"?既然黄帝的子孙说汉语,那么他本人必然说的是汉语无疑。如此说来,则汉语的历史至少应该有5 000年了。

其实,黄帝还不是最早的,之前还有炎帝;若以炎帝也说汉语,那么5 000年还是不够,得有6 000—7 000年。再往前看,炎黄之前还有更老的盘古、伏羲、女娲等等,连10 000年也打不住。

由于这种观念根深蒂固,有时候连著名的语言学家也未能幸免,也难怪平民百姓。例如,语言学泰斗王力(1980;艾北,1980)曾在一次专访中说过一句惊人之语:"汉语至少有一万年以上的历史。"[①]理由是:"殷墟甲骨文距现在有三千多年。如果说五千年前我们就有文字,那还是谨慎的估计。在没有文字之前,就有语言。"其论

---

① 艾北.语言学家谈语言[J].新闻战线,1980,(7).

证过程是：第一步，认为甲骨文记载的是汉语；第二步，估计至少 5 000 年前已产生汉字（与"仓颉造字"说暗合）；第三步，根据语言先于文字的规律，再往上加 5 000 年，便得出至少 10 000 年的结论。至于为什么加的是 5 000 年，而不是 4 000 年或 6 000 年等，王力没有提供依据，大约只是为了凑个整数吧。从他的口气看，10 000 年还是"谨慎的估计"。

循着这个逻辑，假如我们不那么"谨慎"，也不妨大胆地再往前推一推，例如，北京周口店的山顶洞人（距今 18 865±420 年）应该是中国人吧，当然说"汉语"，而且还是"北京话"，那么汉语的历史应该可以达到 20 000 年左右了。要是"思想再解放一点，胆子再大一点"，干脆上推到北京猿人（距今约 70 万年），汉语的历史至少已有 70 万年，岂不更令人自豪？当然，这只是一个善意的调侃。我们也更愿意相信这是王力先生的一时口误，或者是采访者的误传或"自由发挥"所致。

改革开放以来，随着中国国力的快速提升，世界范围的"汉语热"应运而生，并持续升温。这当然是一件好事。作为中国人，看到有越来越多的人热衷于学习我们的母语，自豪感油然而生，这也是正常的。

不过，这种自豪感也导致一些国人的汉语崇老观恶性膨胀，头脑也开始"升温"并持续"发烧"，有时还"烧"得不轻。例如，2006 年，有学者发表一篇题为《汉语走向世界》的文章，声称汉语"既是人类最古老的语言，也是人类最普遍使用的语言"（张桃，2006）[①]。上文我们曾对"汉语 10 000 年"说作了一番善意的调侃，没想到现实中果然有人把汉语的起源直接上推到人类起源那儿去了。而且作者还为这一观点引用了国外的"旁证"：

> 17、18 世纪欧洲人最初接触汉语时，以为汉语曾经是世界上唯一一种世界性语言。1669 年，英国思想家约翰·韦伯出版《关于证明中华帝国之语言有可能为人类最初语言的历史评说》，这部试图证明人类建造巴别塔之前讲的那种统一的语言就是汉语的著作轰动一时。半个多世纪以后，塞缪尔·舒克福特更加确定地重申了这一观点："在地球上确实存在着另一种语言，它似乎有着某些标记，表明它是人类最初的语言，这就是汉语……如果人类光荣的祖先和复兴者是在这儿走出方舟，居住下来的话，那他很可能在这儿留下了世界上唯一普遍使用的语言。"

我们第一章中曾提到，欧洲人向来对语言的起源很感兴趣，喜欢猜测人类最初的语言是什么样的，并在现实中寻找可能的遗存。有人以《圣经》的语言为准，认为是希伯来语；也有人把眼光投向东方那个神秘的国度，结果汉语也"有幸"入选。在这些想象中，汉语成了人类语言唯一的"活化石"，也是全世界一切语言的"老祖

---

① 张桃.汉语走向世界[N].光明日报，2006-07-01[理论版·热点关注].

宗"。

然而,对这种纯粹宗教式的毫无根据的想象,作者居然不加辨析,以赞赏的口吻津津乐道,而且认为"欧洲人的想象与期望并非没有根据",为自己是人类祖宗的"嫡系传人"而大大地自豪了一把。

而作者为这种"神回答"所提供的所谓"根据",则是历史上的"汉字文化圈"的存在,即"汉字为这个文化共同体提供了语言基础,汉字与汉文成为东亚共通的国际语文"①。对于这种将汉字与汉语混为一谈的错误认识,王开扬(2010)作了严厉的批驳:

> 汉字为这个文化共同体提供"语言基础"了吗? 没有,提供的仅仅是"文字基础"。这个文化共同体中的各民族语言各具特征,各自独立,汉字提供的"文字基础"也没有使各民族语言之间建立起必然联系或相互影响以至同化!"汉字"与"汉文"成为东亚共通的"国际语文"了吗? 没有提供,汉字只是东亚几个国家的书面语曾经全部使用、后来变成部分使用的"国际文字",日本人仍然说日语,韩国人仍然说韩语! 日语、韩语和汉语没有因为都使用了汉字而沟通无障碍。……根据语法结构类型,汉语是孤立语的代表,日语、韩语属于黏着语。"汉字"何曾"为这个文化共同体提供了语言基础"?"汉字与汉文"何曾"成为东亚共通的国际语文"?"汉字文化圈"不等于"汉语文化圈"!②

对于作者的这一误解,王开扬认为是未能区分"语言"和"文字"所致,并认为这是"中国知识界的紧迫课题"③,需要尽快予以解决。

4.2.2 越古越正统的汉语变体观

汉语的崇老观不仅影响了人们对汉语历史的认知,也影响到了人们对汉语各种变体的认知,于是产生了哪种变体更"正统"的争论。

1) 关于汉语书面语正统性的争论

上文提到,传统的汉语书面语就是文言文。由于文言文保存在以"五经"为代表的先秦古籍中而作为汉文化的载体,就被当作汉文化的象征而被神圣化了。2 000多年间,它一直被供奉在神坛上。尽管它与实际的口头语言严重脱节,几乎成为"另一种"语言,但也丝毫不能动摇它的地位。早期白话文虽然曾与文言文并行,

---

① 张桃.汉语走向世界[N].光明日报,2006-07-01[理论版·热点关注].
② 王开扬.区分"语言"和"文字":中国知识界的紧迫课题——评《光明日报》一篇谈"汉语世界性"的文章[J].北华大学学报(社会科学版),2010,11,(2).
③ 王开扬.区分"语言"和"文字":中国知识界的紧迫课题——评《光明日报》一篇谈"汉语世界性"的文章[J].北华大学学报(社会科学版),2010,11,(2).

却也难登大雅之堂。直到五四新文化运动时期,由于"白话文运动"的大力倡导,文言文才被拉下神坛,并退出人们的日常生活。

王开扬(2010)曾对汉语书面语的发展过程作了简要的回顾:

  3 300多年前,随着甲骨文的产生,汉语书面语产生了。从商代晚期到两汉时期,是汉语书面语产生和定型为文言文的时期。两汉以后到唐代,白话文从萌芽到成熟,宋、元、明、清时代,白话文走向辉煌,出现了"明代四大名著"和清代《红楼梦》这些在世界文学当中占有一席地位的杰出作品。但是,汉语书面语的正宗是文言文。五四运动反对文言文,提倡白话文,陈独秀、李大钊、鲁迅、胡适、钱玄同、叶圣陶等先哲高呼"文学革命"的口号,不遗余力地进行汉语书面语的改革。在"德"先生(democracy)、"赛"先生(science)两位洋"先生"和"十月革命一声炮响"送来的马列主义的帮助下,中国人终于把文言文从正统地位上硬拉了下来。但是,20世纪20年代至40年代,公文、新闻语言仍然处于半文半白、新文言的状态,直到50年代,公文、新闻语言才清除半文言、新文言,彻底白话化①。

由此可见,汉语曾产生过三种大的书面语变体,即文言文、早期白话文、现代白话文。就产生年代而论,当然是文言文最古。这也是一些人推崇文言文的原因。

这种越古越正统的语言变体观倒也不是汉民族的"专利",可能也是世界上所有文明古国的普遍现象,通常表现为革新派和保守派的论争和斗争。以希腊为例②,在很长一个时期中,政治上的保守派主张以希腊语的高级变体(文学希腊语)作为语言标准,而自由派则主张以其低级变体(白话希腊语)为标准。为此,在整个20世纪曾多次发生两种变体支持者之间的激烈斗争。1921年,希腊宗教当局谴责把《新约圣经》翻译成白话希腊语,这一举动在首都雅典引起了一场街头暴乱。1967年,保守派军官发动军事政变,推翻了"自由派"政府,新政府在学校教育中恢复使用文学希腊语,压缩白话希腊语的使用范围,因为它象征"左翼"的观点。1975年,宪法政府重新上台,又使白话希腊语取代了文学希腊语,并于次年宣布为希腊的官方语言。至今那些反对派仍然攻击以雅典口语为基础的白话希腊语是"贫乏的""脱离了高级变体和古典希腊语的根"。

当然,现代汉语白话文的推行也并非轻而易举,而是经历了革新势力和保守势力的持续论战,最终定于一尊。然而,直到当代,仍有人对此耿耿于怀。例如,1998

---

① 王开扬.区分"语言"和"文字":中国知识界的紧迫课题——评《光明日报》一篇谈"汉语世界性"的文章[J].北华大学学报(社会科学版),2010,11,(2).
② Ronald Wardhaugh.社会语言学引论[M].北京:外语教学与研究出版社,2000.

年,诗人流沙河以《滥俗的欧化》和《假小心的语法》为题连续两次撰文①,严词抨击汉语中的欧化句式为"滥俗"。文中分析了"作为公安部门,对于盗版行为必须予以打击"这样的一个例句,称之为"滥俗不堪的欧化中国话",认为纯正的中国话应该直说"公安部门必须打击盗版行为"。他痛心疾首地表示,这样的句式"坏我汉语,言之痛心"。他还认为,古汉语"以最少的材料造最大的容积,使人吃惊",外语虽自有其大,"但不必效法其短",而如上述"作为——对于——予以——"的句式则是"短"得到了"滥俗"的地步。言下之意,当代人不应该用现代白话文,而是应该直接用文言文才好。

2) 关于汉语标准音的争论

其实,汉语标准书面语变体中语音标准的"正统性"问题,早就在中国历史上多次成为争议的焦点。自西晋末年"五胡乱华",拉开了北方游牧民族反复南下入主中原的序幕以后,作为汉语书面语标准音的"中原雅音",随着国家的多次分裂,也不断地"南染吴越,北杂夷虏",因而反复被分裂为"南音"和"北音"两种。所谓"南音",就是原中原王朝被迫南迁时带去的"中原雅音",又称"吴音";所谓"北音",就是北方游牧民族入主中原并主动换用汉语以后形成的"中原雅音"。

于是,每当中国重新统一,需要重新确定"雅音"的统一标准时,就会反复出现两种"中原雅音"哪个更"正统"的争论,因为这是一个关系到哪种"雅音"有资格被定于一尊的"大是大非"问题。"南音"是不在中原然而存古度较高的"中原雅音","北音"是地处中原然而变化较大的"中原雅音"。为了调和这样的争论,有时就只能拼凑出一些"考核古今,为之折中"的综合音系,如隋朝陆法言编撰的《切韵》。

到了清朝末年的1902年,京师大学堂总教习吴汝纶(1840—1903)赴日本考察学政,日本近代教育家伊泽修二(1851—1917)向他建议:"欲养成爱国之心,必须有以统一之。统一维何?语言是也……察贵国今日之形势,统一语言尤为急急者。"

吴汝纶看到日本推行国语(东京话)的成就,深为触动,回国后写信给清政府管学大臣张百熙,主张仿效日本,在学校教授官话。于是,张百熙和湖广总督张之洞向皇帝上疏,提倡全国使用统一语言。

然而,在官话标准音的选定上,南北方的学者却产生了巨大的分歧,形成了"北音派"和"南音派",两派势均力敌。

以河北人王照为代表的"北音派"主张以"京话"(北京话)为标准音。王照在其编写的《官话合声字母》一书中指出:"语言必归画一,宜取官话。因为北至黑龙江,西逾太行宛洛,南距扬子江,东溥于海,纵横数千里,百余兆人,皆解京话。""京话推

---

① 流沙河.滥俗的欧化句[N].新民晚报,1998-03-16.假小心的语法[N].新民晚报,1998-03-22.

广最便,故曰官话。官者公也,公用之话,宜择其占幅员人数多者。"

吴汝纶也支持他的观点,建议以《官话合声字母》作为统一语言的工具,因为"此音尽是京城声口,尤可使天下语音一律"。

而以福建厦门人卢憨章为代表的"南音派"则主张以南京话为标准音。卢憨章指出:"以南京话为通行之正字,为各省之正音,则十九省……文话皆相通。"

如果说,卢憨章的主张也是以"文话皆相通"为依据,重在学理上的解释,那么其他一些学者反对"京话",斥之为"京片子"(指满人说的不地道的汉语)、"胡语"等,就是出于语言的"正统"观了。如语言学家胡以鲁(浙江宁波人)指出:"实际说所谓京片子者,殆惟直隶南满之一部,直隶方言间杂以满语者耳。"意思是说,北京话就是直隶省(今北京、天津、河北省及附近地区)的满洲人所说的夹杂满语的直隶方言。

这一观念其实由来已久。清朝后期的咸丰、同治年间,广东人洪秀全发动农民起义,建立"太平天国"王朝(1851—1864),定都天京(今江苏南京),持续了14年。太平天国以推翻胡人的统治为目标,具有民族革命性质。这一精神,同样体现在语言方面。如东王杨秀清、西王萧朝贵颁布《奉天讨胡檄布四方谕》称:"中国有中国之语言,今满洲造为京腔更中国音,是欲以胡言胡语惑中国也。"他们直斥"京腔"(即北京话)为"胡言胡语",不是"中国之语言"。

1909年,清政府资政院开会,议员江谦提出把"官话"正名为"国语",设立"国语编查委员会",负责编订研究事宜。1911年,清政府学部召开"中央教育会议",通过《统一国语办法案》,决定在北京成立国语调查总会,各省设分会,进行语词、语法、音韵的调查,审定国语标准,编辑国语课本、国语辞典和方言对照表等。

1911年,辛亥革命爆发,清朝被推翻,统一国语事宜由民国政府接手主持。1912年召开"临时教育会议",决定先从统一汉字的读音做起。1913年,"读音统一会"开会,经过南北方代表激烈的争吵,议定采用由19个省的代表以"每省一票,服从多数,逐字审音"的"公决"方法来决定标准音。最后得出的结果是,以北京话为基础,吸收南京话等其他方言的语音成分,这样就确定了6 500多个汉字的标准读音(即"国音",后称"老国音")方案。这种"国音"的特点是声母分尖团、声调保留入声,共有477个音节(不计声调),比北京话的411个多了66个。方案议定以后,北洋政府却迟迟没有公布。

1916年,北京教育界人士组织"中华民国国语研究会",掀起了一个催促北洋政府公布注音字母和改学校"国文"科为"国语"科的运动。

1918年,北洋政府教育部召开"全国高等师范校长会议",决定在全国高等师范附设"国语讲习科",专教注音字母及国语。

1919年,"五四"运动爆发,北洋政府教育部成立政府的推行机构"国语统一筹备会",并训令全国各国民学校改"国文"科为"国语"科。同年,用"国音"注音的《国音字典》出版,正式向全国推广。1920年,著名语言学家赵元任应邀灌制"国音"唱片。

不过,这种由东西南北的代表拼凑出来的"最大公约数"的"国音",虽然很民主、很公平,却不是一个自然的语音系统,因而基本上没人会说。赵元任就批评道:"这种给四亿、五亿或者六亿人定出的国语,竟只有我一个人在说。"

由于这种"国音"不实用,推广不易,各地意见很大。1920年,"国音"推广不到两年,就爆发了一场"京国之争",即主张修改现行"国音"而采用北京音的"京音派"和主张维持现行"国音"的"国音派"之争。

于是,1923年,国语统一筹备会设立"国音字典增修委员会",开展调查研究,准备修改"国音"。在这个过程中,许多南方学者逐步倾向于以北京语音为标准音,甚至开会通过决议,表示"不承认国音"。1926年,国语统一筹备会开会,在南方代表居多的情况下,讨论决定采用北京语音为"国音"(称为"新国音"),并通过了拼写"新国音"的"国语罗马字"方案,作为对此前公布的"注音字母"的补充。

1928年,南京政府公布了这两个方案。1932年,用"新国音"注音的《国音常用字汇》出版,并且说明:"所谓以现代的北平音为标准音者,系指'现代的北平音系'而言,并非必字字尊其土音。"

于是,从东晋以来历时1 600多年的汉语标准音的南北之争,终于以北京音定于一尊而落下帷幕。这也是越古越正统观念的又一次破产。

不过,在历来对于北京语音被确定为标准音理由的解释中,我们似乎仍然能够依稀看到越古越正统观念的影子。例如,黄伯荣、廖旭东(2007)提到,在现代汉民族共同语的形成过程中,"北京话有着特殊的地位","唐代,北京地属幽州,是北方军事重镇;辽代,北京是五京之一;特别是金元以来,北京成了我国政治、经济和文化的中心";自公元1153年金迁都燕京起,"北京作为我国的政治中心,已经有800多年"[1]。按唐代的幽州固然是"北方军事重镇",但也是诸多军事重镇之一,其重要性未必比得上其他重镇,如河西节度使所辖凉、甘、肃、瓜、沙、伊、西等西北地区7州。那时候的北京话也只是诸多方言土语之一,谈不上影响力,更谈不上特殊。唐代以后直到元朝建立,国家一直处于汉民族内部分裂以及不同民族政权对峙状态,难说哪个地方更重要。从辽、金开始,北京的地位开始重要起来,但辽、金先后与北宋和南宋对峙,从来没有成为全国统一的政权。若以北京为当时"我国政治、经济和文化的中心",那么北宋的开封和南宋的杭州算什么?其实,只有在元明清三朝相继定都北京的大约600年中,北京话才拥有特殊地位。由此可见,把北京话的特

---

[1] 黄伯荣,廖序东.现代汉语(增订四版)[M].北京:高等教育出版社,2007.

殊地位上推到 800 多年前,甚至扯到 1 300 年前唐代的幽州那儿去,实属牵强,也无必要。但就某些学者看来,似乎非如此尚不足以凸显北京话之"尊贵"。

3) 关于汉语方言正统性的争论

上文提到,汉语有七大方言。除了北方方言分布在整个中国北部以及西南部,其余 6 大方言均集中于中南地区和华东地区南部,统称"南方方言",与北方方言相对。在方言的形成时间上,南方方言的历史较为悠久、变化较为缓慢,因而保留了较多的古音、古语。这一特点,也刺激了一部分南方人的自豪感。尤其是在语音存古度较高的闽南话地区和词汇存古度较高的粤语地区,人们常认为自己说的才是"正统"的汉语,也不忘顺便调侃一下北方话和北京话,认为这是"胡人的语言",不是真正的汉语。这也是当年洪秀全观念的延续。

在这种观念的基础上,民间还产生了关于闽南话和粤语的毫无事实依据的传说。例如,曾有一则闽南话补习班的招生广告,声称闽南话是"唐朝皇帝的语言",是正宗的"唐音"。其实,闽南话是秦汉时期从吴语中分化出来的,是吴地人口反复南迁福建形成的,这也是它较多地保留了上古音的一大原因。在历朝历代的动乱中,由于福建地处东南一隅,可以较好地躲避兵燹,因而成为历次北方移民大规模南迁的好去处。这也造成了闽语内部各大次方言及其土语之间的巨大分歧,不过闽南话受到的影响相对较小,因此古音保留较多。至于"唐朝皇帝的语言",早已是"北杂夷虏",不可能保留那么多的上古音。所以,把闽南话扯到唐朝皇帝那儿去,虽然可以自豪一把,但实在是找错了对象。

在粤语方面,不少人也热衷于研究它与秦汉雅言的关系,并以秦始皇征服并戍守南越地的历史记载为依据,有意无意地把它塑造为雅言的"正宗"传承者。其实,粤语虽然保留了较多的上古词汇,但在语音方面体现的却是中古以来的特征。因此,早期粤语可能与雅言关系密切,但与现代粤语相比,虽然名称如一,内涵已经大不相同。

在粤港地区,民间还流传着一段关于"粤语差点成为普通话"的故事,说是民国建立时,由国会投票决定以北京话还是粤语为国语的标准音。当时国会议员以广东人居多,均主张以粤语为标准音,因而选定粤语不成问题。但身为广东人的孙中山"深明大义",便逐一劝说广东籍议员选择北京话。结果,在投票时,北京话以一票"险胜",粤语则以一票"惜败",而且那关键的一票就是最后由孙中山亲自投下的,可谓"一票定乾坤"。

这个故事颇有戏剧性,却完全违背了事实。根据我们上文的简要回顾,在"国音"的选择过程中,确实发生过"北音"和"南音"的争议。而这个"南音",指的是南京话,根本轮不到粤语。因此,这个故事的产生,并为人津津乐道,反映的是一些人对粤语失去尊贵地位的某种心理补偿,纯粹是基于越古越正统观念而产生的幻想。

4.2.3 无视发展的汉语不变观

任何事物的发展,都有变与不变两个方面,而变是绝对的,不变则是相对的。在汉语3 000多年的历史中,从上古汉语到现代汉语,或者将"远古汉语"也加进来,尽管有其一脉相承之不变,但更常见的是不断更新之变,这是有目共睹的事实。人们常说,汉语是一种"古老而年轻"的语言,反映的就是这一事实。其实,汉语作为一种古老的语言,之所以数千年来依然充满活力,正是由于其不断地年轻化。

然而,在越古越正统观念的引导下,一些人只关注汉语之古老而无视其年轻化,即明明有变,却不承认其变。因为一旦承认其变,就会使其古老性大打折扣,从而满足不了自己的心理需求。于是就产生了"汉语不变"的幻想。

这一幻想较多地表现在一些人对汉语书面语发展的认知中。例如,有学者在其《汉语走向世界》一文中就堂而皇之地声称"汉语的书面语言任凭口语的差异流变,几千年不变如一"(张桃,2006)[①]。

对此,王开扬(2010)在简要回顾汉语书面语的发展过程之后反问:"难道《尚书·尧典》《尚书·汤誓》和今天的《人民日报》社论、《政府工作报告》,《诗经》和郭沫若的第一部诗集《女神》,用的是'几千年不变如一'的同一个汉语书面语吗?"[②]

也许该作者可以辩解说,她所说的"汉语书面语言"特指"文言文";通常认为,相对于口语的"差异流变",文言文确实"不变如一"。这样的理解,倒也并无大谬。

然而,假如我们仔细观察一下文言文的发展过程,其本身也并非"几千年不变如一",它在不同时代也表现出了不同的特点。从《尚书》等的"佶屈聱牙",到先秦诸子的相对易懂,就是这种"变"的明证。假若我们把甲骨文的篇章与清代的文言文作品加以对比,也能很容易地看出其中的差异来。唐代"古文运动"的兴起,主要是内容上"文以载道"的提倡,但也有语言形式上的"复古"。这就意味着,文言文到唐代已经有了明显的变化,否则没有理由特地开展一场"古文运动"。而任何"复古"运动,都不可能真正回到原点。因此,人们观念上认为文言文应该"不变",并不能代替现实中文言文的"变",更不能仅凭想象而断定其"不变"。当然,鉴于文言文的演变的确比较缓慢,一般人在感觉上也是以为它"不变",作者采纳通常的理解,倒也不必过于苛责。

不过,作者以极为自豪的口吻盛赞文言文之"几千年不变如一",似乎将它视为

[①] 张桃.汉语走向世界[N].光明日报,2006-07-01[理论版·热点关注].
[②] 王开扬.区分"语言"和"文字":中国知识界的紧迫课题——评《光明日报》一篇谈"汉语世界性"的文章[J].北华大学学报(社会科学版),2010,11,(2).

一个大大的"优点"了。当然,作者出于个人情感,对一种"不变"的语言情有独钟,也是可以的。问题在于,这一观点又与其文章的主题不符。该文的主题是论述"汉语走向世界",而"走向世界"的"汉语"是什么样的"汉语"呢?难道不是现代汉语,不是大大变化了的现代书面语和口语吗?所谓"汉语国际推广",难道是"文言文国际推广"吗?中国人连自己都不用文言文了,凭什么还让它"走向世界"?

因而,如果作者真想做出上述辩解,等于是将"汉语"偷换为"汉语书面语",又将"汉语书面语"偷换为"文言文",结果将得出"文言文走向世界"的荒唐结论,从而陷入逻辑的窘境。

4.3 汉字的崇老观

上文提到,若以商代甲骨文为依据,那么汉字的历史至少为3 300年;与汉语约3 000年的历史相比,汉字应该更为古老。同时,根据事物的发展规律,从商代甲骨文已经相当成熟的程度来考虑,作为一种自源文字,它应该经历了一个漫长的从不够成熟到较为成熟的演变过程,我们也不妨适当往上推一推。

例如,陈梦家(1956)曾指出:"武丁卜辞中的文字代表定型了的汉字的初期,并不是中国(严格的应说汉族)最古的文字。在它以前,应该至少还有500年左右发展的历史,也就是说,大约在纪元前二十世纪已经开始或已经有了文字"[①]。如从商王武丁(约前1250—前1192在位)在位年代往前追溯500年,应该是在公元前1750年至前1692年之间,距今约3 700年左右,时当夏代后期到商代早期,可见汉字的古老是一个客观存在。

4.3.1 关于汉字起源年代的争论

然而,也有不少人似乎并不满足于这个3 700年之说,无论是民间还是学术界,往往受"越尊越老"观念的驱动,争相为其加码。除了上文提到王力"谨慎的"5 000年说,更有不那么"谨慎的"6 000年说、8 000年说,甚至还有10 000年说等。

上文也提到,我们的古人对汉字的起源问题情有独钟,其代表性的观点就是"仓颉造字"说。该说将仓颉造字的年代确定为黄帝时代,那么可以看作是当今5 000年说的滥觞。凭心而言,"仓颉造字"说还算比较理性,因为它只是把汉字的历史追溯到黄帝那儿,并没有追溯到人类的起源那里去。

到了唐代,孔颖达提出了"伏羲造字"说:"古者伏羲氏之王天下也,始画八卦、造书契,以代结绳之政,由是文籍生焉。"(《尚书·序》)

[①] 陈梦家.殷墟卜辞综述[M].北京:科学出版社,1956.

按伏羲在汉代前后还只是八卦的创造者,如司马迁提到,"余闻之先人曰:'伏羲至纯厚,作《易》八卦'"(《史记·太史公自序》)。他与仓颉还只是"分工不同"。然而孔颖达似乎嫌"仓颉造字"还不够早,便把《易·系辞传》同一章节中所说的两句话"古者包栖氏之王天下也……于是始作八卦"和"上古结绳而治,后世圣人易之以书契,百官以治,万民以察"(《易·系辞传·下·二》)糅合在一起,把文字的"发明权"归于伏羲氏,结果变成伏羲氏不仅"画八卦"而且"造书契",从而把"始造书契"的年代又提早到"五帝"之前的"三皇"之首。若按神话中伏羲和女娲兄妹为人类始祖的说法,则汉字的历史与人类的历史就一样长了。

20世纪初,随着商代甲骨文的发现,汉字的起源研究也进入了有出土文物为依据的科学时代。

当代以来,随着各地史前文化遗址的发掘和刻画符号的不断发现,关于汉字起源的时代也成为学术界长期讨论的热点话题。据廖志林(2007)综述,"在20世纪有关中国文字起源的论说中,至少形成了8 000多年说、6 000—7 000年说、4 000多年说和3 000多年说等多种不同的观点"[1]。其中,8 000多年说以相当于裴李岗文化时期的贾湖契刻为依据,6 000—7 000年说以西安半坡遗址和全国仰韶文化及大溪文化等遗址发现的大量陶文刻符为依据,4 000多年说以大汶口晚期文化的刻画符号以及夏代二里头文化的刻划记号为依据,而3 000多年说则是以殷墟文化(前1300—前1046)中所发现的商代甲骨文为依据。

在讨论汉字的起源时代时,人们也常把那些出土的刻画符号称为"汉字",或者"原始文字""原始汉字""早期汉字"或者"具有文字性质的符号",并随着更古老的刻画符号的发现,不断地把汉字的产生年代往上推。这些论说的产生,大体出于对"文字"与"符号"概念的混淆和汉字崇老观的暗中驱动。

首先把刻画符号称为"文字"的大约是郭沫若的一段题词:"仰韶龙山似已进入有文字的时期。今来半坡观先民遗址……陶器破片上见有刻纹,其为文字殆无可疑。"(1959;孙霄、谢政,1988)[2]这就是6 000—7 000年说的开端。后来,郭沫若(1972)在其"劳动人民造字说"的基础上正式提出:"半坡彩陶上每每有一些类似文字的简单刻画,和器物上的花纹判然不同。黑陶上也有这种刻画,但为数不多。刻画的意义至今虽尚未阐明,但无疑是具有文字性质的符号。"[3]时隔十几年,他把半坡刻画符号由原先直接称为"殆无可疑"的"文字",婉转地改称为"具有文字性质的符号",似乎谨慎了些。然而,按文字本是符号的一种,又与其他符号性质不同;某

---

[1] 廖志林.20世纪中国文字起源论说评述[J].北方论丛,2007,(4).
[2] 孙霄,谢政.半坡拾零[M].西安:西北大学出版社,1988.
[3] 郭沫若.古代文字之辨证的发展[J].考古学报,1972,(1).

种符号既然具有"文字性质"而且也是"无疑",当然本质上还是"文字"。由此看来,其措辞有所不同,但观点并未改变。此后,"著文赞同郭老观点者,人数颇众"(刘德增,2001)①。有评论指出,"浪漫主义诗人郭沫若在1928年以后的十年间转做学问,学界不少人对他的评价是'郭沫若做学问太大胆'"(王开扬,2010)②。而这种"太大胆"的学风,似乎也很有市场。

可喜的是,学术界也还是有不那么"大胆"的。例如裘锡圭就比较谨慎。他曾认为"大汶口文化象形符号应该已经不是非文字的图形,而是原始文字了"(1978)③,因而推测道,"原始汉字的出现大概不会晚于公元前第三千年中期。到公元前第三千年末期……原始文字改进的速度一定会大大加快。汉字大概就是……在夏商之际(约在前十七世纪前后)形成完整的文字体系的"(1988)④,这就是4 000多年说。但他后来又否定了大汶口文化象形符号是原始文字之说,认为这些象形符号"很可能都不是文字"(1993)⑤,这是又回到了3 000多年说。

其他一些学者(如汪宁生,1981)也坚持认为,中国新石器时代的刻画符号,无论是几何形符号还是象形符号,都不是文字;几何形符号只是一种原始记事方法,象形符号也只是一种图画记事。这就排除了夏代以前有汉字的可能性,即汉字的产生不可能早于约4 000年前⑥。

徐中舒、唐嘉弘(1985)也指出:"夏代是否出现了文字或原始的汉字?据现有的出土遗存和文字发生发展的历史,我们的回答是否定的。"⑦

由此可见,就目前的考古资料来看,结合关于汉字的科学定义,关于汉字起源的3 000多年说才是比较科学而稳妥的,因为"此说认为甲骨文字是已成熟的古汉字,是目前所见最早的古汉字系统,考古发现的前此时期和史前时期的刻文刻画符号,还缺乏足够的与甲骨文字相联系的证据,故这些刻文或符号目前只能认定其可能是古汉字的萌芽或前身"(廖志林,2007)⑧。在此基础上,我们采纳汉字产生年代的夏商之际说,即3 700年左右。

另据最新报道,2013年7月,在距今约5 000年的良渚文化平湖庄桥坟遗址出

---

① 刘德增.关于中国原始符号与中国文字起源的论争[J].齐鲁艺苑(山东艺术学院学报),2001,(1).
② 王开扬.区分"语言"和"文字":中国知识界的紧迫课题——评《光明日报》一篇谈"汉语世界性"的文章[J].北华大学学报(社会科学版),2010,11,(2).
③ 裘锡圭.汉字形成问题的初步探索[J].中国语文,1978,(3).
④ 裘锡圭.文字学概要[M].北京:商务印书馆,1988.
⑤ 裘锡圭.究竟是不是文字——谈谈我国新石器时代使用的符号[J].文物天地,1993,(2).
⑥ 汪宁生.从原始记事到文字发明[J].考古学报,1981,(1).
⑦ 徐中舒,唐嘉弘.关于夏代文字的问题[A].夏史论丛1[C].济南:齐鲁书社,1985.
⑧ 廖志林.20世纪中国文字起源论说评述[J].北方论丛,2007,(4).

土的一件石钺上,发现了6个连续的符号,据考古学者称,"这些原始文字不同于其他单体刻画符号那样孤立地出现,而是可以成组连字成句",因而这是"迄今为止在我国发现的最早的原始文字",比甲骨文早约1 500—1 700年。① 同时,多位专家也谨慎地强调,"这些原始文字是否为甲骨文的前身还有待商榷"②,"对于结果的定性,仍需要论证"③。

鉴于良渚文化比夏代还早约1 000年,那么这一"原始文字"的发现说明,在我国境内,良渚文化的刻画符号率先发展为某种"原始文字"的可能性也是存在的,但是暂时无法推定其为甲骨文的前身。换言之,它既有可能随着良渚文化的消失而夭折,也有可能流向北方东夷地区继续发展;流向北方以后,既有可能随着东夷文化的衰弱而仍然难逃中途夭折的命运,也有可能为商人所继承而发展为今人所见的甲骨文。

陈淳(2013;任思蕴,2013)指出:

> 爱国主义和民族主义的取向显然会影响文明探源。有了事先设定的要求,研究者难免会预设倾向,并努力迎合。比如,测年有三个数据,那么在"把文明往前推"的预设之下,自然很可能倾向于选最早的一个。这样的结果客观吗?科学研究如果没有中立性,就很难保持科学性。日本就发生过为了把日本历史往前推而文物造假的事情④。

因此,任何一个学者,在进行包括汉字起源在内的文明探源研究中,只有自觉摆脱崇老观的束缚,才能得出较为客观、科学的结论。

4.3.2 无视发展的汉字不变观

上文提到,汉字字体的演变经历了七个阶段,即甲骨文、金文、大篆、小篆、秦隶、汉隶、楷书。其中"秦隶是从具备象形特点的古文字演变为不象形的今文字的转折点,在汉字发展史上具有划时代的意义"(黄伯荣、廖旭东,2007)⑤。这个转折点,被称为"隶定",从此奠定了汉字作为方块字的形象。这就意味着,汉字从2 000多年前的秦隶开始就不再是象形文字了。

然而,近些年来,常有民间人士(包括一些自封的"文化学者")无视汉字的发展

---

① 朱海洋,陆健. 中国最早原始文字在浙江被发现[N]. 光明日报,2013-07-09:09版(文化新闻).
② 王译萱. 浙江现中国最早原始文字,暂难确定为甲骨文前身[N/OL]. 中国新闻网(北京),2013-07-09.
③ 蒋萍,吴禄婵. 浙发现早甲骨文千年文字?[N]. 文汇报,2013-07-10.
④ 任思蕴. 考古学更是了解过去普通人生活的窗口[N]. 文汇报,文汇学人访谈录,109,2013-08-26:09.
⑤ 黄伯荣,廖序东. 现代汉语(增订四版)[M]. 北京:高等教育出版社,2007.

演变,有意无意地将古汉字与现代汉字混为一谈,津津乐道于"汉字是象形文字",并以此感到自豪。

其实这些人恐怕连什么是"象形文字"都没有搞懂。按"象形"只是汉字"六书"中的一种造字方法,"仓颉之初作书,盖依类象形,故谓之文;其后形声相益,即谓之字"(《说文解字·序》)。这就意味着,象形是"六书"中最原始、最有局限性的一种,只有在"初作书"的阶段,汉字才是"象形文字"。其他的指事、形声、会意等虽有一定的象形基础,但已经更为抽象;而转注、假借等就跟象形毫无关系了。因此,即使是隶书之前的古文字,也难以笼统地称为"象形文字",更不要说"隶定"之后的今文字。

悖论的是,这些人所发表的论述"汉字是象形文字"的文章,恰恰又是用不象形的现代汉字写出来的。其实,即使不了解汉字的发展历史,仅就汉字的方块形而言,它就不可能是"象形文字"。大千世界万事万物的形状千奇百怪,抽象事物可能连形状也没有,而汉字一律以方块形概括之,还能说是"象形"的吗?

这种认知的根源同样在于汉字崇老观,即认为汉字越古老越值得尊崇,从而无视汉字的"变",并把它想象为"不变"。

在世界文字的发展历史上,象形文字是最原始、最简单的一种,是文字不够成熟的表现。汉字之所以数千年来保持着它的强大生命力,关键在于它很早就摆脱了象形的束缚而走向不象形。因而,汉字曾经有过的象形性,恰恰是它的缺点,根本不是什么值得称道的"优点"。然而,人们仅仅因为缺点之"古老"而将它当作"优点"来自豪,岂非咄咄怪事。

4.3.3 汉字变体的正统观

有关汉字的神圣化还体现在汉字的变体方面,即把所谓"正体字"奉上神坛。

从周、秦、汉三朝所实施的文字政策来看,每次文字改革,从周朝采用大篆、秦朝改为小篆,到汉朝先后采用隶书、楷书,无一不是致力于汉字的简便易用,而且往往就是"以俗为正",并没有要把汉字的标准形体神圣化的意思。这样就大大促进了汉字的发展,也使之能够适应社会对文字使用的需求,充分发挥文字的功能。

然而,大约从唐代开始,汉字有了"正体字"与"俗体字"之分,人们对汉字的态度越来越趋于保守,"正体字"被看作是汉文化的正统,就与汉文化紧密地联系了起来,不仅看作汉文化的代表,甚至就是汉文化本身,从而被奉上了神坛。而俗体字则不再能够登上大雅之堂。尽管在一些士大夫的书法作品,尤其是草书作品中也出现过不少简体字,但毕竟是书法艺术,不算正式用字。

明末以来,少数思想较为开明的士大夫开始提倡简体字,并加以亲身实践(苏培成,2001)①,如明末清初的著名思想家黄宗羲就"喜用俗字抄书,云可省功夫一半",他经常把"議"写成"议",把"難"写成"难",把"當"写成"当";清代语言学家江永、孔广森等也经常写简体字。

清末民初以来,在有识之士大力倡导文字改革、推行简体字的同时,保守势力也一如既往地加以极力反对。民国时期的国民政府曾以"革命"的面目出现,故而也主张文字改革,却又难挡保守势力的阻挠,1935年南京国民政府教育部公布的《第一批简体字表》遭遇流产,就是很好的例子。

后来,当中国政府在1956年公布《汉字简化方案》后,一向主张汉字简化的台湾蒋介石就改口说,这是"共产党破坏中国文化的阴谋"②,从此坚守"正体字"(繁体字),排斥简化字,造成了海峡两岸"书不同文"的局面。

本世纪以来,随着文化复古主义思潮的持续发酵,人们也把眼光投向了繁体字,开始关注繁体字与中国传统文化的关系。不少人以为,古人用繁体字,今人用简体字,因而繁体字比简体字更为"古老",只有繁体字才是中国文化的正统代表,是中国文化的根,或者是"通往中国文化的桥梁",而不认识或不用繁体字则是割断了与传统文化的联系。

于是,在2008年3月的全国"两会"上,宋祖英等21位文艺界的政协委员联名递交了一份《关于小学增设繁体字教育的提案》,建议在小学开始设置繁体字教育,"将中国文化的根传承下去"③。一年之后,在2009年3月的全国"两会"期间,政协委员潘庆林又提出了一个"走得更远"的提案④,建议全国用10年时间,分批废除简体汉字,恢复使用繁体字。可谓"一波未平,一波又起",一时间引得议论纷起。

其实这些人并不明白"繁体字"和"简体字"究竟是个什么关系,以及简体字究竟是怎么来的。

首先,正如我们上文提到的,汉字简化只是涉及到一部分笔画较多的常用汉字,是汉字系统内部的局部调整,并没有把整个汉字系统全部"简化"一遍,因此并不存在"简体字系统"和"繁体字系统"的对立。大量的常用字本来笔画就不多,如"一、二、三、四","日、月、山、水","人、民、牛、羊"等,自古以来就只有一个写法,根本不存在繁简的问题。这就意味着,繁体字在古文献中所占比例并不大。以《论语》第一篇《学而》第一章的繁简字对照版本为例:

子曰:"學而時習之,不亦說乎?有朋自遠方來,不亦樂乎?人不知,而不

---

① 苏培成.现代汉字学纲要(增订本)[M].北京:北京大学出版社,2001.
② 周有光.语文闲谈(续编下)[M].上海:三联书店,1997.
③ 游星宇等.宋祖英等联名提议:小学应增加繁体字教育[N].南方都市报,2008-03-13.
④ 政协委员潘庆林建议用10年时间恢复使用繁体字.扬子晚报,2009-03-04.

愠,不亦君子乎？"(繁体)

子曰："学而时习之,不亦说乎？有朋自远方来,不亦乐乎？人不知,而不愠,不亦君子乎？"(简体)

在这段话的全部32个字中,只有8个字存在繁简对立,仅占四分之一。

又如老子《道德经》第一章:

道可道,非常道。名可名,非常名。無名天地之始,有名萬物之母。故常無欲以觀其妙;常有欲以觀其徼。此兩者同出而異名,同謂之玄,玄之又玄,眾妙之門。(繁体)

道可道,非常道。名可名,非常名。无名天地之始,有名万物之母。故常无欲以观其妙;常有欲以观其徼。此两者同出而异名,同谓之玄,玄之又玄,众妙之门。(简体)

在这段话的全部59个字中,只有10个字存在繁简对立,约占六分之一。

至于那些笔画较多的非常用字、冷僻字,则根本不在简化之列,如"龘"(da)、"纛"(dao)等字,笔画如此之多,却也并没有简化。

其次,汉字简化完全是在尊重传统文化的前提下进行的。按简体字的四个来源,其中选定的古字、俗字、草书楷化字本来就是传统文化的一部分。而新创的简体字尽管字形是"新"的,但其原理仍然是"古"的。既然历代古人可以在"六书"原理指导下不断创造新字,今人当然也可以这样做,而且应该这样做。这恰恰是文化的传承方式之一,根本谈不上"背离"传统文化。

由此可见,繁体字也好,简体字也罢,都是汉字的一部分,也是传统文化的一部分。若以古老为"根",那么在古字"云、从、电、胡"和今字"雲、從、電、鬍"之间,哪个才是"根"？

还有,如果真要"寻根",如今的方块字本身就算不得"根"。按孔子作为中国文化的代表人物,他老人家连"或颇省改"的小篆、隶书也没见过,遑论楷书。那就至少应该把大篆作为"根"才符合逻辑吧？要是孔老夫子在天有灵,发现我们这些"不肖子孙"把汉字变成了方块形,还不得大骂一声"朽木不可雕也"？

看来,那种认为只有繁体字才能代表中国文化,把"中国文化的根"系于只占汉字总数中一小部分的繁体字的观点实属无稽之谈。

而且,这些人恐怕也没有搞清楚什么是"中国文化的根"。按中国文化的历史是"上下5 000年",而汉字的历史也就3 700年左右。这就意味着,连汉字本身也不可能是"根",只能是"叶",遑论繁简。若以汉字为"根",那么之前的1 000多年岂不成了"无根之木"？当然,出于"民族自豪感",这些人也一定会相信汉字历史5 000年说(甚至更长),然而事实依据何在？

近年来,台湾还有人主张为繁体字申请"世界非物质文化遗产"。据报道①,2008年12月,台湾"行政院"决定推动繁体字列入世界文化遗产,成立"产官学推动小组",联合全世界重要大学展开连署,希望能在四年内达成目标;"行政院"将在最快时间内,完成推动繁体字的说帖,让世界重要大学了解繁体字的重要。在这个"产官学推动小组"中,想必会有若干"学"者为此"繁体字的说帖"提供理论"依据"。

平心而论,若是以整个汉字系统申请"世界非物质文化遗产",倒也不妨一试。却有人单单挑出其中的繁体字来申请,实在是无知得可以。如今4年早就过去,"目标"的"达成"却是遥遥无期,看来"说帖"未能言之成理,也不可能言之成理,该行动更像是一场十足的闹剧,其唯一的"效果"恐怕只是在"世界重要大学"丢人现眼。

其实,传统文化的传承,关键在于内容,而不在形式。简体字的推行,不仅不会割裂传统,反而更有利于文化的传承。事实上,半个多世纪以来,经过古籍整理工作者的不懈努力,不少经典的古籍已经出版了简体字本、今译本、注音本、注释本、插图本等等,便于人们在掌握简体字的基础上,相对容易地阅读古籍,岂不更有利于古籍的普及?

当今社会,国人对古籍的阅读兴趣确实日渐下降,一般人少看甚至不看古书的情况甚为普遍。面对这样的情况,一些人不从根本上找原因,却迁怒于汉字简化,认为人们是由于不识繁体字,所以看不懂古书;小学增设了繁体字教育,或者干脆废除简体字、恢复繁体字,人们就可以看懂古书,就可以"将中国文化的根传承下去"了。殊不知,看懂古书的最大障碍并不在汉字的繁简,而在于对古汉语语法词汇的理解。上文已经提到,所谓"繁体字"在古籍中所占的比例并不大。就拿老子的那段话来说,即使人们能认识这10个繁体字,对这段"玄之又玄"的论述,如果没有较深的古汉语和古代哲学功底,照样不得其"众妙之门"而入。另一方面,如果人们真的有兴趣、有时间去找几本古籍来看,繁体字问题是很容易解决的,根本不会成为障碍。

同时,那些极力推崇繁体字的人,如果自己真的经常阅读繁体字版的古籍,并"痛感"障碍之"严重",因此希望中小学增设繁体字课,以便能让孩子们顺利地读懂古书,倒也顺理成章,不枉其一番"苦心"。不过,我们几乎可以断言,这些人很可能根本就不曾找一本繁体字版的古籍来试着读一读,甚至可能连简体字版的都未必读过,否则他们应该会对繁体字和简体字的功能有所了解,不至于盲目地将繁体字奉为传统文化的"正统"。至于他们为什么不看或少看古书,不妨来个"吾日三省吾身",清夜扪心自问,想必能够找到真正的原因。

---

① 台当局决定推动繁体字列入世界文化遗产[N/OL].台海网,2008-12-18.

4.3.4 汉字的民族属性观

如上所述,汉字的历史是古老的,甚至比汉民族的历史还要古老。3 000多年来,汉字与汉民族相伴而行,不离不弃。汉字见证了汉民族的兴衰,其自身也经历了不断的变革,以适应汉民族的发展所需。由于汉字对汉民族发展的适应能力,它的持续使用也被视为汉民族的一项主要的民族身份标记。从这种标记性出发,汉字又被进一步认定为民族的属性之一,甚至是唯一的属性,这就是汉字的民族属性观。

其实,汉字的民族属性观并非古已有之。如上所述,汉字本来是商民族所使用的文字,后来被周民族所借用,并在汉民族的融合形成过程中成为汉民族的文字。随着"汉字文化圈"的建立,汉字又被朝鲜、韩国、越南、日本等国家和民族借用。同时,在一些北方游牧民族入主中原前后,其贵族阶层也接受过汉字,并能用汉字写诗作文。因此,就古人而言,汉字并未成为汉民族的身份标记,也就不具有汉民族的民族属性。

清末以来,尤其是五四新文化运动以来,一些进步知识分子开始倡导文字改革,除了汉字的简化运动,也开始探讨汉语文字拼音化的必要性和可能性,其中比较激进的观点就是要求立即废除汉字,改用拼音文字。然而,不管我们对汉语文字"要走世界文字共同的拼音方向"这一主张如何评价,但主张者希望汉民族强大起来并屹立于世界民族之林的初衷是不容置疑的。这一主张以"反传统"的面貌出现,其实正包含了对传统文化的继承,也就是传统观念中对汉字不具有汉民族民族属性的认知。

然而,世纪之交以来,随着国内民族主义情绪的高涨,汉字的民族属性观开始爆发出来。这是因为,在强调汉民族的独特性时,"汉字本身所具有的一些特征也使它非常适合作为民族身份标记:首先是它的古老性与连续性,民族是一个现代的建构,但是民族主义者却总是把自己的民族想象成古老的、自然形成的,汉民族语言的古老性有助于民族主义者的这种想象;其次,汉字几乎是目前世界上硕果仅存的活的表意文字,这一特点对于旨在强调中华民族独特性的民族主义者来说至关重要"[1]。

我们在第一章中讨论过文字的识别性,即文字对于语言和民族的识别价值,首先是对语言的识别价值,即可以通过所采用的文字来识别语言;其次是对民族的识别价值,即通过语言的特征来识别民族。只有当文字、语言、民族三者高度一致时,文字才会有民族的识别价值,并被视为民族的属性之一。

---

[1] 吴泽泉.身份焦虑与现实困境——论当代中国的语言民族主义[J].甘肃社会科学,2006,(5).

不过，实际情况是，全世界的文字体系数量有限，有文字的语言往往共享同一种文字体系，这就使得文字对语言的识别价值大为降低，同时也降低了对民族的识别价值。另一方面，由于语言与民族并不总是呈现一对一的状况，又进一步降低了文字对民族的识别价值。

任何一种自源文字在产生之初，由于其使用人群的局限性，必然具有民族的识别价值，也就具有民族属性。然而，只要某种文字足够优越，就极容易被其他语言和民族借用，而一旦出现这种情况，它的民族属性就会消失。由此可见，文字并不是民族的本质属性。

历史上朝鲜半岛、日本、越南等都曾采用汉字作为其本民族文字。究其原因，"仰慕中华文化"是通常的一个解释。而同时，这些国家也始终争取和保持了其民族和文化的独特性。这些国家可以在保持其民族和文化独特性的同时借用"外来"的汉字，其行为本身就是源自汉文化的包容性。换句话说，在这些国家看来，借用汉字并不会有损其民族独特性，他们也从来没有担心过一旦采用汉字就会使自己变成汉人。而这种观念恰恰是受到了汉文化的影响，这可以说是学到了汉文化的"真谛"。

以后这些国家陆续改用本民族新创的文字，其初衷也并非出于"民族情绪"，而是鉴于汉字的繁难，不利于推广到普通民众。无论是朝鲜的"谚文"、日本的"假名"，还是越南的"字喃"，都是在汉字基础上创制的，并未刻意凸显其"民族性"。越南正式从中国独立出去以后，又坦然接受了法国人为其创制的拉丁文字，却也丝毫无损于越南民族及其文化的独特性。因此，古代越南人没有变成汉人，现代越南人也没有变成法国人。

另一方面，即使是汉人，也未必使用汉字。正如我们上文提到的，汉族内部有属于不同语族的汉语、临高语、标话、村语、茶洞语等5种语言，除了汉语采用汉字以外，其余4种语言并不采用汉字。那么，我们能不能基于汉字的"民族属性"，以"不用汉字"为由，将那些支系"开除"出汉族？

由此可见，将汉字想象为具有汉民族的民族属性，认为汉字与汉民族具有同一性，既不符合历史，也不符合现实。

而且，一些狭隘的民族主义者关于汉字的想象往往并不仅限于汉民族，而是有意无意地涵盖了整个中华民族大家庭。在他们的观念中，中华民族就是汉民族，因而汉字不仅具有汉民族的民族属性，而且具有中华民族的民族属性。这一想象对我国各民族文字异彩纷呈的现状视而不见，也违背了国家的现行语言文字政策，是"大汉族主义"在文字上的体现，因而也是更为荒唐的。

其实，可以用来作为民族身份标记的手段并不仅限于语言，如不同民族的服饰（包括发式）、饮食等日常生活习惯都可以作为民族的识别标志。不过，在民族接触和文化交融的情况下,这些习惯往往很容易趋同而导致消失。例如,中国封建时代结束以来,汉民族经过历次服饰改革,其日常服饰早已经与西方民族趋同。在正式服装方面,男子采用西式套装,女子则依据不同的场合分别采用西式套装和旗袍。西式套装是当今全世界最通行的服装,只有旗袍依然保留为汉族女子的民族服装。在日常穿着方面,随着信息时代的来临,人们在紧跟世界潮流方面也是毫不逊色。

我们也不妨提一提近年来掀起的一股小小的"汉服热"。在寻找民族身份标记的过程中,人们除了把目光投向汉字,也不断有好事者瞄准了所谓的"汉服"。不少人看到日本人有"和服",韩国人有"韩服",国内的少数民族兄弟也是各有各的服饰,唯独汉人没有自己的服饰,不免"耿耿于怀",于是就拿服装来说事,而且还身体力行。

不过,如果仔细观察一下,那些热衷于穿"汉服"者,其实并不明白什么是"汉服",以及为什么要穿"汉服"。顾名思义,"汉服"可以有两种理解。一是从历史着眼,可理解为具有朝代特征的"汉朝之服",它不同于之前的周朝之"周服",之后的唐朝之"唐服"、宋朝之"宋服"、明朝之"明服"等,当然更不同于元朝之"元服"、清朝之"清服",以及民国以来的"国服"如"中山装"之类。二是从现实着眼,可理解为具有民族文化特征的"汉族之服",不同于藏族之"藏服"、苗族之"苗服"、彝族之"彝服"等,以及国外的日本"和服"、韩国"韩服"等。从那些身体力行者所选择的服饰来看,其"汉服"一般是指那种宽袍大袖的"汉朝之服",似乎只有它才具有汉民族和汉文化的属性,可作为"汉族之服"。

问题在于,"汉朝之服"的存在,本身意味着汉民族的服饰并非亘古不变,而是一直在变化中的,是与时俱进的,"汉朝之服"恰恰是一种早就被汉代以后我们的历代祖先淘汰了的服饰。那么,单单选择"汉朝之服"作为"汉族之服"的代表性服饰,其依据是什么? 若以汉民族在历史上的强大时期而论,选择"唐服""明服"岂不更合理些? 若以汉民族的形成标志而论,选择孔子穿过的"周服"岂不更有象征性? 若以"遵祖制"而论,干脆选择我们的始祖黄帝"垂衣裳而天下治"的"黄帝之服"岂不更能代表上下五千年之中华文明? 当然,若真要考证一下"黄帝之服"的形制,估计那也就是下身的一块遮羞布而已,不过它毕竟是老祖宗穿过的吧。其实,我们真正的始祖并不是黄帝。我们之所以自认为"炎黄子孙",是因为当年选定始祖时,那20 000年前的山顶洞人尚未出土,如今既然知道了,何不改以山顶洞人为始祖? 那就采用山顶洞人的"服式",来个返璞归真的"天体服",也省得为汉民族该穿什么样的衣服而纠结。由此看来,人们仅仅是因一个"汉"字而把"汉朝之服"偷换为"汉族之服"了。

我们再来看穿"汉服"的目的,据说是为了"弘扬民族精神"云云。我们知道,在一些特定的场合穿戴民族服饰,是为了显示各自民族的独特性,也是一种民族精神

111

的体现。那么,"汉服"代表的是哪个民族呢?若以"汉族之服"而论,自然是代表汉民族。那么,汉民族特意穿上"汉服",是为了给谁看呢?

如果说是为了给少数民族看,那么是否有这个必要?少数民族之所以要穿戴各自的民族服饰,是为了显示其在我国56个民族中的独特身份,以示没有被汉化,同时也可以体现我国"各民族一律平等"观念之深入人心。另一方面,汉族占全国人口的绝对多数,根本不用担心被谁同化,自然也就没有必要穿什么"汉服"。

因此,每当全国人大举行全会,各少数民族代表往往都要穿着各有特色的民族盛装出席,与汉族代表一起,组成一幅"各族人民大团结"的"全家福"景象,堪称民族服饰的"视觉盛宴"。而其中没有特色服装的那些人,基本上就是汉族代表。由此可见,汉民族的特色,恰恰在于没有"汉服",也不需要"汉服"。

如果说,穿"汉服"的目的是为了给外国人看,是为了与日本人的"和服"、韩国人的"韩服"等并立,那就是一种国家层面的比较了。问题在于,日本、韩国等国家属于单一民族国家,因而他们的民族服装与代表国家的"国服"具有一致性。然而在一个多民族国家里,尤其是在一个奉行"各民族一律平等"政策的国家里,就很难认定哪个民族的服装为"国服"。例如,美国人就没有什么"美服",英国人也没有什么"英服"。英国的苏格兰人倒是常常以其独特的民族服装而自豪,其苏格兰男子裙装还闻名世界。然而,作为主体民族的英格兰人的服装就没有什么特色可言了。

同样道理,中国人也不需要什么"中服"或"华服"。假如试图以"汉服"作为代表中国的"国服",其思维逻辑与把汉字视为中华民族的身份标记一样,也是荒谬的。何况,我们连什么是"汉服"都没有搞清楚,哪来的"中服"?

那么,现代汉民族真的没有民族服装吗?倒也未必。例如,女子的旗袍算不算?事实上,在一些礼仪场合,女性往往是以旗袍为民族服饰的。不过有些人似乎也喜欢"循名责实",因为"旗袍"乃"旗(满)人之袍",本非"汉袍"。在男子这边,不是也有中山装吗?不过,据说它是在南洋华人的服装基础上改良的,似乎"中国特色"也不明显。而且,就"越老越尊"的"崇老观"看来,两者似乎又不够古老,对"弘扬传统文化"还是用不上。

其实,旗袍虽然来自旗人,但如今之旗袍早已是汉化了的"改良旗袍",与满族人的"原版"旗袍并不相同,只是名称还叫"旗袍"而已。看来,绕来绕去也就是个名称问题。那么我们干脆像日本人那样把唐服改良为"和服",像韩国人那样把明服改良为"韩服",也把这种改良旗袍叫做"汉袍",不也可以了了这一桩烦心事?然而这在某些人的心理上恐怕又是接受不了的,因为汉文化曾经何等辉煌,汉民族穿个衣服还要"剽窃"他人?因而旗袍好看是好看,也只能永远叫"旗"袍,如同胡琴永远叫"胡"琴,番茄永远叫"番"茄。咱可不干那种把别人的文明成果拿来后稍加改动再贴上自己标签的"勾当"。于是人们只能从一大堆令人眼花缭乱的古代汉民族服装中,仅凭名称上的联系,就以"汉(朝)服"为"汉(族)服",并试图以此作为"国服"了。

由此看来,所谓的"汉服热",只是一场打着"弘扬民族精神"的旗号却又目的不明、方法不当的瞎折腾。

其实,人们只要愿意,换装是很容易的,难的是换心。正如一首流行歌曲所唱的:"洋装虽然穿在身,我心依然是中国心。"

同样,误以为汉字具有汉民族的民族属性,并进一步将汉字想象为具有中华民族的民族属性,将它奉为中华民族的图腾,也将是一场失去理性的瞎折腾。而这种想象的政治风险,将更甚于以汉语为中华民族认同基础的想象。这样的想象,不仅不利于中华民族的重新崛起,而且很可能有百害而无一利。

我们认为,中华民族真正的民族属性,应该是在中国宪法框架下,各民族对祖国的那种认同感,亦即那颗"中国心"。至于穿什么衣服,说什么语言,用什么文字,那只是表象,未可成为民族属性。如今,用汉字来反对中国的,包括借汉字问题来搞"台独"的,可谓大有人在。我们必须清醒地意识到这一点。

参考文献

艾北.语言学家谈语言[J].新闻战线,1980,(7).
陈梦家.殷墟卜辞综述[M].北京:科学出版社,1956.
郭沫若.古代文字之辨证的发展[J].考古学报,1972,(1).
黄伯荣,廖序东.现代汉语(增订四版)[M].北京:高等教育出版社,2007.
廖志林.20世纪中国文字起源论说评述[J].北方论丛,2007,(4).
刘德增.关于中国原始符号与中国文字起源的论争[J].齐鲁艺苑(山东艺术学院学报),2001,
　(1).
裘锡圭.汉字形成问题的初步探索[J].中国语文,1978,(3).
裘锡圭.文字学概要[M].北京:商务印书馆,1988.
裘锡圭.究竟是不是文字——谈谈我国新石器时代使用的符号[J].文物天地,1993,(2).
苏培成.现代汉字学纲要(增订本)[M].北京:北京大学出版社,2001.
孙霄,谢政.半坡拾零[M].西安:西北大学出版社,1988.
汪宁生.从原始记事到文字发明[J].考古学报,1981,(1).
王开扬.区分"语言"和"文字":中国知识界的紧迫课题——评《光明日报》一篇谈"汉语世界性"
　的文章[J].北华大学学报(社会科学版),2010,11,(2).
吴泽泉.身份焦虑与现实困境——论当代中国的语言民族主义[J].甘肃社会科学,2006,(5).
徐中舒,唐嘉弘.关于夏代文字的问题[A].夏史论丛1[C],济南:齐鲁书社,1985.
张桃.汉语走向世界[N].光明日报,2006-07-01[理论版·热点关注].
周有光.语文闲谈(续编下)[M].上海:上海三联书店,1997.
Ronald Wardhaugh.社会语言学引论[M].北京:外语教学与研究出版社,2000.

第五章 汉语汉字的纯洁观

语言文字的纯洁观,就是在语言文字的识别性和古老性的基础上,认为本民族的语言文字具有纯洁性,因而必须维护它们的纯洁性。这种纯洁观,与超能观、崇老观一样,也是将语言文字奉上神坛以后的产物。

5.1 语言文字的纯洁观

什么是"纯洁"?按词典的解释,"纯洁"作为形容词有两个义项,一是"纯粹清白,没有污点",一是"没有私心"(《现代汉语词典(第6版)》)。第一个义项重在描绘人的某种心理品质。例如,因为具有"纯洁的心灵",所以孩子是"纯洁"的;因为未经"人事",所以处女是纯洁的。第二个义项重在描绘人的行为动机。例如,因为不具有功利性,所以爱情是"纯洁"的;因为出于无私的奉献,所以母爱是"纯洁"的,等等。因此,人的"纯洁"与"单纯""童真""真诚"等相关。

由于纯洁是一种美好而又不可多得的品德,因而促使人们将美好的事物想象为纯洁的,并无视它们可能不纯洁的历史和本质。这一点在一些宗教中表现得较为突出。

以耶稣基督的出生神话为例。在基督教看来,圣母玛利亚是受"圣灵的感应"而怀孕生下耶稣的,而且一生都维持了处女身份。我们知道,每个人的出生都需要一位母亲,而母亲又需要在一位父亲的"合作"之下才可能怀孕。不过,这种"合作"本身,对母亲来说又是一种"不纯洁"的行为。耶稣固然是一位圣人,但他首先是一个有血有肉的人,那么他的出生当然也难逃这样的规律。然而,既然耶稣是圣人,他的出生自然应该有超乎常人之处,尤其是不应该拥有一位"不纯洁"的母亲。于是,人们凭借想象而制造出圣母玛利亚的生子神话,也是理所当然的了。

中国古代也有不少关于圣人之母在不需要父亲"合作"的情况下生子的神话,如"简狄吞燕卵而生契""姜嫄履大人迹而生稷"等,但却与西方的神话有着本质的不同。这些神话与各民族的图腾有关,也反映了母系社会"只知有母,不知有父"的现实,却并不是为了强调圣人之母的"纯洁"。直到汉代还有仿造的神话,如传说汉高祖刘邦之母"刘媪尝息大泽之陂,梦与神遇。是时雷电晦冥,太公往视,则见蛟龙于其上。已而有身,遂产高祖"(《史记·高祖本纪》),以示汉高祖是一位"真龙天子"。在这个传说中,刘媪虽然为刘太公戴了一顶"绿帽子",但毕竟生下了一位"龙子",厥功甚伟,刘太公本人似乎也并不以为耻。孔子也是一位圣人,他的出生传说相对可靠一些,即孔子之父"(叔梁)纥与颜氏女野合而生孔子"(《史记·孔子世家》),暗示孔子之母曾是叔梁纥的"婚外情人",而且还是"未婚先孕",但并没有贬低之意。事实上,古人对母亲的"纯洁"问题似乎并不怎么讲究,如在创世神话中,认为人类是伏羲和女娲兄妹二人交合而生,不仅不讳言男女"交合"的正当性,而且连带承认了当时"乱伦"的必要性。

当某种语言或文字被奉上神坛以后,关于圣人"纯洁"的观念也会投射到语言文字上,关于语言文字的纯洁观也就应运而生了。王希杰(2002)曾指出:"强调语言的纯洁性,是欧洲传统文化的一部分。语言的'纯净运动'是欧洲几百年中一种普遍的思潮。这种思潮到了18世纪,可以说是达到了顶峰。"[①]

不过,中国的古人似乎并没有关注过语言文字的"纯洁"问题,在古代流传下来的经典著作中,也没有出现过相关的记载。由此可见,中国人的汉语汉字纯洁观,还是当代以来出现的一种思潮,甚至可能还是"西风东渐"以来的"舶来品"。王希杰(2002)曾认为:"语言纯洁性情结,是中外古已有之的,而且是相当顽固的",看来只说对了一半[②]。

5.2 汉语的纯洁观

汉语纯洁观的形成,大约开始于20世纪50年代。

1951年6月6日起,《人民日报》连载语法学家吕叔湘、朱德熙所著《语法修辞讲话》,同日发表社论,题为《正确地使用祖国的语言,为语言的纯洁和健康而斗争!》(简称"六六社论"),作为《语法修辞讲话》的序言。汉语语法修辞讲义在国家最高级别的媒体《人民日报》上连载,而且"六六社论"由毛泽东主席亲笔修改定稿,这体现了国家最高领导人对语言问题的重视程度。这是建国以来我国当代语言学界堪称空前绝后的重大事件之一。

"六六社论"以一个口号来结尾:"我们应当坚决地学好祖国的语言,为祖国语言的纯洁和健康而斗争!"并与该文的标题前后呼应,只是在措辞上略有改动。

这一口号提出以后,成为半个多世纪以来中国语文工作者的指导方针。关于汉语"纯洁性"的理念深入人心,人们孜孜不倦地为此而"斗争"。改革开放以后,由于"斗争"一词过于"扎眼",就逐渐改为"奋斗"了。

不可否认,这一口号鼓励了人们学好、用好汉语,促进了现代汉语的规范化,但

[①] 王希杰.语言的纯洁性和言语的纯洁性[J].锦州师范学院学报,2002,(5).
[②] 王希杰.语言的纯洁性和言语的纯洁性[J].锦州师范学院学报,2002,(5).

也因其"纯洁"一词而误导了一些人,催生了关于"汉语纯洁性"的"神话"。

5.2.1 "纯洁性"提法之含糊性

1) 汉语的纯洁性究何所指

事实上,作为"六六社论"文章主旨的"纯洁"一词,在其主体部分始终没有提及,而只是在结尾处突然用了一次,显得很突兀,很像是硬"贴"上去的。因而,人们为这个只有"含糊性"而毫无"精确性"可言的"纯洁性""斗争"了半个多世纪,实际上并没有搞清楚这个"纯洁性"究何所指,以及怎样的语言才是"纯洁"的。人们只能凭自己的想象来推测和理解,以至众说纷纭,可谓见仁见智。这大概是批评别人"所用的语言中有很多含糊和混乱的地方"的社论作者所没有想到的吧。

然而,当我们把"纯洁"一词用在语言上,却着实让人犯了难。既然语言不是人,自然谈不上有没有"私心",那么第二个义项就无效。

就第一个义项而言,适用于任何事物,语言也不例外。一种语言如果不受其他语言的影响,倒有可能是"纯粹清白"的。这种影响,用个褒义词,叫做"吸收";若是用个贬义词,就叫做"污染",而"污染"的成分,就是"污点"了。据此理解语言的"纯洁性",就相当于语言的"排外性"。

问题在于,汉语却并不具有这样的品质。"六六社论"指出:"我们的语言经历过多少千年的演变和考验,一般地说来,是丰富的、精练的。""我国现代语言保存了我国语言所固有的优点,又从国外吸收了必要的新的语汇成分和语法成分。因此我国现代语言是比古代语言更为严密,更富于表现力了。"事实上,不仅是"现代语言又从国外吸收了必要的新的语汇成分和语法成分",古代汉语就已经长期受到其他语言的巨大影响,吸收了大量的外来成分,包括语音和语法方面的"阿尔泰化",词汇方面的外来词等等。换句话说,汉语自古以来就不是"纯洁"的。既然汉语本身并不"纯洁",人们又如何去为它的"纯洁"而斗争?

不过,国外倒是确实有过为语言的"纯洁"而斗争的例子,就是通过"纯语主义"运动把外来词全部剔除,使之让位给本民族语言的固有词。例如在德国,"在纳粹统治时期对外来语的排斥达到了登峰造极的地步。当局用行政命令手段,强制用新的德语词代替常用的外来语,如用 Postwertkarte 代替 Briefmarke(邮票);Zuschauer 代替 Publikum(观众);Fernsprecher 代替 Telephon(电话)。这一做法一直延续到 1945 年希特勒的垮台为止"[①]。

那么,"六六社论"是否也在倡导效法希特勒,开展一场"纯语主义"运动,要求用汉语词替换外来词呢?显然不是,因为它明确肯定"我国现代语言……从国外吸

[①] 吴佑曾,邓华刚. 德语"语言纯洁主义"分析[J]. 郑州大学学报(哲学社会科学版),1993,(4).

收了必要的新的语汇成分和语法成分"以后,"比古代语言更为严密,更富于表现力了"。它还引用了毛泽东的话:"要吸收外国语言中的好东西,于我们适用的东西。"尽管它也批评了"不加选择地滥用……外来语"的现象,但文章的重点并不在这里。

由此看来,"六六社论"所使用的"纯洁"一词,显然不是指排外性的"纯粹清白,没有污点"。

那么,这个"纯洁"到底是指什么呢?文章在主体部分没有任何铺垫的情况下,于结尾处突然使用了"纯洁"一词,应该是起到了"点题"的作用,却又未加解释,于是留下了一个大大的悬念。于是,我们只能从"六六社论"本身来推导一下何谓"纯洁性"。

2) "纯洁性"与"正确性"的关系

从社论的内容来看,它先着重批评、分析了当时社会上(主要是党政机关和新闻媒体)存在的"语言混乱"现象,最后提出了"为祖国语言的纯洁和健康而斗争"的口号。它指出:

> 学习把语言用得正确,对于我们的思想的精确程度和工作效率的提高,都有极重要的意义。很可惜,我们还有许多同志不注意这个问题,在他们所用的语言中有很多含糊和混乱的地方,这是必须纠正的。

文章所批评的"语言混乱"现象主要有三个方面。一是词汇的"滥用"问题,包括"不加选择地滥用文言、土语和外来语","故意'创造'一些仅仅一个小圈子里面的人才能懂得的词","滥用省略"等。二是语法的"文理不通"问题,包括"语法错误""不合理"等。三是篇章结构的问题,包括"空话连篇""缺乏条理"等。不过,其中的"空话连篇"现象,其实并非语言问题,此当别论。

从这句口号的内容来看,"学好祖国的语言"与"祖国语言的纯洁"构成了某种相关关系;而从文章的标题来看,又略有不同,把"学好祖国的语言"改为"正确地使用祖国的语言"。同时,正文中确实也有"学习把语言用得正确"的表述。那么,把这些话语综合起来,大致可以理解为:

只有"正确地使用祖国的语言",才能实现"祖国语言的纯洁"。(充分、必要条件关系)

如果"正确地使用祖国的语言",那么就能实现"祖国语言的纯洁"。(假设关系)

反之,如果不"正确地使用祖国的语言",那么就不能实现"祖国语言的纯洁"。

在这里,"祖国语言的纯洁"预设为一个可能实现的目标。

那么,"祖国语言的纯洁"是否存在过呢?答案似乎也是肯定的。按社论的描述:"我们的语言经历过多少千年的演变和考验,一般地说来,是丰富的、精练的。"

"我国现代语言保存了我国语言所固有的优点,又从国外吸收了必要的新的语汇成分和语法成分。因此我国现代语言是比古代语言更为严密,更富于表现力了。"其中虽然没有使用"纯洁"一词,但仍然可以推导出,我国的语言从古到今都是"纯洁"的,而且是越来越"纯洁"。只是在当时的现实生活中,由于"我们在语言方面存在着许多不能容忍的混乱状况",也就是没有"正确地使用祖国的语言",以至于"祖国语言的纯洁"正在或已经遭到损害,所以要为维护"祖国语言的纯洁"而"斗争"。

为什么我国的语言那么"纯洁"呢?社论说:"我国历史上的文化和思想界的领导人物一贯地重视语言的选择和使用,并且产生过许多善于使用语言的巨匠。"那么由此又可以推导出另一种相关关系:

因为"正确地使用祖国的语言",所以就实现了"祖国语言的纯洁"。(因果关系)

由此看来,语言的"纯洁性"与语言使用上的"正确性"紧密关联、相互依存,语言的"纯洁性"存在于语言使用的"正确性"之中。具体而言,语言用得"正确",就能维护语言的"纯洁";语言用得"不正确",就会损害语言的"纯洁"。

所以,语言的"纯洁性",只能通过语言使用的"正确性"来把握。

然而,将"正确"和"纯洁"联系起来,或者等同起来,并不符合逻辑。

现代语言学认为,人类的语言行为具有"语言"和"言语"两个层面。语言是一个抽象的符号系统,言语是人们对语言的运用。每个人的言语千差万别,可以说一人一个样。而语言,就存在于言语之中。

"语言"是语言社团的人们约定俗成的,因而在它的每一个共时平面上,都是"正确"的。这种"正确性"体现为语言适应语言社团的共同交际需求,发挥它的交际工具职能。换言之,只要一种语言能够做到这一点,它就是"正确"的。那么,语言只要"正确"就可以了,为什么还要"纯洁"?

例如,就词汇而言,汉语的"人",在英语中是"person",两者都是"正确"的;现代汉语的"眼睛",在上古汉语中是"目",两者也都是"正确"的。就语法而言,现代汉语的语序是 SVO,上古汉语除了有 SVO,还可以有 SOV(宾语前置),两者也都是"正确"的。就语音而言,"古无清唇音""古无舌上音""娘日二母归泥"等,上古音与中古以后不同,这些也都是"正确"的。

这就是语言的"正确性",又与"纯洁性"何干?可想而知,基于"正确性"的所谓语言的"纯洁性",实在是一个伪命题。

而"言语"则确实会有"正确"与"不正确"之分。所谓"正确",就是语言的使用与语言社团的共同语感和语言规范相一致,能够使人们顺利地完成每一次交际;所谓"不正确",就是某些时候某些人的语言使用偏离了共同语感和语言规范,并且妨碍了某一次交际。

其实,语言使用上的"不正确"只是位于言语层面,当某人发错一个音、写错一个字、用错一个词、造错一个句时,并不足以撼动多数人语感中的"正确的语言",怎么可能损害到语言的"正确性"? 而所谓损害语言的"纯洁性"则更是无稽之谈了。

事实上,对任何一个语言社团来说,语言使用的"正确"永远是主流,而语言使用"不正确"的现象也是永远无法消除的。言语中出现的"不正确"用法,会有两种前途:要么是不被大多数人接受而自然淘汰;要么是"习非成是"而成为"正确"的。任何一个语言的发展演变,本身就是一个不断突破旧有规范并形成新规范的过程。如果看不到这一点,那么唯一"正确"的当然只有上古汉语,甚至"远古汉语",而现代汉语普通话则是最"不正确"的。

言语使用的"正确"是值得提倡的,学校的语言教育当然也是以"正确性"为前提的。但是,如果硬要把语言使用的"正确性"与语言的"纯洁性"扯在一起,那么语言的"纯洁性"是永远不可能实现的,事实上也不需要去实现。

由此可见,"正确地使用祖国的语言,为语言的纯洁和健康而斗争"这个口号,前半句讲得有道理,后半句则是十分荒唐的。

5.2.2 关于"语言纯洁性"的理性思考

1)"排外性"——汉语"纯洁"论的新内涵

由于语言的"纯洁"与"正确"二者关系是如此牵强,因而把语言的"纯洁性"理解为语言的"排外性"则是符合逻辑的。尽管这种理解应该并非"六六社论"作者的初衷,但由于其"纯洁"一词的误用,客观上误导了人们做出这样的理解。

20世纪80年代以来,由于改革开放政策的巨大成功,我国经济飞速发展,综合国力稳步增强。到20世纪末,我国已经在整体上摆脱了贫穷落后的面貌,开始跨入世界经济强国之列。与此同时,国内思想界、文化界、学术界开始思考如何提升文化"软实力"的问题。然而,人们发现,中国现当代文化似乎并无堪与西方文化相抗衡的"实力"可言。中国现代文化是五四运动以来受到西方文化巨大影响而形成的,而当代文化则是现代文化在中国内地的延续,其突出的标志是马列主义文化从西方文化中独立出来并居于主导地位。"今天的中国当代文化是由中国传统文化、马列主义文化和西方文化三元汇一、浑然一体的交融会同型文化。"(金元浦,2007)[①]

于是,源自对西方文化的敌视和对马列主义文化的信仰危机,人们一改当年改革开放初期虚心吸纳西方先进文化的态度,转而回首过去,重新推崇中国传统文化,试图以中国传统文化的"复兴"来充实当代中国的文化"软实力"。于是,一股

---

① 金元浦.中国文化概论[M].北京:中国人民大学出版社,2007.

"文化复古主义"思潮开始发酵并持续高涨。有人甚至否定五四新文化运动,把它与"文化大革命"相提并论,认为它们先后两次造成了中国传统文化的"断层"。

这样的社会思潮反映到语言生活领域,一些"有识之士"开始大谈维护汉语的"纯洁性"。世纪之交以来,"维护汉语纯洁性"的呼声在一些新闻媒体的推波助澜之下,可谓不绝于耳,一浪高过一浪,言辞一个比一个激烈,口号也一个比一个响亮,似乎中华民族又到了"最危险的时候"。他们批评汉语中新出现的西方语言成分"污染""伤害"了汉语,甚至大声疾呼:"要像保卫黄河一样保卫汉语!"[1]而半个世纪前"六六社论"提出的汉语"纯洁"论,也被这种思潮赋予了新的内涵而"借壳上市"。

例如,复旦大学社会学系教授胡守钧(2002)批评了"英语缩写词成群结队长驱直入汉语系统"的现象,要求"维护汉语的纯洁性"[2]。他指出:"汉语正遭受来自英语的威胁,中国加入世贸组织后,形势更为严峻,维护汉语的纯洁性,成为当代中国人的历史责任。""维护汉语的纯洁性,凡我中华儿女,人人义不容辞。"他还呼吁道:"国土神圣不可侵犯,因为那是中华民族世世代代、生生不息的地方;汉语神圣不可污染,因为那是中华文化时时刻刻,绵绵永续的家园。保护我们的精神家园!"这个"汉语神圣论",直截了当地把汉语奉上了神坛。

然而,诸如此类的呼声,并非基于科学的、理性的思考。

既然要"维护汉语的纯洁性",那么必然有一个预设的前提,即:汉语本身是"纯洁"的。下面我们就来考察一下汉语到底是否"纯洁"以及是否需要"纯洁"。

2) 从语言作为人类交际工具的本质来看语言之"纯洁性"

(1) 语言"纯洁"的可能性

一种语言是否可能不受其他语言"污染"?

人类社会的发展,与不同民族及其文化之间的交流甚至交融是密不可分的。由此,必然带来语言的互相影响和交融。

首先,许多语言本身就是由不同语言融合而成的,最典型的融合型语言就是"克里奥尔语"(Créole,混血儿),又称"混合语"。"克里奥尔语"是由"洋泾浜语"(Pidgin)发展而来,成为某个地区的人们作为母语而传承和习得的语言。例如海地的克里奥尔法语、巴布亚新几内亚的巴布亚皮钦语(Tok Pisin),后者还采用拉丁文字创制了本民族文字。这种语言从一开始就是"不纯洁"的,所以谈不上"纯洁性"。

其次,许多语言大量吸收其他语言的成分,使自身更加完善。例如,众所周知,

---

[1] 新华社.像保卫黄河一样保卫汉语[N].河南日报,2008-03-13.
[2] 胡守钧.维护汉语的纯洁性[N].中国青年报,2002-04-02.

历史上越南语、日语、朝鲜语/韩语就曾大量吸收汉语词汇。近代以来日语又吸收欧洲语言成分，不仅大量借用词汇，而且充实完善了自身的语音系统[①]。这些语言已经从早期的比较"纯洁"变为"不纯洁"。

其实，一些致力于"保卫母语纯洁性"的国家，其语言本来就毫无"纯洁性"可言。

俄语纯洁吗？

据报道，2001年，时任俄罗斯总统普京签署命令，禁止在俄语中滥用英语单词，要求维护俄语的"纯洁性"[②]。其实，普京的总统令所反映的"俄语的纯洁性"思想在俄罗斯历史上并不新鲜。苏维埃俄罗斯政府主席列宁就曾反对过在俄语中夹杂法语的现象。例如，1919—1920年，列宁写了《论纯洁俄罗斯语言》一文[③]，指出：

我们在破坏俄罗斯语言。我们在滥用外来语，用得又不对。……

……现在不是该向滥用外来语的现象宣战了吗？

老实说，如果滥用外来语使我痛恨（因为这使我们难于影响群众），那么在报上写文章的人所犯的一些错误就简直把我气坏了。……仿效下诺夫哥罗德法语用词，就等于仿效俄国地主阶级中那些学过法语而没有学好，又把俄语糟蹋了的最糟糕的人物身上的糟粕。

现在不是该向糟蹋俄罗斯语言的现象宣战了吗？

如此看来，在"维护俄语纯洁性"问题上，普京倒是个"列宁主义者"呢。

然而，据有关资料[④]介绍，在俄语10多个世纪的发展历史中，它先后"遭受"（或曰"接受"）过他族语言的大规模渗透。在俄语形成初期，其绝大部分抽象名词都来自希腊语和拉丁语；17世纪之前，由于商贸和战争的缘故，荷兰语等北欧词汇被引入俄语；彼得大帝全盘欧化的改革，叶卡捷琳娜女皇对祖国德意志的眷念，使得法语和德语词汇一时竟在俄语中占据了半壁江山。据语言史学家称，彼得时期引入俄语的法语词汇就多达1万个。但是，经过19世纪俄罗斯文学的辉煌时期，在普希金、屠格涅夫和托尔斯泰之后，俄语的"文学性"和"纯洁性"已经是毋庸置疑的了。

然而，俄国诗人普希金却说："在11世纪，古希腊语突然向它（俄语）敞开了自己的词汇宝库、词章和谐的宝藏，赐予它自己完善的语法规则、优美的句式和华丽

[①] 现代日语中的[pa]行音位就是由于借用外来语之需而新设立的。
[②] 斯塔罗杜勃采夫，刘文飞. 文字是文化的衣裳——普京总统签署命令，要求维护俄语的"纯洁性"[N]. 环球时报，2001-06-22.
[③] 列宁. 论纯洁俄罗斯语言（休息时的断想，即一些会上的发言引起的联想）[A]. 列宁全集第三十八卷[C]. 北京：人民出版社，1986：266-267.
[④] 斯塔罗杜勃采夫，刘文飞. 文字是文化的衣裳——普京总统签署命令，要求维护俄语的"纯洁性"[N]. 环球时报，2001-06-22.

的语体。总而言之,斯拉夫俄语因为继承了这些遗产,所以未经漫长的岁月就日趋完善了。本来就悦耳动听、富有表现力的俄语从此又增加了灵活和准确的优点。"①

看来,在如何看待"俄语的纯洁性"问题上,俄罗斯的文学家和政治家竟得出了相反的结论。不过,有一点是毋庸置疑的:俄语从它形成伊始,就从来没有"纯洁"过。

法语纯洁吗?

据有关资料介绍,公元5世纪,说日耳曼语的法兰克人入侵高卢,打败了罗马军队,在中欧和西欧的广大地区建立了法兰克王国。9世纪,法兰克王国分裂,其西部地区成为法兰西王国。15世纪,法兰西成为一个中央集权国家。早期法语以拉丁语为基础,同时吸收了许多凯尔特语和日耳曼语的成分,逐渐演变为现代法语②。

如此看来,法国人所津津乐道并始终不渝地维护着的"纯洁"法语,从来就没有出现过。

那么,世界上是否存在未受其他语言"污染"过的"纯洁"的语言呢?答案似乎也是肯定的。

据报道,美国哥伦比亚大学的科学家彼得·戈登等在2004年的一期《科学》杂志上介绍说,他们刚刚对巴西一个名为"皮拉赫"的部落进行了调查,这一部落位于亚马孙河流域,迄今几乎依然与世隔绝,没有受到太多现代文明的影响③。在该部落居民的母语中,计数的单词只有"1""2"以及"许多"这样很少几个词汇,而这些居民通常也很难确切辨认出多个物体的具体数量。

看来,这个皮拉赫部落的语言确实是够"纯洁"的。而其"纯洁性"的保持,却是因为"迄今几乎依然与世隔绝,没有受到太多现代文明的影响"。

(2) 汉语的"纯洁"与"不纯洁"

汉语是否具有"纯洁性"?我们在第一章中曾简单回顾了汉语的形成过程,可以发现,汉语从一开始就是一种"混血"语言,根本谈不上"纯洁"。在词汇方面,上古汉语中存在并一直沿用至今的大量连绵词(如"参差""彷徨""蝴蝶"等),在结构上与古汉语"单音词占优势"的特点格格不入;在语法方面,SVO 和 SOV 语序并存,NA 顺行结构和 AN 逆行结构并存(如"中国,犹国中也")。这些现象都为我们认识汉语的"混杂性"提供了基础。

我们也可以在从汉语演变的历史以及现状来看汉语的"纯洁性"。

周、秦、汉三代是汉语发展较为稳定的时期,也是最为"经典"的上古汉语的形

---

① 周惠斌. 世界上哪种语言最美[N]. 中国中学生报,2005-03-18.
② 陈平. 语言民族主义:欧洲与中国[J]. 外语教学与研究,2008,(1).
③ 新华社. 母语特点影响人类思维[N]. 新闻午报,2004-08-23.

成时期。古代汉语书面语（即文言文）就是在这个时期产生的。在这个大约 1 200 年的历史时期中，汉族社会内部相对封闭，较少受到其他语言的影响。尽管春秋战国时代出现了"言语异声"的现象，但也只是汉语内部在方言层面上的分化。

然而，自东汉末年开始，汉语进入了与其他语言不断碰撞交融的发展进程。

首先是"南匈奴内附"，即匈奴分裂为南北二部，南匈奴人南下归顺汉朝，被汉朝安置在河套地区，统治地区包括今甘肃、宁夏、山西、陕西、河北、内蒙古的部分地区或全境。此后又不断有北匈奴人南下归附。到东汉末年，其他北方民族也纷纷涌入中原地区。西晋时，"关中之人百余万口，率其少多，戎狄居半"（江统《徙戎论》）。这样，匈奴语等"五胡"语言与汉语的密切接触不可避免。随着"五胡"的大规模融入汉族，汉语在使用人口日益壮大的同时，也重新开始了混合的历程。

另一方面，东汉末年佛教开始传入，通过梵文佛经的翻译，汉语吸收了大量的佛教词语，除了意译词以外，还有不少音译词，如"菩萨""佛陀""释迦牟尼""比丘""般若""阿罗汉""须菩提""涅槃""波罗蜜""劫"等等。这是汉语史上第一次大规模地吸收外来词。

东晋以来，北方游牧民族周期性地南下入主中原，包括"五胡乱华"、北朝、辽、金、元、清等，造成中原汉民族不断南下，并每次都分化为"北留汉族"和"南迁汉族"。

而且，入主中原的北方游牧民族纷纷换用汉语并融入汉族，而南方的土著民族也有一部分换用汉语并融入汉族。具体说来，汉语在北方主要受到匈奴语、鲜卑语、契丹语、女真语、蒙古语、满语等阿尔泰语言的巨大影响，在南方则主要受到古代百越语言（南岛语系）的影响。这一方面使汉语不断地扩大其使用人口和使用地域，成为世界上使用人口最多的语言，同时也使汉语不断地"南染吴越，北杂夷虏"。换句话说，这些民族在换用汉语的过程中，也在不断地"异化"着汉语。尤其是作为现代汉民族共同语基础方言的北方话，恰恰是受到外来影响最严重的汉语方言。而作为普通话标准音的北京语音，恰恰又是出自满族贵族口中的"最不正宗"的汉语土音。

总之，在这个长达 1 800 年的演化过程中，汉语不断地丰富自己、完善自己，也不断地"污染"自己，毫无"纯洁性"可言。

近代以来，汉语在与外语的接触中，又大量吸收了日语和西方语言成分，不仅大量借用日语词汇和英语词汇，而且产生了大量欧化句式。这也是汉语史上第二次大规模地吸收外来词。而现代汉语就是在这样的背景下形成的。这些外来成分都已经成为现代汉语的有机组成部分。如果没有这些外来成分，就谈不上"现代汉语"。

正如"六六社论"所指出的："我国现代语言保存了我国语言所固有的优点，又从国外吸收了必要的新的语汇成分和语法成分。因此我国现代语言是比古代语言更为严密,更富于表现力了。"

据统计,现代汉语借用日语的词语多达1 000多个。我们日常生活中耳熟能详的一些常用词语,诸如:干部、共产、景气、引渡、取缔、瓦斯、元素、资本、直接、体操、主观等等,无一不是来自日语。这些日语词,由于采用了汉字形式,所以在借入时,很快就融入了汉族人民的语言生活,以致大多数人并不感觉到这些都是外来词。

改革开放以来,我们又陆续引进了一些新的日语词,如:达人、职场、量贩、正解、(总)决选……不过,倒也未见"汉语纯洁论"者提出质疑,大概同样是由于它们"伪装"得比较巧妙吧。

其实,在20世纪初汉语借用日语词汇时,也并非一帆风顺。

晚清时期,清政府内的洋务派政治家倡导推行"洋务运动",其代表人物之一张之洞提出了"中学为体,西学为用"的主张。一时间,西方的新思想、新学术(称为"新学")通过日语文献被大量翻译引进中国,同时也有大量的日语新词被借用到汉语中来。

对于要不要直接借用日语汉字词,当时曾引发了激烈的争论。连素以"开明"著称的张之洞,也以反感并力禁日本新词而闻名。据有关资料显示,有一次,张之洞的幕僚路某为他草拟一份办学大纲。不料,拟就之后,张之洞见文中有"健康"一词,便勃然大怒,提笔批道:"健康乃日本名词,用之殊觉可恨。"于是掷还路某。偏偏路某略通新学,且性格倔强,当即发现张之洞的"把柄",便针锋相对地回道:"名词亦日本名词,用之尤觉可恨。"结果二人不欢而散①。张之洞是因痛恨日本人侵华而迁怒于"日本名词",殊不知当时中文里的日语词早已深入人心,连他本人也未能"幸免",他自己不知不觉中使用的"名词"一词本身也是日语词,于是陷入了进退两难的"张氏困境"。

稍后的五四时期则是吸收欧化句式的第一个高潮。欧化句式主要是通过外文文献的汉译引进汉语的,采用这类句式的翻译风格就称为"翻译文体"。被吸收进汉语的欧化句式主要在书面语中使用,为形成现代汉语书面语做出了不可磨灭的贡献。据徐成淼(1998)总结,"欧化"至少在三个方面"丰富并改造了现代汉语":①丰富了现代汉语的词汇;②增强了现代汉语的语法功能;③丰富了现代汉语的情感色彩②。

不过,对于"欧化",却始终有人耿耿于怀。徐成淼(1998)指出:"长期以来,评论界对翻译文体大抵持否定态度。远在30年代,激进的文化人就提出一种'大众说得出,听得懂,写得来,看得下'的'大众语'以与受翻译文体影响的新白话文相对

---

① 雷颐.张氏困境与央视尴尬[N].经济观察报,2010-04-19.
② 徐成淼.简论翻译文体对现代汉语的良性影响[J].贵州民族学院学报(社会科学版),1998,(4).

立。打那时起,'欧化'一词频频被用作贬义;在强调'阶级斗争'的时日里,更被当作判断阶级立场与世界观的一杆标尺。时至 90 年代,对翻译文体与'欧化'的指责仍时有所见。"其中所说的 90 年代的"指责",即指我们在第四章中所提到的流沙河的那两篇文章《滥俗的欧化》和《假小心的语法》。

不过,具体分析起来,反对"欧化"的理由也是"与时俱进"的。20 世纪 30 年代的反对者,是基于语言的"大众化"立场,因为"欧化"脱离了人民大众,涉及的是语言交际问题。这与列宁关于"滥用外来语使我痛恨(因为这使我们难于影响群众)"的观点是一致的。"阶级斗争"年代的反对者,是基于语言的"阶级立场",因为"欧化"来自西方,所以与资产阶级思想有关。而 90 年代以来的反对者,以流沙河等人为代表,则是基于"汉语纯洁性"的立场,并直指欧化句式"坏我汉语,言之痛心"了①。

5.2.3 关于语言"纯洁"的必要性

一种语言是否需要不受其他语言"污染"?

从世界语言的发展历史来看,任何一种富有表现力的语言,都会以积极的心态去吸收外来的有用成分,也就是充满自信地接受"污染",以完善自身。

例如俄语。上文提到,普希金认为俄语是世界上最"完善"的语言,其理由是:"斯拉夫俄语因为继承了这些(古希腊语)遗产,所以未经漫长的岁月就日趋完善了。本来就悦耳动听、富有表现力的俄语从此又增加了灵活和准确的优点。"②

又如英语。英语"词汇的数量,在世界上稳执牛耳"③。与之相应的就是英语词汇的极度"不纯洁"。有资料显示,英语吸收了大量的拉丁语和法语词汇。英语中来自古英语和中古英语以及古挪威语和荷兰语等日耳曼语族的词汇只占 25%,而拉丁语词汇占 28.24%,法语词汇占 28.3%④。因此,如果英国人也想开展一场"纯语主义"运动,那么他们必须做好变成"哑巴"的思想准备。

同时,任何一种具有影响力的通用语言,往往也是相对地"不纯洁"的,这是其成为强势语言所必须付出的"代价"。

英语是目前世界上最通用的语言。它不仅在美国、加拿大、澳大利亚、新西兰、南非等英语国家出现了变体,而且在其他非"英美文化圈"国家出现了大量具有各民族特色的变体。例如印度英语、东南亚英语、加勒比英语、非洲英语等变体。其中的新加坡英语、黑人英语等具有非常鲜明的特色。

---

① 流沙河. 滥俗的欧化[N]. 新民晚报,1998 - 03 - 16.
② 周惠斌. 世界上哪种语言最美[N]. 中国中学生报,2005 - 03 - 18.
③ 周惠斌. 世界上哪种语言最美[N]. 中国中学生报,2005 - 03 - 18.
④ 英语//百度百科.

而汉语在中国国内也是如此。在国内各民族的语言中,汉语历来都是最强势的语言。上文提到,在历史上,北方游牧民族倚仗其军事强势,频频入主中原。这些异族王朝建立之初,都曾试图维护其本民族的语言,但往往抵挡不住汉语的强势,最终无奈汉化。而汉化的结果,则是使汉语一次又一次地"北杂夷虏"。

在当代,汉语也是少数民族地区最重要的族际通用语。因其通用性,就产生了各种各样混合型的"土汉语"。据叶蜚声、徐通锵(1997)介绍:

> 我国从宁夏经陇东、青海、川西到云南、贵州,是汉语和各少数民族语言相互接触的一个集中地区,人们称之为"语言走廊"。在这条走廊中有不少土汉语式的混合语。川西北的阿坝藏族自治州是汉、藏、嘉戎、羌、回等民族的杂居地区,各族人民为了相互往来而采用汉语作为共同的交际工具。各族人民由于自己母语的干扰,他们所掌握的汉语与汉语的实际状况有很大的区别,形成一种"似汉非汉"的土汉语;而汉族的干部、工人、教师等为了让兄弟民族居民听懂自己的话,也跟着学习这种土汉语,自编自创,推波助澜,促进了这种土汉语的发展①。

这种"土汉语"的产生,就是汉语受到其他语言"污染"的直接"后果"。

随着全球"汉语热"的持续高涨,"汉语国际推广"战略成为21世纪我国的国策,海外孔子学院遍地开花,汉语和汉文化正在高调推向全世界。这也是"汉语纯洁"论者所津津乐道的,因为这大大激发了他们的"民族自豪感"。然而,这些人在自豪之余,似乎很少严肃冷静地思考一个问题:这一战略会给汉语带来什么影响?汉语的"国际化"会有什么样的"成果"和"后果"?

其实,英语的"前车之鉴"已经摆在我们面前。我们目前可以想到的"成果"是:汉语成为国际通用语之一。而可能出现的"后果"就是:重蹈英语"不纯洁"的"覆辙",出现了"美国汉语""法国汉语""西班牙汉语"等等变体。

那么,是否存在这种可能性:若干年以后,当我们竭尽全力实现了"汉语国际推广"的战略目标,为汉语终于成为国际通用语言之一而弹冠相庆时,蓦然回首:汉语已经"被糟蹋得不成样子"了!那么,我们能不能指望:既要维护汉语的"纯洁性",又要维持全球的"汉语热"——鱼与熊掌,可得兼乎?

5.2.4 关于外来成分的"滥用"问题

1) 反对"滥用":貌似公允的观点

诚然,鉴于绝大多数语言并不"纯洁"的历史和现实,真正拥护"纯语主义"而要求本民族语言全部剔除外来成分的人毕竟是极少数。大多数人承认或默认语言吸

---

① 叶蜚声,徐通锵.语言学纲要[M].北京:北京大学出版社,1997.

收外来成分是必要的,同时自己也免不了使用,但又强调不能"滥用",因为"滥用"就会"污染"语言,从而损害语言的"纯洁性"。这可以看作是"相对纯洁"论。这就有点"五十步笑百步"的意思了,即"五十步"不算"污染","一百步"就是"污染"了。

在俄罗斯,托尔斯泰就曾说过:"一定比例的外来词会在语言中扎下根来。没有必要去竭力回避它们,也没有必要去滥用它们。"[①]

上文提到,列宁也是十分"痛恨""滥用外来语"的现象,"因为这使我们难于影响群众"[②]。

同样,普京也只是禁止在俄语中"滥用"英语单词。

在中国,毛泽东也曾指出:"我们不是硬搬或滥用外国语言。"(《反对党八股》)"六六社论"也批评了"不加选择地滥用……外来语"的现象。

在"六六社论"发表50周年之际的2001年6月6日,《人民日报》发表评论员文章《为祖国语言的纯洁和健康继续奋斗》,批评了"一些企业在营销活动中乱造音译词,影视作品中滥用……外来语"的现象。

上文提到的胡守钧的文章则严词批评"卡拉OK"等"中英文相拼接的词"(即字母加汉字的外来词)为"乱造滥用汉语"[③]。

从字面上来看,反对"滥用"外来成分,这无疑是正确的。事实上,任何东西都不能"滥用",哪怕是好东西也不例外。

不过,我们仍然需要对"滥用"一词加以分析,搞清楚"滥用"的含义,以及怎样做到"不滥用"。

根据词典的解释,滥用是指"胡乱地或过度地使用",如"行文滥用方言""滥用职权"等(《现代汉语词典(第6版)》)。

那么,就每一个外来词而言,究竟怎样算"滥用"？或者说,"不滥用"的标准是什么？如何界定使用中的"胡乱"和"过度"？例如,如何控制语言系统和言语作品中外来成分的比例或"额度"？是否可以把英语中外来词的比例——"75%"作为参照标准？大概没人会同意吧？因为汉语的外来词远远没有达到这个程度,就已经引起一些人的焦虑不安了。同样,在言语作品中,例如一篇文章、一段话语,如何限定它们的外来成分的"配额"？显然,这是很难界定,更难以操作的。

当然,最具有操作性的,就是以词典、语言教科书、权威媒体(如《人民日报》)等为标准。不过,毋庸讳言,词典和语言教科书本来就是严重滞后于实际语言生活

[①] 斯塔罗杜勃采夫,刘文飞. 文字是文化的衣裳——普京总统签署命令,要求维护俄语的"纯洁性"[N]. 环球时报,2001-06-22.
[②] 列宁. 论纯洁俄罗斯语言(休息时的断想,即一些会上的发言引起的联想)[A]. 列宁全集第三十八卷[C]. 北京:人民出版社,1986.
[③] 胡守钧. 维护汉语的纯洁性[N]. 中国青年报,2002-04-02.

的。而让个别权威媒体承担语言发展新导向的重任,逼着数以十亿计的汉语使用者"唯马首是瞻",这样的媒体恐怕也过于"压力山大"了。

2) 音译词问题

既然无法确立判定"滥用"的标准,那么我们只能从反对"滥用"外来词的人们所批评的具体事例来看什么叫"滥用"了。归结起来,比较典型的"滥用",主要是指音译词之"乱造滥用"。

汉语中存在大量的音译词,是汉语词汇的重要组成部分。对这些已经得到社会认可的音译词,人们自可放心大胆地使用,应该不会有"滥用"之嫌。即使是指责"滥用"音译词的人,自己也免不了使用现有的音译词,最起码不会反对"马克思列宁主义"之类的音译词。就像上文提到的张之洞,尽管反对使用"日本名词",却又不知不觉地使用日本"名词"。

问题在于,一旦在语言生活中出现了一个新的音译词,就会有"乱造滥用"之嫌了。之所以称为"乱造",是因为尚未得到社会大众的认可,也就是尚未进入语言社团的共同语感,词典、教科书也尚未收入。

然而事实上,任何一个新的音译词,与任何一个新词一样,都必须首先由某个人或某些人创造出来并开始试用,才能判断合适不合适。经过一段时间的检验,有的逐渐得到认可,作为"必要的新的语汇成分和语法成分"(《六六社论》)而吸收进语言;有的则不被认可,遭到自然淘汰而销声匿迹。例如,"咖啡""沙发""休克""扑克"等得以延续下来;而曾经风光一时的"德莫克拉西"("民主")、"赛因斯"("科学")、"德律风"("电话")、"梵哑铃"("小提琴")等就"惨遭"淘汰。

这就是说,任何一个新的音译词,从开始出现,到得到认可或遭到淘汰,必然会经历一个长短不等的试用过程。而这个过程,说到底就是一个"乱造滥用"的过程。反过来说,如果不允许"乱造滥用",那就只能不用新的音译词,而新的音译词就根本没有机会出现。于是就形成一个悖论:一方面我们确实需要"从国外"吸收"必要的新的语汇成分和语法成分",另一方面又不允许类似的新成分出现。

这里又出现了一个"必要性"问题。什么样的音译词是"必要"的?简单说来,凡得到社会认可的就是"必要"的,未得到认可的当然是"不必要"的。然而,这种"必要性"往往又是事后才能总结出来的,可以说是遵循着"成王败寇"的规律。一个新词在尚未被大多数的人们习用之前,或者尚未被词典收入、被教科书承认、被权威媒体采用之前,其"必要性"仍处于评估之中,尚未有定论,其结果也是难以预见的。在这个阶段,一部分人凭什么将它们"一棍子打死",一律斥之以"乱造滥用"?

有人指责"乱造滥用"音译词,其理由也是着眼于其"必要性"。他们认为,如果某一个概念是外来的,那么不妨采用音译词;如果汉语中已经有了相应的词,就没必要采用音译词了。其实,我们不妨从同义词的丰富性方面来审视其"必要性"。

同义词"在词汇中大量存在,对语言表达起着非常积极的作用","恰当地使用,可以准确地反映事物之间的细微差别,表达人们对客观事物的种种感情、态度,适应各种语体风格的需要"①。而不少同义词就是音译词和固有词并存而产生的。可以说,音译词对于丰富汉语的同义词功不可没。例如,汉语中有一对表示"河流"的同义词——"江"和"河",北方多称"河",南方多称"江",这个"江"其实就是从南方百越语言进入汉语的音译词。又如,"'般若'这个词,如果不用音译而意译为'智慧',就减弱了宗教的神秘性和哲学的深奥玄远的意味"②。

改革开放以来是汉语史上大规模地吸收外来词的第三次高潮。这一时期,大量新的音译词进入普通话。在食品生产领域,出现了"派"(pie)、"克力架"(cracker)、"曲奇"(cookie)等音译词,自然都是"一些企业在营销活动中乱造"的。在电视节目中,则开始流行"秀"(show)。有些专家也曾在"第一时间"加以批评,理由是汉语中并不缺乏"馅饼""饼干""表演"等词语。王希杰(1995)指出:"具体的情景是复杂而多样的,一个实物只有一个语言符号恐怕是很难满足人们的多种多样的交际需要的吧? 我们不能够因为我们的语言中已经有了'表演''饼干',就不准其他的说法出现。该出现的,它还得出现。"③王希杰(1999)更进一步指出:"有了'饼干',又来了'克力架''曲奇';有了'牛奶曲克力',又来了个'妙卡曲克力'……混乱! 不纯洁! 但是,它们满足了人们的好奇求异的心理需求。只要它们有存在的条件,你就反不了它的。甚至'卡拉OK'打破了汉语词汇系统的一致性,学者也只能生闷气,你是拿它没办法的!"④

如今,30年过去了,这些音译词早已"见怪不怪",其"必要性"已少有人质疑。而"语言纯洁"论者仍然在"孜孜不倦"地"生闷气",他们的目光又瞄准了新出现的音译词,其审视的标准还是一如既往的"必要性"。

于是,这里又出现一个悖论:在"语言纯洁"论者自豪于汉语词汇的丰富时,恰恰忘了吸收外来词也是丰富汉语词汇的一条重要途径。

"六六社论"引用毛泽东的话说:"要向人民群众学习语言。人民的语汇是很丰富的,生动活泼的,表现实际生活的。"我们认为,这是极其正确的。

---

① 黄伯荣,廖序东. 现代汉语(增订四版)[M]. 北京:高等教育出版社,2007.
② 王先霈. 语言是否应该"纯洁",语言是否可能"纯洁"?[J]. 湖北大学学报(哲学社会科学版),2003,(5).
③ 王希杰. 略论语言的纯洁性和语言的规范性[J]. 池州师专学报,1995,(4).
④ 王希杰. 谈所谓语言的纯洁性[J]. 赤峰教育学院学报,1999,(1).

那么,什么是"人民的语汇"?实际上,"一些企业"和"影视作品"所反映的恰恰是"人民的语汇"。道理很简单,在市场经济条件下,"一些企业"在营销活动中,"影视作品"在扩大票房或收视率中,其语言必须贴近人民群众,否则其产品就卖不出去,其作品就没人愿意看。这个道理其实跟当年列宁反对"滥用外来语"的理由(即"难以影响群众")是一致的。只不过是时过境迁,当年的俄国群众不接受外来语,而今天处于改革开放环境中的中国人民,早已改变了半个世纪以来闭关锁国的排外心态,而乐于接受外来语了。

因此,从这个角度来看,随意斥责"乱造滥用"音译词,反映的正是一种高高在上、脱离群众的思维,甚至是一种无视人民的"语言人权"的专制心态:凡是我不用的,别人一概不得使用。正如当年张之洞的言行所反映的:自己可以用日本的"名词",却不许别人用日本的"健康"。

5.2.5 "汉语纯洁"论的根源

1) 两种"语言纯洁"论

关于"汉语纯洁"论的思想根源,王希杰(2002)曾经作过探讨。他认为:"《人民日报》社论作者的'纯洁'观念是有其来源的。"①而这个来源就是列宁的《论纯洁俄罗斯语言》一文。"虽然《人民日报》的社论中没有直接引用列宁的话,引用的是斯大林的话,但是我们认为社论的语言'纯洁'性的口号其实就是对列宁这一文章观念的阐述和发挥。"②

不过,我们认为,王希杰可能是误读了"六六社论"的"纯洁"论,其实它与列宁的"纯洁"论并无太大的关系,两者的立论基础并不相同。如果说两种"纯洁"论确有联系,那也只能说是"六六社论"的"纯洁"论借用了列宁的"纯洁"一词,却没有继承他的"纯洁"论的内核。

正如我们上文所分析的,"六六社论"的"纯洁"论是要求"坚决地学好"并"正确地使用祖国的语言",着重于语言使用的"正确性"。对于吸收外来成分问题,该文的态度还是很积极的。它明确肯定"我国现代语言……从国外吸收了必要的、新的语汇成分和语法成分。因此我国现代语言是比古代语言更为严密,更富于表现力了"。它还引用毛泽东的话说:"要从外国语言中吸收我们所需要的成分。我们不是硬搬或滥用外国语言,是要吸收外国语言中的好东西,于我们适用的东西。"尽管这段话也加了限定条件,即"不是硬搬或滥用外国语言",但其立论基础仍然是"要从外国语言中吸收我们所需要的成分",并作为学好语言的3个途径之一。所以,

---

① 王希杰.语言的纯洁性和言语的纯洁性[J].锦州师范学院学报,2002,(5).
② 王希杰.语言的纯洁性和言语的纯洁性[J].锦州师范学院学报,2002,(5).

该文的"纯洁"论是以"正确性"为其特征的,与列宁具有"排外性"的"纯洁"论具有本质的不同,未必"就是对列宁这一文章观念的阐述和发挥"。

同时,"六六社论"确实引用了苏联航空工程师、科学院通讯院士雅科夫列夫转述斯大林的话:

> 斯大林不能容忍文理不通的现象。当他接到字句不通的文件时,他就气愤起来。
>
> ——真是文理不通的人!但若责备他一下,他马上就会说他是工农出身,藉以解释自己文盲的原因。这种解释是不正确的。这是不爱文化和粗心大意的原故。特别在国防事业中,更不允许拿工农出身来解释自己教育程度的不足,来解释自己没有技术准备、粗鲁或不通事理。

很显然,斯大林"不能容忍"的只是"文理不通的现象",并未涉及使用外来语的问题,何况他所批评的那些"工农出身"的"文盲"也根本没有能力"滥用外来语"。因而,"六六社论"引用斯大林的话而没有引用列宁的话,与其"语言正确性"的主旨是一致的。

然而,由于"六六社论"在文末和标题中不适当地使用了很突兀的"纯洁"一词,结果误导了一些人,使之演变为更"符合逻辑"的以排外性为特征的当代"汉语纯洁论"。

2) 欧洲的"语言纯洁性"情结

据介绍,"语言纯洁主义""最早出现在16世纪的法国,当时是为了抵制大量拉丁语涌入法语。后来在俄国、德国、捷克等国也出现了语言纯洁主义运动,矛头却是指向法语";在德国,"这一运动后来就变成了法西斯的工具而完全走向了反面"[①]。

按王希杰(2002)的看法,这种"语言纯洁性情结",似乎连"主张解放全人类"的"伟大的国际主义者"列宁也未能幸免:

> 人是矛盾的统一体。一个革命家,也不可能处处时时都是最革命的。最革命的革命家,在某些地方和时候,也有其保守的一面。作为空前的伟大的社会革命家的列宁,在语言文字问题上,其实是保守的。
>
> 列宁是一位伟大的国际主义者,他主张解放全人类。对非俄语成分对俄语的渗透,他很反感。俄语成分对非俄语的其他语言的渗透,不知道他是否会同样反感?俄语渗透到其他语言的时候,可能造成一定程度的混乱,不知道列宁是否会同样反感?似乎在语言问题上,列宁的民族情绪超越了他的解放全

---

① 吴佑曾,邓华刚.德语"语言纯洁主义"分析[J].郑州大学学报(哲学社会科学版),1993,(4).

世界的伟大抱负①。

不过,当我们仔细研读列宁文章中的言论,可以发现他的"语言纯洁"论自有它的道理在。列宁的表述,归结起来有这样几点:

① 我们在滥用外来语,用得又不对。

② 老实说,如果滥用外来语使我痛恨(因为这使我们难于影响群众),那么在报上写文章的人所犯的一些错误就简直把我气坏了。

③ 仿效下诺夫哥罗德法语用词,就等于仿效俄国地主阶级中那些学过法语而没有学好,又把俄语糟蹋了的最糟糕的人物身上的糟粕。

假如我们把这几句话联系起来看,那么列宁之所以"痛恨""滥用外来语"的现象,是"因为这使我们难于影响群众";而更让他"气坏了"的是"用得又不对",即"学过法语而没有学好",用的法语不那么正宗。

我们据此揣摩列宁的本意,就可以发现,他的"语言纯洁"论含有两层意思。首先,他所要求的仅仅是在需要"影响群众"的时候不该"滥用外来语",因为群众的文化水平低,听不懂、看不懂。其次,在其他场合,要是有人真的用一点法语,似乎倒也不是什么值得大惊小怪的事情;关键是一定要"用得对",用得正宗,不能"仿效下诺夫哥罗德法语用词",否则就真要"把俄语糟蹋了"。

看来,尽管列宁要求"纯洁俄罗斯语言",号召"向糟蹋俄罗斯语言的现象宣战",确实反映了欧洲"语言纯洁主义"思潮对他的一定影响,不过他的"纯洁"论还是有限度和范围的。因此,批评"列宁的民族情绪超越了他的解放全世界的伟大抱负",就有些言重了。

然而,列宁把"滥用外来语"导致"难于影响群众"的后果与"破坏俄罗斯语言"挂起钩来,确实也容易误导人们以为"滥用外来语"会导致"破坏俄罗斯语言",却又无视"难于影响群众"这一条件。

3) 中国的"汉语纯洁"论

当代中国的"汉语纯洁论",倒确实出于一种"民族情绪"。而这种反映在语言上的民族情绪,古人是不曾有过的。

(1) 汉民族及其语言文化的包容性

其实,汉民族和汉文化的特点就在于它巨大的包容性。汉民族和汉文化本身就是在不同民族和文化的激烈碰撞中形成并发展壮大起来的。回首历史,如果没有这种包容性,就没有汉民族,也没有汉文化。当我们穿着"旗"袍、拉着"胡"琴、拜着"菩萨"的时候,谁能说我们已经不是汉民族,这些元素都不是汉文化?

---

① 王希杰.语言的纯洁性和言语的纯洁性[J].锦州师范学院学报,2002,(5).

同样,作为文化现象的汉语,也是这种包容性的产物。

就汉语而言,在其形成以来大约 3 000 年的发展历程中,我们的先人总是坦然而自信地吸纳其他语言的成分而为我所用,从来没有担忧过外来语会损害汉语的"纯洁性"。历史上从来未见哪个"有识之士"忧心忡忡于"滥用外来语",也从来未见哪个朝代颁布诏书,要求禁止"滥用外来语"。事实上,我们常常连皇帝也是"外来"的,怎么可能禁止外来语?

唯一的例外就是我们在第四章中提到的清代太平天国的"胡言胡语"论,即"中国有中国之语言,今满洲造为京腔更中国音,是欲以胡言胡语惑中国也"(《奉天讨胡檄布四方谕》)。

这个观点在今天看来,自然是荒唐可笑的。如果一定要说"汉语纯洁"论"古已有之",是"传统文化的一部分",这倒也可算是一个例证吧。当然,当代"汉语纯洁"论者未必会承认这一点。因为满洲人早已加入中华民族,大部分也已经汉化,已经是"自家人"了,就"一家人不说两家话"了,所以满语对汉语的"污染",也就不再是"污染",而是被看作一个"见面礼"而欣然"笑纳"了。至于汉语是否还"纯洁",管他呢。而且,"京腔"也已成为现代汉语普通话的标准音,它在发音上"字正腔圆"的特点,反而成为汉语比外国语言更"优美"、更"悦耳动听"的理由之一。由此看来,所谓的"纯洁"论,矛头是指向西方的,是当代狭隘的民族情绪的流露,却又拿语言来说事儿。

汉语发展到现代,除了对古代汉语的继承,"又从国外吸收了必要的、新的语汇成分和语法成分"(《六六社论》)。"一百多年来,汉语在语汇、语法各方面都已经高度西化。悖论的是,恰恰是在逐步现代化、西化的过程中,汉语才发展成了现代汉民族的共同语言。如果说汉语有民族性的话,那么这种民族性恰恰在于它对于狭隘民族性的超越。如果说汉语有'纯洁性'的话,那么这种'纯洁性'恰恰在于它的杂交性。"(吴泽泉,2006)[①]

即使是辛亥革命初期,革命党提出具有强烈民族主义情绪的"驱除鞑虏,恢复中华"口号时,也从未以语言作为"中华"与"鞑虏"相区别的标志。原因很简单,清朝统治者早已换用汉语,革命党人自己也是用着"胡言胡语"来讨论如何推翻清朝的统治。

(2) 当代中国的"汉语纯洁"论

然而,时至上世纪与本世纪之交,在这个科学空前昌明的时代,汉语居然史无前例地被奉上了神坛,并与国家和民族联系起来。于是,"保卫汉语"论、"汉语纯洁"论此起彼伏,来势汹汹。"在相当一部分人看来,汉语是中华民族所特有的、使

---

① 吴泽泉. 身份焦虑与现实困境——论当代中国的语言民族主义[J]. 甘肃社会科学,2006,(5).

中华民族区别于世界其他民族的独特身份标记,中华民族的共同体也就是汉语的共同体;要维护中华民族的完整,必须首先维护汉语的完整,保证其纯洁性不受外来语言的'污染'、混合与杂交。"(吴泽泉,2006)①

吴泽泉(2006)"把这种通过语言想象民族的方式称作语言民族主义",而表现在汉语身上的,则是"汉语民族主义"②。他指出:"语言民族主义并非中国所特有的文化现象,当今世界有许多国家都在试图通过语言来界定自己的民族身份,强调民族语言作为本民族身份标记的神圣不可侵犯性,有的国家甚至动用行政力量来保护本民族语言不受外来语的'污染'。要解释汉语民族主义的发生,必须同时解释全球范围内语言民族主义的蔓延。"③他认为:"遍布全球的对语言的民族身份标记功能的强调以及对本民族语言的纯洁性的维护,与其说反映了语言自身规范化的要求,不如说体现了后冷战与全球化时代各民族国家对自己民族身份的焦虑意识";"除了全球化所导致的普遍性身份焦虑之外,后殖民语境中部分国人对自己民族本真身份的焦虑也是促使汉语民族主义发生的重要原因。"④

那么,人们为什么要通过汉语来想象自己的民族身份呢?这是因为,"世代相传的汉语,既是中华民族固有传统文化的载体,其本身也是传统文化的一部分,不正是中华民族本真身份的最好体现吗?"⑤

语言"纯洁"论本来兴起于欧洲,在20世纪初中国大量引进西方文化之时,它在中国并没有什么市场,甚至可以说是水土不服。一直以来,这种思潮在欧洲早已作为一种落后的观念而遭到抛弃,只有屈指可数的几个国家,如法国等,倒是一直在始终不渝地维护本国语言的"纯洁性",然而这种违背语言发展规律的做法,实际上收效甚微。

21世纪以来,语言民族主义思潮又在一些欧洲国家沉渣泛起。除了上文提到的俄罗斯以外,在波兰和德国也出现了同样的情况⑥。

2000年,波兰制定一项法律,规定商品及其他服务业的广告内容中都不得夹杂使用外来语,鉴别一个词汇是否波兰语应以波兰词典为准;波兰语言委员会负责裁定波兰语使用中的违法行为,对违法者最多可处以高达10万兹罗提(约合2.5万美元)的罚款。

2001年,德国许多政界人士发表谈话,对近年来德语中越来越多地充斥外来词

---

① 吴泽泉. 身份焦虑与现实困境——论当代中国的语言民族主义[J]. 甘肃社会科学,2006,(5).
② 吴泽泉. 身份焦虑与现实困境——论当代中国的语言民族主义[J]. 甘肃社会科学,2006,(5).
③ 吴泽泉. 身份焦虑与现实困境——论当代中国的语言民族主义[J]. 甘肃社会科学,2006,(5).
④ 吴泽泉. 身份焦虑与现实困境——论当代中国的语言民族主义[J]. 甘肃社会科学,2006,(5).
⑤ 吴泽泉. 身份焦虑与现实困境——论当代中国的语言民族主义[J]. 甘肃社会科学,2006,(5).
⑥ 任荣. 论英语帝国主义背景下的汉语纯洁性[J]. 山西农业大学学报(社会科学版),2005,(2).

语表示反对。时任联邦总统约翰内斯·劳说：在广告和新闻媒体中毫无节制地使用外来语是"愚蠢可笑和无知的"。时任德国联邦议会议长蒂尔泽号召全社会与"破坏德语的现象作斗争"。

而当代中国的"汉语纯洁"论，则与之一拍即合，东西呼应。"汉语纯洁"论者也津津乐道于上述事例，希望效法他们，他们怎么做，我们也应该怎么做。例如胡守钧就在其文章中建议"借鉴"普京签署命令要求维护俄语纯洁性的做法，"依靠公共权力""保护汉语的纯洁性"[1]。

由此可见，语言民族主义本来就是西方文化的一部分，它与中国文化和汉语的包容性是格格不入的。而"汉语纯洁"论者名为抵制西方的"文化侵略"，实际上恰恰是吸收了西方文化中的糟粕；名为增强中国的文化"软实力"，却恰恰丢掉了中华文化的精髓——包容性。

总之，汉语自古以来就不曾"纯洁"过。"汉语纯洁"论者想象中的"纯洁的汉语"，无论过去还是现在，根本就不存在，是一个虚无飘渺的东西，将来也不可能存在。这是将汉语奉上神坛以后，又将男人的"处女情结"投射到汉语身上的结果。

(3) 汉语的"纯洁性"与汉民族精神的"纯洁性"

在语言与民族精神的关系上，不少人很喜欢引用洪堡特的一句名言来支撑自己的"汉语纯洁"论："民族的语言即民族的精神，民族的精神即民族的语言。"[2]由此推论，那么"汉民族的语言即汉民族的精神，汉民族的精神即汉民族的语言"，自然也是符合逻辑的了。然而，这种在"民族的精神"和"民族的语言"之间划等号的观点，其实是建立在"一个国家、一个民族、一种语言"的理念基础上的，而这也是欧洲的语言民族主义的理论基础。

洪堡特的这个观点，若是针对语言与民族一对一的状况，或许还有点道理，但至少它是不符合我们中国"国情"的。中国的国情是，56个民族拥有129种语言，岂不是就有129种"民族的精神"了？

同样，既然"民族的精神"="民族的语言"，那么一旦"民族的语言""不纯洁"，当然就意味着"民族的精神"也"不纯洁"，这大概也是"汉语纯洁"论者所担忧的问题。

上文我们已经讨论过汉语是否"纯洁"以及是否需要"纯洁"的问题，现在就来简单讨论一下问题的另一面，即"民族的精神"之"纯洁性"。

"汉民族的精神"是"纯洁"的吗？答曰：从来都不是。

---

[1] 胡守钧.维护汉语的纯洁性[N].中国青年报，2002-04-02.
[2] 威廉·冯·洪堡特.论人类语言结构的差异及其对人类精神发展的影响[M].北京：商务印书馆，1999.

虽然自汉代以来,孔子被确立为汉民族传统的"精神领袖",汉民族的传统精神也是以其创立的儒家思想为主导,但这种精神仍然谈不上"纯洁"。因为传统汉文化是儒、佛、道三教合流的文化,其中的佛教就是"如假包换"的外来文化。现代以来,传统文化成为三元会通的当代文化的一部分,而另两个部分(马列主义文化和西方文化)恰恰又是外来的。换言之,当代汉民族的精神更"不纯洁"。既然如此,那么关于"汉民族的精神"之"纯洁性"问题,还需要多费口舌吗?

"汉民族的精神"需要"纯洁"吗?答曰:根本不需要。

从古至今,汉民族的精神可谓越来越"不纯洁"。这是进步的表现,还是退步的表现?

我们丝毫不怀疑汉语民族主义者鼓吹"汉语纯洁"论的动机是希望汉民族强大起来。然而他们却犯了一个本末倒置的错误。即他们似乎并没有真正想过,一个民族的强大靠的是什么?靠的是语言的"纯洁性"和民族精神的"纯洁性"吗?古今中外哪一个强大的民族是依仗"纯洁"的语言和"纯洁"的民族精神而自立于世界民族之林的?上文提到的皮拉赫部落,其语言和民族精神不可谓不"纯洁",但那是一个"强大"的民族吗?是一个值得我们效仿的民族吗?

相反的例子倒有不少,显示的却是语言和民族精神之"不纯洁"与民族的壮大相伴而生,换句话说,在一定程度上,语言和民族精神的"纯洁"与民族的强大具有反比关系。事实上,汉民族的发展壮大本身就是一个很好的例子。改革开放以后的中国与清代后期的中国相比,哪个时代的汉语和汉民族精神更"纯洁"?

就我们的邻国而言,如日本、韩国、越南等,他们"民族的语言"之"不纯洁"也是显而易见的。然而,谁又能否认这些国家那种绝对"不纯洁"的"民族的精神"之强悍?谁又能否认其民族的凝聚力、向心力之强大,其民族文化之独特性?他们那种古代"抄"东方、近代"抄"西方的"东拼西凑"的"民族的精神",在古代帮助他们脱离蒙昧而进入文明时代,近代以来则帮助他们成为国际或地区性经济强国和文化大国,与之相适应的,恰恰又是他们越来越"不纯洁"的语言和民族精神。

以上说的还只是汉民族的民族精神,若是中华民族的民族精神,那就更"不纯洁"了。

因而,试图以语言的"纯洁"来实现"中华之崛起",恐怕是开错了药方。

5.3 汉字的纯洁观

汉字的"纯洁"观一般是与汉语的"纯洁"观相伴而行的。在一些"汉语纯洁"论者眼里,汉语和汉字本来就是同一个事物。所以,他们在讲到汉语的"纯洁性"时,一般也会包括汉字。例如,胡守钧(2002)在批评字母词时指出,"英语缩写词直接嵌入汉语系统,反差极大,破坏了汉语系统的内在和谐及形体之美",因而"汉语面临中英文拼盘化的危险"①。不过,他想象中的"汉语系统",其实是指汉字系统,即他所说的"中国历史悠久,文明流长,现有汉字是从甲骨文、金文渐变演化而来,形成了独特的方块字系统,与拼音形态的英语完全不同"②。这是典型的把汉语和汉字、英语和英语文字混为一谈的非专业认知。

不过,汉字"纯洁"观与汉语"纯洁"观在产生的时代背景上还是有所不同的。另一方面,汉字的"不纯洁"与汉语的"不纯洁"对人们心理上的冲击力的强度也有所不同。因此,我们还是要将汉字"纯洁"观分开来讨论。

5.3.1 汉字纯洁观产生的时代背景

上文提到,中国的古人并没有产生过汉语的"纯洁"观,这样的观念还是"西风东渐"的产物,是与中国传统文化的开放性、包容性格格不入的一个异物。

同样,古代也不存在汉字的"纯洁"观。当年秦始皇实施的"书同文字"政策,是与"一法度衡石丈尺""车同轨"等并行的三大举措之一,是为了消除不同地区的差别,便于国家的统一管理,与汉字的"纯洁"与否毫无关系。唐代以来,将汉字区分为正、通、俗三体,分别用于不同的场合,也与汉字的"纯洁"无关。再者,古人虽曾有过"敬惜字纸"的信仰,但其"敬惜"的对象并不仅限于汉字,也包含所有用外文书写的经卷、文稿等,所以也不存在汉字的"纯洁"问题。

一般来说,汉字的"纯洁"问题,主要表现在字母词方面,也就是在汉字所呈现的篇章中夹杂外来字母的现象。

首先进入汉字篇章的外来字母是阿拉伯数字。一般认为,阿拉伯数字最早由印度人发明,并由阿拉伯人传播到欧洲,如今已是全世界最通用的数字体系。大约在13—14世纪,欧洲人将阿拉伯数字传入中国。20世纪初,阿拉伯数字开始在中国人的生活中推广开来,汉语所采用的文字也打破了汉字一统天下的局面。由于阿拉伯数字简便、醒目,因而深得国人喜爱,如今已成为最常用的记录数词的文字。

阿拉伯数字与汉字数字基本对应,虽然写法不同,但发音一致。100多年来,它们在满篇方块汉字中,时不时地露出一张张"外国脸",但还是能够与汉字"和睦相处",并未引起人们的反感,也未引起人们关于"纯洁"问题的联想,更未引起人们激烈的"民族情绪"。

几乎与此同时,欧洲人也将拉丁字母传入了中国,最初是供来华西洋人学习汉

---

① 胡守钧.维护汉语的纯洁性[N].中国青年报,2002-04-02.
② 胡守钧.维护汉语的纯洁性[N].中国青年报,2002-04-02.

语、汉字之用。1605年，意大利传教士利玛窦（Matteo Ricci）所著《西字奇迹》最早用"西字"（即拉丁字母）来给汉字注音，成为现代汉语拼音的滥觞。

五四新文化运动以来，产生了由中国学者创制的采用拉丁字母的拼音方案，包括1926年由钱玄同、黎锦熙、赵元任等制订的"国语罗马字"，1931年由瞿秋白、吴玉章等制订的"拉丁化新文字"等，成为当代汉语拼音方案的基础。

同时，文学作品中也开始频繁出现字母词。在这方面，"阿Q"一词大概是影响最大、最普及的。由于鲁迅的著名小说《阿Q正传》的广泛流传，"阿Q"一词也进入了全民语言，甚至还出现了"阿Q精神"这样的熟语。上文提到胡守钧严词批评的"中英文相拼接的词"的"乱造滥用汉语"行为，其实鲁迅就是"始作俑者"之一。

在日常生活中，随着西医的日益普及，"X光"成为人们常用的体检手段，所以这一未经翻译的"中英文相拼接的词"的字母词也为人们所熟知。此后还有"B超""CT"等体检手段，以及"A型""B型""AB型""O型"等血型的分类法，也陆续进入人们的生活中。

长期以来，那为数有限的几个字母词虽然"夹杂"于汉字中，但显然还达不到"滥用"的程度，似乎未见有人要求把它们从汉语系统中剔除出去。大概在一群"中国脸"中，偶尔夹进一、两张"高鼻子蓝眼睛"的友好的"外国脸"，也是蛮有趣的。

同时，半个多世纪以来，汉语拼音方案的推行和广泛使用，也培养了普通人对拉丁字母的亲近感。例如，货币、店招、街牌等均采用汉语拼音标注汉字，使拉丁字母成为人们日常生活的一部分。

然而，改革开放以来，随着中外交流日益频繁，中国社会的国际化程度日益提高，英语等外语日益普及，英文字母的使用也日益频繁。

一方面，采用拉丁字母对事物的种类、等级、尺寸等的标示法也越来越流行，并有取代传统的"甲、乙、丙、丁"的趋势。如，班级代号可分A、B、C、D……班，水平等级可分A、B、C、D……等，衣服型号可分S、M、L、XL、XXL……，等等。

另一方面，越来越多的字母词出现在汉语篇章中。其中不仅有来自外语的字母词，如"CCTV"（中国中央电视台）、"卡拉OK"等，还有"土生土长"的字母词，即汉语拼音的缩写词，如"HSK"（汉语水平考试）等。2013年，《现代汉语词典（第6版）》在收录汉字词以外，还首次单列"西文字母开头的词语"部分，收录了较为常用的字母词239条，其中主要是以英文字母开头的词语，也有少量希腊字母开头的物理名词。至于另一类以汉字开头的字母词，如"阿Q""卡拉OK"等，则分别出现于汉字词部分。

与此同时，字母词的"泛滥"，也使得"汉语纯洁"论者忧心忡忡，感到"形势严峻"，于是在其"汉语纯洁"论中，也包含了"汉字纯洁"论。上文提到胡守钧（2002）

所谓"英语缩写词直接嵌入汉语系统,反差极大,破坏了汉语系统的内在和谐及形体之美"①就是典型一例。

《现代汉语词典(第6版)》出版以后,其对于字母词的认可态度立即引起了一场轩然大波。据报道,2013年8月,"五笔字型"发明人王永民和翻译家江枫等百余名学者联合签署一封举报信,向国家新闻出版总署和国家语委举报称,第6版《现代汉语词典》收录"NBA"等239个西文字母开头的词语,违犯了《中华人民共和国国家通用语言文字法》、国务院《出版管理条例》等法规。这一事件,标志着"汉字纯洁"论掀起的一个高潮②。

由此可见,"汉字纯洁"论的出现,也就是最近十几年的事情,比"汉语纯洁"论还要晚几十年。

5.3.2 汉字纯洁观的立论基础

当然,抨击字母词的人们,往往也并非要求禁止一切字母词,否则他们将面临是否把"阿Q精神"赶出去的两难选择。鲁迅曾在《阿Q正传》的第一章中对"阿Q"这个人名做过一番解释:

> 我又不知道阿Q的名字是怎么写的。他活着的时候,人都叫他阿Quei,死了以后,便没有一个人再叫阿Quei了,那里还会有"著之竹帛"的事。若论"著之竹帛",这篇文章要算第一次,所以先遇着了这第一个难关。我曾仔细想:阿Quei,阿桂还是阿贵呢?倘使他号月亭,或者在八月间做过生日,那一定是阿桂了;而他既没有号——也许有号,只是没有人知道他,——又未尝散过生日征文的帖子:写作阿桂,是武断的。又倘使他有一位老兄或令弟叫阿富,那一定是阿贵了;而他又只是一个人:写作阿贵,也没有佐证的。其余音Quei的偏僻字样,更加凑不上了。先前,我也曾问过赵太爷的儿子茂才先生,谁料博雅如此公,竟也茫然,但据结论说,是因为陈独秀办了《新青年》提倡洋字,所以国粹沦亡,无可查考了。我的最后的手段,只有托一个同乡去查阿Q犯事的案卷,八个月之后才有回信,说案卷里并无与阿Quei的声音相近的人。我虽不知道是真没有,还是没有查,然而也再没有别的方法了。生怕注音字母还未通行,只好用了"洋字",照英国流行的拼法写他为阿Quei,略作阿Q。

由此可见,若是真要较起真来,硬把"阿Q"来个"汉化",改成"阿桂""阿贵",或者"阿趣""阿秋"之类,以免它破坏"汉语系统的内在和谐及形体之美",却也是无从下手的。

---

① 胡守钧.维护汉语的纯洁性[N].中国青年报,2002-04-02.
② 杜丁.百余学者举报《现代汉语词典》收录字母词违法[N].新京报,2013-08-29.

因此，汉字"纯洁"论者所要求的，仍然是"不滥用"。而其所谓的"不滥用"，如同上文所分析的音译词的"不滥用"一样，一般也是指承认现有的少量字母词，而不再接受新的字母词。

与音译词相比，字母词似乎是更容易受到抨击的。与对待音译词的态度有所不同的是，一些人所耿耿于怀的主要还是字母词的那张"外国脸"。而那张"外国脸"，就是字母词的"原罪"。

在一些相对比较温和的"汉语纯洁"论者看来，音译词至少已经过汉语语音系统的改造，遵循汉语的发音，也采用汉字书写，至少在形式上看起来像个汉语固有词。有些音译词在翻译引进时还利用汉字的表意性，作了汉化处理，使之根本看不出是外来词。例如，coolie——苦力，humor——幽默，logic——逻辑，model——模特儿，vitamin——维他命，等等。

然而字母词却不同，它们基本保留了原有的发音，书写时也基本照搬。由于字母词的这个特点，它就对一些人造成了一定的心理冲击。

如果说，音译词是已经将自己的一张"外国脸"整容成为"中国脸"，看起来像是"自家人"了，那么字母词的那张未经"洗心革面"的"外国脸"，夹在汉字的"中国脸"中，似乎总让人觉得"别扭"。

其实，"汉字系统"和"用汉字写的文章"是截然不同的概念。所谓"汉字系统"，是指由所有单个的汉字组成的一个属于表意文字体系的书写符号系统。在这个系统中，所有单个的字符由一套共同的结构规则构成，并在互相区别中记录语言、表达意义。而"用汉字写的文章"，则是选用所需要的一部分汉字所呈现的书面语言产品。在这个产品中，除了使用汉字以外，也可以按需夹用各种非汉字的符号，例如阿拉伯数字、科学公式，当然也包括汉语拼音字母以及外文字母（如英文字母、希腊字母）等。

这些非汉字的符号，既然并非汉字，又怎么可能"嵌入"汉字系统？怎么可能破坏汉字系统的"内在和谐及形体之美"？汉字系统还是汉字系统，丝毫没有什么变化。就好比某人家里有一袋大米，昨天取了一些做了一锅白米饭；今天又取了一些，加点鸡蛋做了一份蛋炒饭。然而那点鸡蛋仅仅出现在这份蛋炒饭里面，又怎么会跑到那袋大米里面去？这份蛋炒饭确实是"拼盘化"了，而那袋大米的性质却并不会有任何变化，那么，所谓汉语"拼盘化"又从何说起？

至于说，某篇文章中夹杂了一些与方块汉字"反差极大"的符号，是否会破坏该篇文章的"内在和谐及形体之美"，那也只是一个审美观问题。作为审美对象，究竟是"铁板一块"更美，还是"反差极大"更美？这其实是一个见仁见智的问题。

就审美而言，"反差"本来就是一种审美手段。拿颜色来说，黑和白是截然相反的两种颜色，用于服色，全黑全白固然有其"纯粹之美"，而黑白相间岂不是更有相互映衬的"和谐之美"？再拿建筑来说,过去建造住宅区,几乎都是整整齐齐的"兵营式";如今则古今中外什么风格都有,反差不可谓不大,由此呈现的时代景象,哪个更美？

如果说,一篇文章由纯汉字组成,可以是美的;那么如果在中间加一点"花样"进去,难道不是更美吗？古书本来是没有断句的,一个个方块从头到尾排列得整整齐齐,后来慢慢才有了"句逗",也是可加可不加的,可谓"古典美";那么现代书面文章必须加上标点符号,如逗号、顿号、引号、书名号、省略号、感叹号等,这些都不是汉字,而且把汉字整齐的队列"肢解"成长长短短的片段,是不是就"不美"了？近100多年来,弯弯曲曲的阿拉伯数字已经成为中国人日常生活中须臾不可离开的符号,穿插在方块汉字之间,焉得不美？同样,我们既然可以在汉字中间"夹杂"阿拉伯数字,为什么不能"夹杂"英文字母？

可见,字母词的"夹杂滥用",并不存在破坏汉字系统"内在和谐及形体之美"的问题,更不存在损害所谓"汉字纯洁性"的问题。

不少"汉字纯洁"论者也承认,汉外语言之间相互借用对方词语是常见现象,在翻译不便的情况下,适当采用音译词也是可以接受的。例如,英语中就吸收了不少汉语词,如 gongfu(功夫)、taiji(太极)、fengshui(风水)等,也是未加意译,直接按汉语发音来读的音译词。但令他们耿耿于怀的是,在文字层面上,英语吸收汉语词时,并没有照搬汉字,而是用了拉丁字母。言下之意,似乎中国人还"吃亏"了:既然人家没有照搬汉字,那我们凭什么应该照搬英文字母？

这个理由,乍一听似乎有理,却也经不起推敲。其实,外国人没有照搬汉字,这与汉字的"独特性"有关。就目前而言,汉字虽因其"独特性"而被国人奉为至宝,但在世界上却基本上还处于"孤芳自赏"的局面,而拉丁文字则是世界上最为通行的文字系统。

我们知道,任何一种语言在借用外来语时,必然是以方便实用为原则,若在满篇英文中夹杂几个汉字,既难读、难记,也难写,如何方便地使用和传播？汉人看汉字,自然亲切;而对外国人来说,就如天书一般了。虽说眼下全球"汉语热"蓬勃兴起,全世界学习汉语的人数已超过 4 000 万,也有说已达到 1 亿的,然而这些数字与全球 70 亿以上的总人口相比,那还只是个零头而已。而且在这些学习汉语的人中,情况各有不同,真正能够用汉字书写和打字的人也只是其中一部分。在这种情况下,采用拉丁字母就成为吸收、传播汉语词时最好的选择。我们总不能指望全世界的人们在掌握汉字以后才开始吸收汉语词吧？

反观中国,情况就不同了。当代汉民族中凡是受过教育者,从小就养成了汉字能力和汉语拼音能力,可以说无人不识拉丁字母。加上英语的普及,字母词就很容易被接受。与意译词和音译词相比,字母词使用起来当然更为便捷。这就是汉外语言之间相互吸收对方词语方法不同的原因。

至于中国人是否"吃亏"了,那就要看吸收外来语的目的是什么。例如,历史上日本人曾经照搬了那么多的汉字词,如今大部分仍然保留汉字的写法。而且,当代日本人的字母词之"泛滥"也不亚于中国。往往是,汉字和字母大量夹杂在满篇假名之中,可以说是典型的"拼盘化"。那么,他们"吃亏"了没有?他们丧失了文化的"独特性"没有?他们丧失了民族的"自信心"没有?

其实,真正"破坏"汉字系统"纯洁性"的倒还是那些日本汉字。我们在第一章中曾提到,日语采用的汉字系统中,有100多个自创的"和制汉字",常用于人名和地名。这些日本汉字一旦引入中国,我们往往是照搬不误而不加翻译的。比较常用的,甚至还收入了汉语词典。如《现代汉语词典(第6版)》:

[辻]shí　日本汉字,十字路口。多用于日本姓名。

[畑]tián　日本汉字,旱地。多用于日本人姓名。

这些日本汉字不仅堂而皇之地被纳入中国的汉字系统,还根据"秀才识字读半边"的原则被赋予了汉语的读音,俨然成了汉语和中国汉字的合法成员。这当然也是汉语和汉字包容性的反映。

不过,对这一现象,倒也未见哪位"汉字纯洁"论者提出异议。大概是因为,既然日本汉字也是"汉字",长着一张"中国脸",当然不至于破坏汉字系统"内在和谐及形体之美",人们甚至还可以借此回味一下"汉字文化圈"的辉煌历史,满足一把"同文同种"的想象。至于当代日本人心里是怎么想的,是否真把中国人当作"自家人",管他呢。

参考文献

陈平. 语言民族主义:欧洲与中国[J]. 外语教学与研究,2008,(1).

胡守钧. 维护汉语的纯洁性[N]. 中国青年报,2002-04-02.

黄伯荣,廖序东. 现代汉语(增订四版)[M]. 北京:高等教育出版社,2007.

金元浦. 中国文化概论[M]. 北京:中国人民大学出版社,2007.

列宁. 论纯洁俄罗斯语言(休息时的断想,即一些会上的发言引起的联想)[A]. 列宁全集第三十八卷[C]. 北京:人民出版社,1986.

王希杰. 略论语言的纯洁性和语言的规范性[J]. 池州师专学报,1995,(4).

王希杰. 谈所谓语言的纯洁性[J]. 赤峰教育学院学报,1999,(1).

王希杰. 语言的纯洁性和言语的纯洁性[J]. 锦州师范学院学报,2002,(5).

王先霈. 语言是否应该"纯洁",语言是否可能"纯洁"?[J]. 湖北大学学报(哲学社会科学版),2003,(5).

威廉·冯·洪堡特. 论人类语言结构的差异及其对人类精神发展的影响[M]. 北京:商务印书

馆,1999.
吴佑曾,邓华刚.德语"语言纯洁主义"分析[J].郑州大学学报(哲学社会科学版),1993,(4).
吴泽泉.身份焦虑与现实困境——论当代中国的语言民族主义[J].甘肃社会科学,2006,(5).
徐成淼.简论翻译文体对现代汉语的良性影响[J].贵州民族学院学报(社会科学版),1998,(4).

第六章 "商人造字"说

我们在第一章谈到汉字的历史时,推测汉字产生于 3 700 年前的夏商之际,但是又否定了"夏人造字"说,认为"商人造字"说更为合理。这里我们将展开讨论。

6.1 关于造字者的两个对立成说

关于汉字的创造者,古往今来最有影响的说法有两种,即古有"仓颉造字"说,今有"劳动人民造字"说,可谓针锋相对。

6.1.1 "仓颉造字"说的来龙去脉

我们在之前谈到汉字起源时,曾简单介绍了"仓颉造字"说。对这一传说,古人深信不疑,今人则一般不予置信。学术界虽有争议,但目前的主流观点认为,仓颉或许为远古时代的一位史官,可能有整理、统一汉字之功,但并非造字者。

然而,任何传说都有它本身的事实基础。假如我们剥去传说中荒诞的成分,去伪存真,条分缕析,探明汉字产生的缘由,结合较为可靠的历史文献,还是有可能把仓颉坐实为具体的人的。

仓颉是否确有其人?从现有文献来看,"仓颉造字"的传说最早集中于战国末期的诸子论著中,如《荀子》《吕氏春秋》《韩非子》等,都曾提到"仓颉作书"之事。(按此人名字的写法,则有"仓颉"和"苍颉",今通用"仓颉"。)

荀子是目前所见最早提到"仓颉"的人,他讨论过仓颉所造文字得以流传的缘由,即"好书者众矣,而仓颉独传者,壹也"(《荀子·解蔽》)。韩非子则讨论过仓颉造字的理据,即"古者苍颉之作书也,自环者谓之私,背私谓之公"(《韩非子·五蠹》)。《吕氏春秋》则只是简单提及"仓颉作书"(《审分览第五·君守》)。

这些说法均言之凿凿,似乎仓颉确有其人,但究竟是何许人,尚语焉不详。

另一方面,在之前的文献中,却难觅仓颉的踪迹。例如,从《论语》来看,春秋末期的孔子就从未提到过仓颉。如果仓颉确有其人,而身为"至圣先师,万世师表"的孔子居然不予提及,甚至可能闻所未闻,实在是不合情理。而早于孔子的"五经"中,也未提到过仓颉。

大约成书于春秋战国时代的《易·系辞传》中倒是提到过一位造字的"圣人",却未明言这位"圣人"是谁:"上古结绳而治,后世圣人易之以书契,百官以治,万民

以察。"(《易·系辞传·下·二》)

按该书的作者和成书年代素有争议,《史记》《汉书》认为是孔子所作,北宋欧阳修以来则提出了异议。今人也有仍然相信为孔子晚年所作者(如,杨军,1995[①])。其他人则否认该书为孔子所作。有人认为该书虽确与孔子有关,但实际上是晚于孔子的儒家后学之人所作者(如,耿成鹏,1988[②]);更有人否认该书是儒家作品,认为乃是战国后期的稷下道家之作(如,陈鼓应,1992[③]),等等。

如果我们相信该书确实是出自孔子,那么至少在孔子时代,虽已有关于造字"圣人"的观念,但尚未坐实为具体的某人。

由此可见,明确的"仓颉造字"说的出现,应该不会早于战国末期。

到了西汉初年,在刘安所撰《淮南子》中,开始出现神话版的"仓颉造字"说,即"昔者仓颉作书,而天雨粟,鬼夜哭"(《本经训》);"史皇产而能书"(《修务训》)。

不过,在西汉中期的司马迁所修《史记》中,却又从头到尾连仓颉的名字也未提及。按理说,仓颉为"史",司马迁也为"史",可太史公却不知道这位"祖师爷"的存在,这又是一件令人惊讶的事情。这个问题下文还要再谈。

直到东汉初年班固修《汉书》,才在其《古今人表》中的"黄帝轩辕氏"一栏,列出"仓颉"一名,并注明乃"黄帝史"。这是最早在正史中承认了仓颉的存在,而且其身份和年代也得到了肯定,即仓颉是黄帝时代的史官,可谓一锤定音。其后的历代史家文献基本上沿用此说。

不仅如此,在与班固同时代的王充《论衡》中,仓颉更是"有鼻子有眼"了:"苍颉四目,为黄帝史。"(《骨相第十一》)

东汉中叶,以许慎为代表的文字学界也沿袭了史家的说法,并对仓颉的造字方法做了更加具体的描述:"黄帝之史仓颉,见鸟兽蹄迒之迹,知分理之可相别异也,初造书契","仓颉之初作书,盖依类象形,故谓之文。其后形声相益,即谓之字"(《说文解字·序》)。这是从文字学家的角度对"仓颉造字"做了较为科学的总结,成为学术版的"仓颉造字"说的集大成者。

到了东汉末年的纬书《春秋元命苞》,更是综合了此前的各种说法,把仓颉描绘为:"仓帝史皇氏,名颉,姓侯冈,龙颜侈侈,四目灵光,实有睿德,生而能书。于是穷天地之变,仰观奎星圆曲之势,俯察龟文鸟羽山川,指掌而创文字,天为雨粟,鬼为夜哭,龙乃潜藏。"而且仓颉的身份已经不再仅仅是黄帝手下的史官,而是升格为"仓帝""史皇",可与黄帝平起平坐了。这也可视为神话版"仓颉造字"说的集大

---

① 杨军.从易学传承看《系辞传》成书时代[J].周易研究,1995,(1).
② 耿成鹏.孔子与《周易》关系考辨[J].中州学刊,1988,(2).
③ 陈鼓应.论《系辞传》是稷下道家之作——五论《易传》非儒家典籍[J].周易研究,1992,(2).

成者。

由此可见,仓颉的传说是从战国末年以来,从无到有,不断丰富充实起来的。

不过,另有一部相传为战国时所作的《世本》(宋代已失传,今所见为后世辑本),其《作篇》中倒是明言:"沮诵、仓颉作书。""沮诵、仓颉为黄帝左右史。"

然而,关于《世本》的成书年代,向来也是一桩悬案,未必是战国时所作。

这部书的书目最早见于班固《汉书·艺文志》的史家部分:"《世本》十五篇",注明乃"古史官记黄帝以来讫春秋时诸侯大夫"。他还在说明《史记》取材所本时说:"故司马迁……采《世本》《战国策》。"(《汉书》卷六十二《司马迁传·赞》)按班固的说法,《世本》的成书年代当在春秋以后的战国时期,并流传到西汉,为西汉中期的司马迁所见而采用其材料,甚至在编写《史记》时模仿了其体例。当今学术界也有不少人信其成说。

关于《世本》的成书年代,唐代刘知几就提出了质疑,并认为"楚、汉之际有好事者录自古帝王公卿大夫之世,终乎秦末,号曰《世本》十五篇"(《史通·古今正史篇》)。因而顾颉刚(2009)也认为,"我们现在把这本书放在汉初……是不错的"①。

然而,《世本》究竟是否在司马迁之前的汉初成书,仍然是个问题。以"仓颉造字"为例,这样一件被汉代人形容为"惊天地,泣鬼神"的大事,司马迁在"采《世本》"时居然视而不见,实在令人不可思议。

按《史记》虽以《五帝本纪》开篇,并极尽作为五帝之首的黄帝的文治武功,却未提及黄帝命其史官仓颉造字一事,甚至通篇《史记》连仓颉的名字也未提及。而且司马迁也从未提到过《世本》《战国策》等书。因而有人考证认为,《世本》和《战国策》一样,都是西汉末年刘向根据散存文献编辑而成的史书,这些散存文献的年代当在司马迁之前;而班固所谓"司马迁采《世本》《战国策》"一语,当理解为"采录我们现在所见到的《世本》《战国策》书中所包含的资料"(乔治忠、董杰,2010)②。

就其内容来看,顾颉刚(2009)认为:"《世本》不是一部造伪的书,乃是一部整理伪史的书,为伪史做宣传的书,使伪史成为事实的书。"③话虽尖刻,却也并非无据。乔治忠、董杰(2010)也指出:"刘向在《世本》内收编的零散资料,有许多是战国时期民间流行的传闻杂记,秽乱芜杂","所谓《作篇》中的素材,随便漫言'伏羲造琴瑟''神农作琴''蚩尤作兵''黄帝造火食、旃冕''史皇作图''胡曹作衣'云云,把许多事物的发明归于臆造的远古帝王将相,其荒诞无稽且自相冲突,岂可曲意赞称?"④

---

① 顾颉刚.中国上古史研究讲义[M].北京:中华书局,2009.
② 乔治忠,董杰.《世本》成书年代问题考论[J].史学集刊,2010,(5).
③ 顾颉刚.中国上古史研究讲义[M].北京:中华书局,2009.
④ 乔治忠,董杰.《世本》成书年代问题考论[J].史学集刊,2010,(5).

如此看来，司马迁不可能看过后出的《世本》一书，但确实看过被刘向收录在《世本》一书中的部分原始材料。不过，他有没有看到"沮诵、仓颉作书""沮诵、仓颉为黄帝左右史"这两条材料呢？这有两种可能性：一是他根本没有看到，因为刘向所编辑的材料，未必与司马迁所看到的材料完全重合；二是他看到了却没有采用。事实上，关于五帝时代与文字有关的卜筮问题，司马迁已经注意到了："自古帝王将建国受命，兴动事业，何尝不宝卜筮以助善。唐虞以上，不可记已。"（《史记·龟策列传》）看来他并不盲从前人关于黄帝的所有传闻，即："百家言黄帝，其文不雅驯，荐绅先生难言之。"（《五帝本纪》）因而，最大的可能性是，他看到了相关材料，也听到过相关传说，但把"仓颉造字"一说归入"不雅驯"的"怪力乱神"之说而不予采信，所以干脆不提仓颉。

另外，司马迁应该也看过诸子之书，如《荀子》《韩非子》《吕氏春秋》等，对其中提到的"仓颉造字"说似乎也是视而不见。

总之，关于"仓颉造字"的传说，大约形成于战国末年。形成的过程，应该是先有造字"圣人"之说，然后慢慢坐实为具体的仓颉，并经过"五帝"传说的逐步发酵与成型，又进一步将仓颉的身份坐实为"黄帝之史"。此后，关于"仓颉造字"的传说也在与《汉书》等正史的相互作用之下而越来越丰满，并一直流传于今。

至于"仓颉造字"的表述，人们最初的表述法是"仓颉作书""仓颉始作书契""仓颉初造书契"等。东汉末年起，演变为"仓颉创文字"。后人则概括为"仓颉造字"。

由于"仓颉造字"的传说越来越趋于荒诞，尤其是神话版中不可信的成分越来越多，以致引起了今人的质疑，使整个传说都显得不可信了。

需要说明的是，"仓颉造字"说中关于造字者的传说也有两个版本，除了单独提及"仓颉"一人的"造字"说，还有《世本》所说的"沮诵、仓颉作书"，即沮诵和仓颉二人共同"造字"说。从相关表述来看，沮诵还位列仓颉之前。不过，这位沮诵似乎不如仓颉那么重要，所以后来就很少被人提起。

顺便提一下，关于造字"圣人"的传说中，除了"仓颉造字"说以外，汉代以来还曾出现过其他说法，只是不如"仓颉造字"说那么有名。

首先是东汉王符曾提出"少皞造字"说："少皞……是始作书契。"（《潜夫论·五德志》）不过，这个"少皞"也可能与仓颉有关，对此我们在下文将作进一步分析。

其次，正如我们在第四章中所提到的，唐代孔颖达曾提出"伏羲造字"说："古者伏羲氏之王天下也，始画八卦、造书契，以代结绳之政，由是文籍生焉"（《尚书·序》），说明"始造书契"的不是仓颉，而是比他更早的伏羲。

不过，由于"仓颉造字"说早已深入人心，而且"有根有据"，讲得"头头是道"，后出的"伏羲造字"说难以与之抗衡，因此信奉者并不多见。

6.1.2 "劳动人民造字"说的荒谬性

现代以来,"仓颉造字"说开始受到质疑。这可以 1934 年鲁迅(2006)的说法为代表:

……在社会里,仓颉也不是一个,有的在刀柄上刻一点图,有的在门户上画一些画,心心相印,口口相传,文字就多起来了,史官一采集,就可以敷衍记事了。中国文字的来由,恐怕也逃不出这例子的[①]。

在鲁迅看来,"仓颉"此人的存在是不可信的,他独自一人造字更是不可能的,但不妨把"仓颉"作为众多造字者的代称。而且,造字似乎也很容易,只要"在刀柄上刻一点图","在门户上画一些画",就算是在"造字"了。

至于这些"造字"的"仓颉"究为何人,鲁迅没有细说。但他在下文也指出:"文字在人民间萌芽,后来却一定为特权者所收揽。"[②]那么造字者必然是普通的"人民"了。至于作为"特权者"的"史官"对文字的贡献,则仅限于"采集"和"收揽"。因此,这种说法可以看作是后来出现的"劳动人民造字"说的雏形。

目前国内的一些教材也大都沿用此说作为定论。如黄伯荣、廖序东(2007)引用了鲁迅的说法,并认为"这种说法是可信的……如果仓颉确有其人,他可能是搜集和整理汉字的名人之一"[③]。

当代以来,根据"人民群众是历史的创造者"的观点,针对"仓颉造字"说所体现的"英雄史观",有人明确提出了"劳动人民造字"说,这可以郭沫若(1972)的观点为代表:

任何民族的文字,都和语言一样,是劳动人民在劳动生活中,从无到有,从少到多,从多头尝试到约定俗成,所逐步孕育、选练、发展出来的。它决不是一人一时的产物[④]。

不过,这一过于绝对的观点也是经不起推敲的。我们只要简单考察一下周边民族和国家文字的产生,如朝鲜的"谚文"、日本的"假名"、蒙古的"八思巴字"、越南的"国语字"等,就可以明白,文字未必需要劳动人民来创造,有些文字恰恰就是"一人一时的产物"。

当然,文字有"自源"和"他源"之分。这里所列举的都是他源文字,由于年代较为晚近,发明者有名可考,可确信为"一人一时的产物"。那么,是否可以认为,凡是

[①] 鲁迅.门外文谈[A].且介亭杂文[C].北京:人民文学出版社,2006.
[②] 鲁迅.门外文谈//且介亭杂文[M].北京:人民文学出版社,2006.
[③] 黄伯荣,廖序东.现代汉语(增订四版)[M].北京:高等教育出版社,2007.
[④] 郭沫若.古代文字之辨证的发展[J].考古学报,1972,(1).

自源文字,就一定不是"一人一时的产物"? 这个问题下面还会展开讨论。

由于文字的产生年代常被认为与人类社会进入文明社会(即奴隶社会)同步,有人甚至进一步将"劳动人民造字"说具体化为"奴隶造字"说,声称:"文字的创造者是创造历史的千百万奴隶们。奴隶们创造了历史,也创造了作为人类交际工具的语言文字。"(孙钧锡,1980)① 该说之荒谬,正如有人所驳斥的:"我们无法想象,文字是奴隶们创造的,而奴隶主们全是大笨蛋,他们不会或者不肯去创造文字,强迫奴隶们为他们去创造文字,然后自己垄断文字,让奴隶们创造完文字之后便忘记文字,去当文盲。无论如何这也说不通。"(杜桂林,1993)②

其实,即使奴隶们造字不是被迫,而是自愿,那么我们也很难想象他们在饥寒交迫的生活中,居然还有闲功夫去创造文字,这种奴隶生活似乎也"浪漫"得过头了。

而且,这一谬论把语言也搭进去了,即"奴隶们……创造了……语言",似乎在奴隶社会之前的原始社会里,人人都是哑巴,需等进入奴隶社会之后,才由奴隶们创造语言,并教会奴隶主们说话。而这一谬论的理论基础,则是郭沫若(1972)的那个表述,即"任何民族的文字,都和语言一样,是劳动人民"创造的③。

如今,这种绝对化的言论倒是不常听到了,不过,"劳动人民造字"说的根基似乎还不曾动摇。

我们认为,对于这样的观点,仍有讨论一番的必要。这牵涉到三个问题:一是文字的性质,二是文字的功能,三是文字创造的专业性。

首先,文字是什么?"文字是记录语言的书写符号系统";由此推论,则"汉字是记录汉语的书写符号系统"(黄伯荣、廖序东,2007)④。在这个定义中,语言性("记录汉语")和系统性("符号系统")是两个必要条件。

假如我们用这两个条件去衡量鲁迅所说的"刀柄上刻"的"一点图","门户上画"的"一些画",就难以承认它们是"汉字"了。这些"图"和"画",假如确实有特定含义,可以承认为表意的符号,但也只可能是一般的符号,而不是作为符号系统的汉字。

汉字是一种"符号",那些"图"和"画"也是"符号",但不能就此判断那些"图"和"画"也是汉字。汉字是形音义三位一体的符号,而那些"图"和"画"固然有形有义,但是否有音,其实也未必。如果只要有形有义就可以称为"汉字",那么在公共场所

---

① 孙钧锡.汉字基本知识[M].石家庄:河北人民出版社,1980.
② 杜桂林."奴隶创造文字"说质疑[J].宁夏大学学报(社会科学版),1993,15(4).
③ 郭沫若.古代文字之辨证的发展[J].考古学报,1972,(1).
④ 黄伯荣,廖序东.现代汉语(增订四版)[M].北京:高等教育出版社,2007.

挂着的一些标志,如表示男厕和女厕的标志、禁止吸烟和吸烟区的标志以及交通标志等有形有义的"图"和"画",也是"汉字"了。这种认识之荒谬,不言而喻。

即使远古时代的某些"图"和"画"能够跟后代汉字系统中的某个字联系起来,二者一脉相承,可以判定为该字的源头或前身,也仍然不能简单地判定为汉字。因为每个汉字的形音义只有在字形、字音和字义这三个子系统中才有价值。以人类的起源为例,古猿是人类的"源头",两者可谓"一脉相承",但不能据此认为古猿已经是人类;即使发展到类人猿阶段了,不管此"猿"如何"类人",那也只是"猿",而非"人"。

按鲁迅的《门外文谈》一文中,对文字的起源和发展问题确有不少真知灼见,并不尽如他所自谦的是一种"门外"之谈。不过,他把"一点图"和"一些画"误以为就是"文字",的确是有点"门外"的。这反映了其专业和时代的局限性,倒也未可过于苛责。另外,他把图画作为文字的源头,也是囿于当时关于文字起源的"图画起源"说,如今看来也是不够全面的。

不过,既然今人已经认识到"汉字是记录汉语的书写符号系统",就不能继续秉承他的门外之见而坚持认为"这种说法是可信的"(黄伯荣、廖序东,2007)①,因为此说与他们自己所下的汉字定义是自相矛盾的。

其次,人类社会为什么需要文字?按一般通行的认识来看:文字是人类"最重要的辅助性交际工具";"人类有了文字,就突破了语言在时间和空间上的限制,扩大了语言的交际功能"(黄伯荣、廖序东,2007)②。这就是说,文字是人类为了扩大语言的交际功能而创造出来的。

一般认为,在原始社会中,人类并不需要文字。在进入阶级社会之后,"统治阶级为了有效地进行统治,必然迫切需要比较完善的文字"(裘锡圭,1988)③,说明文字的产生和发展,本是出于统治阶级的有效统治之需。因而,从文字最初的交际功能而言,它也只可能是统治阶级使用的交际工具。至于统治阶级如何使用文字、交际对象为谁,下文还要详谈。

既然文字是一种由统治阶级用来实行统治的工具,那么与被统治的劳动人民何干?只有在现代民主国家里,劳动人民成为"国家的主人",拥有选举权和被选举权,有资格参与国家的管理,才会需要文字。千百年来各国各民族文字创制以后的实际使用情况就证明了这一点。古代劳动人民既然不需要文字,何必创造文字?正如裘士京(2011)所指出的,"文字不是也不可能由普通劳动群众来创造","文字

---

① 黄伯荣,廖序东.现代汉语(增订四版)[M].北京:高等教育出版社,2007.
② 黄伯荣,廖序东.现代汉语(增订四版)[M].北京:高等教育出版社,2007.
③ 裘锡圭.文字学概要[M].北京:商务印书馆,1988.

在很长时间内与普通群众无缘,既非他们所创造,亦非他们所拥有"①。

再次,是否人人都可以成为"仓颉"?我们认为,由于文字的高度抽象性和系统性,它的创造是一件专业性极强的工作,并非常人所能承担。事实上,人们连"学字"都难,何况"造字"?"文字必须经过专门学习才能掌握,文字必须有专门的阶层掌握、记录与世代教授、流传。文字的创制、学习与运用都需要时间与条件,这一切并不是天天从事体力劳动的人所能办得到的,在古代是必须脱离繁重的体力劳动才能办得到"(李先登,1985)②。

当然,远古时代的劳动人民(尤其是工匠们)在日常劳动中自创一些零零星星的符号是有可能的,即鲁迅所谓"在刀柄上刻一点图""在门户上画一些画",以及在制作的陶器等物品上留下一些刻画符号之类。这种现象即使在当代也能看到,但绝无可能创造文字。

创造文字的工作,必待社会中的知识精英(即孟子所谓"劳心者")才可能承担。"陶符虽是广大群众所创造,但文字并不是自然而然地自发地产生出来的。文字必须经过专门的一批人进行整理、整齐划一、改造创制才能产生,这批人就是专门的脑力劳动者,即古代的知识分子。"(李先登,1985)③因而,认为劳动人民会造字,实在是把造字的工作想象得太简单了。

当然,造字者也必然不会凭空想出一套文字来。他们也可能受到劳动人民所造某些符号的启发而吸收为造字的材料,即鲁迅所谓的"采集"和"收揽",于是完成了文字的创制。具体而言,"这些人在创造文字的过程中,一方面充分地发挥了他们的集体智慧和聪明的才能,并把丰富的想象力与敏锐的观察力糅合在一起,另一方面又可能也应该借鉴流行于民间的一些刻划符号、图画符号,并赋予每一个他们所创造所借鉴的符号以'形''义'之外固定的'音',从而构成真正意义上的文字"(裘士京,2011)④。

即使是这样,造字的"版权"也不能归于劳动人民,因为"从陶符到文字是一个质变,文字的产生是一个创造的过程,而那种简单地认为文字是群众创造的观点是片面的、不符合历史实际的"(李先登,1985)⑤。

总之,劳动人民造字,既无必要,也无可能;"劳动人民造字"说之不可信,其理不言自明。

"劳动人民造字"说是作为"仓颉造字"说的对立观点而提出来的。两者相比而

---

① 裘士京.原始刻划符号性质与文字起源刍议[J].吕梁学院学报,2011,1(1).
② 李先登.试论中国文字之起源[J].天津师范大学学报,1985,(4).
③ 李先登.试论中国文字之起源[J].天津师范大学学报,1985,(4).
④ 裘士京.原始刻划符号性质与文字起源刍议[J].吕梁学院学报,2011,1(1).
⑤ 李先登.试论中国文字之起源[J].天津师范大学学报,1985,(4).

言,"仓颉造字"说(尤其是其神话版)确实有不少荒诞的成分,但"劳动人民造字"说,则荒诞更甚于前者。

6.2 关于造字者身份的观点

"劳动人民造字"说一旦被否定,就意味着承认造字者必然是与劳动人民相对的统治阶级及其成员。那么,在统治阶级的成员中,造字可能性最大的人,一曰史官,一曰巫师。

6.2.1 "史官造字"说

近几十年来,古代史官在造字过程中的贡献,已日益为人们所认识。刘桓(1993)指出:"史是最早出现的与文字结缘的人,换言之即最早的知识分子";"史作为最早的知识分子,借助于文字的使用,记载各类事情,使其得以知广识远,学会天文、历法、地理、历史等各种知识,这些远非其他人可比,由此他们便成为统治者处理各项事务的顾问和助手。"[1]

苏培成(2001)也认为:"把文字的创造归结为某个圣人,自然是不可信的,但是这个传说告诉我们,汉字的产生非常久远,古代的史官因为经常使用文字,他们和文字的创造有密切的关系。"[2]

认为"史是最早出现的与文字结缘的人"(刘桓,1993)[3]也好,或者强调史官"和文字的创造有密切的关系"(苏培成,2001)[4]也罢,这些说法都刻意回避了对文字创造者的直接认定,而是有点闪烁其辞地采用了"最早……结缘""有密切的关系"等表述,但我们仍然可以从中推导出,其主张的就是"史官造字"说。

"史官造字"说当然并不能算是新说,因为传说中的仓颉就是"黄帝之史"。鲁迅虽然未承认"史官造字",但也提到"在人民间萌芽"的"文字"曾经过"史官"的"采集"和"特权者"的"收揽"。

这个观点最大的意义在于否定了"劳动人民造字"说,并部分地回归到"仓颉造字"说。两者的不同点在于,"仓颉造字"说主张仓颉一人造字,"史官造字"说则主张史官群体造字,即坚持认为,"把文字的创造归结为某个圣人,自然是不可信的"(苏培成,2001)[5]。

---

[1] 刘桓.殷代史官及其相关问题[J].殷都学刊,1993,(3).
[2] 苏培成.现代汉字学纲要(增订本)[M].北京:北京大学出版社,2001.
[3] 刘桓.殷代史官及其相关问题[J].殷都学刊,1993,(3).
[4] 苏培成.现代汉字学纲要(增订本)[M].北京:北京大学出版社,2001.
[5] 苏培成.现代汉字学纲要(增订本)[M].北京:北京大学出版社,2001.

我们认为,"史官造字"说已经向造字者的真相逼近了一步,但仍然存在与"仓颉造字"说同样的一个认识误区。这个问题我们下文还要详加分析。

6.2.2 "巫师造字"说

李葆嘉(1995[①],1996[②])曾通过对全世界一些著名的自源文字(如古埃及圣书字、中国甲骨文、中美洲玛雅文、古伊拉克苏美尔文字等)起源状况的归纳,考察了"人类文字产生的经济文化背景及特殊刺激因素",并认为"文字的发明可能出于满足不同的社会需求","文字的起源是人类文明发展到一定历史阶段,经济的或精神信仰的新的社会需要促使以前所用原始记事方法实现的变革性突破——由记录事件突变为记录语言"(李葆嘉,1996)。

由此可知,文字产生的动因,不外乎出于两种需求:一是经济的需求,一是精神信仰的需求。而精神信仰的需求,就是巫师的需求,这就是"巫师造字"说。

鲁迅(2006)在《门外文谈》中曾较早分析过巫师与文字的关系,可谓精辟:

> 原始社会里,大约先前只有巫,待到渐次进化,事情繁复了,有些事情,如祭祀、狩猎、战争……之类,渐有记住的必要,巫就只好在他那本职的"降神"之外,一面也想法子来记事,这就是"史"的开头。况且"升中于天",他在本职上,也得将记载首长和他的治下的大事的册子,烧给上帝看,因此一样的要做文章——虽然这大约是后起的事。再后来,职掌分得更清楚了,于是就有专门记事的史官[③]。

在鲁迅看来,最早使用文字的还是巫。用文字来记事,是巫的"降神"本职之外的一项兼职,而"史"的出现,则是将兼职变成了专职。因而,"专门记事的史官"是由于"职掌分得更清楚"而逐步从巫中分化出来的。这一观点很有见地。当然,囿于"劳动人民造字"说,他并未承认巫师造字。

李先登(1985)较早提到,创制文字的"这批人可能就是古代的巫史"[④],但未作展开。近年来,一些学者则更为明确而肯定地提出了"巫师造字"说,指出,"创制汉字的应是原始巫师阶层,而非一般的百姓"(李立新,2010)[⑤],"文字……是统治阶级中少数专门从事沟通上天与人间的巫师、僧侣们创造的,他们是最早的一批从事脑力劳动的知识人"(裘士京,2011)[⑥]。

---

① 李葆嘉. 人类文字起源多元发生论[J]. 解放军外语学院学报,1995,(6).
② 李葆嘉. 人类文字起源多元发生论(续)[J]. 解放军外语学院学报,1996,(1).
③ 鲁迅. 门外文谈//且介亭杂文[M]. 北京:人民文学出版社,2006.
④ 李先登. 试论中国文字之起源[J]. 天津师大学报,1985,(4).
⑤ 李立新. 试论汉字起源于中原地区[J]. 中州学刊,2010,(5).
⑥ 裘士京. 原始刻划符号性质与文字起源刍议[J]. 吕梁学院学报,2011,1(1).

这就说明，从早期文字的功能来看，它并不如今人所理解的是人与人之间的交际工具，而是人与鬼神（包括先祖和天地神祇）之间的交际工具。换言之，当时的人与人之间，无论是统治阶级内部、劳动人民内部，还是统治阶级与劳动人民之间，还是以口头语言为主要的交际工具，必要时辅之以一些非文字的刻画、图形等符号，以及结绳记事等其他手段。正如鲁迅（2006）所指出的："有史以前的人们，虽然劳动也唱歌，求爱也唱歌，他却并不起草，或者留稿子，因为他做梦也想不到卖诗稿、编全集，而且那时的社会里，也没有报馆和书铺子，文字毫无用处。"①

因而，汉字的创造者和早期使用者，就是代表人类与鬼神沟通的巫师，即原始宗教的领袖，不会是其他人。正是他们，将口头语言转化成文字，通过甲骨和典册等书面形式，实现了人鬼之间的沟通。

不过，就汉字的创造而言，目前传世文献中并未提及"巫师造字"。在"仓颉造字"说中，仓颉的身份也是"史"而不是"巫"。

那么，中国最早的知识分子，即"最早出现的与文字结缘的人"（刘桓，1993）②，究竟是"史"还是"巫"？

其实，正如鲁迅所说的，早期的"巫"和"史"本来就是一家，"史"是"巫"的职责之一。专职的"史"是后来才从"巫"中分化出来的，即"史"脱胎于"巫"。

具体而言，巫"是人类社会最早的神职人员，由巫而分为巫、祝、卜、史，是宗教神职领域职官分工进一步发展的结果"，"在商代，除巫之外，宗教神职系统中也出现了史官群体。西周初年，巫已退出了宗教神职的上层，史官群体代之而起，成为宗教神职系统的主要职官。巫、史演变表现为这样一种链条：巫——→巫、史并列——→史"（丁波，2004）③。由此可见，巫与史的分离，大约起于商代，至西周初年才得以完成。

综合各家的研究（丁波，2004）④，在甲骨卜辞中，商代的史官主要有："史""大史""四方之史"和"作册"等。"大史"参加商王举行的祭祀，并主持其中的某一祭祀，也负责占卜和记载天时星历。卜辞中也有"御史"，也掌部分祭祀。此外，商代最基层的史官是"史"，这些史官的地位近似"吏"，负责处理政治和宗教中的具体事务。由此可见，商代的史官，其职责仍然以祭祀为主，与巫的分工仍然比较模糊，带有浓重的"巫气"。

周代以来，随着史的地位进一步上升，又从史官中不断分化出新的职官，逐步形成后世的官僚阶层，"史"的概念也进一步缩小、充实为后世意义上的"史官"。而

---

① 鲁迅.门外文谈//且介亭杂文[M].北京：人民文学出版社，2006.
② 刘桓.殷代史官及其相关问题[J].殷都学刊，1993，(3).
③ 丁波.商代的巫与史官[J].中国社会科学院研究生院学报，2004，(3).
④ 丁波.商代的巫与史官[J].中国社会科学院研究生院学报，2004，(3).

史官本身的职责也离祭祀工作越来越远,其巫师气息也不断消退,最后才成为后世意义上的专职记述人事之官,例如左丘明、司马迁等。巫则地位进一步下降,终致远离朝廷而流落到民间,成为后世概念中的巫婆、鬼觋、神汉等。

由此,我们可以得出这样的推论:汉字的创造者和最早使用者是早期的巫师。商代以来,随着宗教事务的专业化和祭祀仪式的严密化,从巫师中分化出了与"巫"并列的"史"。

因而,与其说"史是最早出现的与文字结缘的人"(刘桓,1993)[①],不如说早期的"巫"才是最早出现的与文字结缘的人。只不过随着后来巫、史分工的逐渐明确,史官作为文字的主要使用者的形象,才在周代以来的文献中凸现出来。

既然后世意义上的"史官"是周代以来才出现的,商代甲骨卜辞中出现的"史"仍然是宗教神职人员之一,那么在汉字产生的年代,例如夏代或更早,就不可能存在过所谓的"史官"。即使当时已经出现过"史"字,也必然与后世所理解的"史官"具有本质的不同。

由此再看古人关于仓颉的传说,"文献记载仓颉是黄帝的史官,上古时代巫、史不分家,仓颉应该也是黄帝之巫"(李立新,2010)[②]。至于传说中对仓颉"龙颜侈侈,四目灵光"的描绘,那种"人不人鬼不鬼"的形象,听起来荒诞不经,然而"装神弄鬼正是巫师所操之业,如果我们考虑到上古巫术的盛行情形并把仓颉看作一位远古的巫师,这种描述就是再合理不过了"(李立新,2010)[③]。

而古人之所以把仓颉想象为黄帝之"史",就是用周代以来的"史官"概念去想象远古时代那个造字者的身份,即所谓"以今度古"。再看上文所提及的"史官造字"说,其不足之处同样在于忽视了史官出现的历史条件和"史"这一概念的演变,同样犯了"以今度古"的毛病。

6.2.3 造字巫师的代表性人物

上文我们已经初步确立了"巫师造字"说,即汉字是由早期的巫师创造的。然而,这些造字的巫师,是哪个时代、哪个民族的,其代表性人物是谁,仍然需要加以进一步的考证。只有把这些问题弄清楚,才能对汉字的产生这一具有划时代意义的重大事件具有更加全面和深入的理解。

古人的"仓颉造字"说,"把文字的创造归结为某个圣人"(苏培成,2001)[④],固然

[①] 刘桓. 殷代史官及其相关问题[J]. 殷都学刊,1993,(3).
[②] 李立新. 试论汉字起源于中原地区[J]. 中州学刊,2010,(5).
[③] 李立新. 试论汉字起源于中原地区[J]. 中州学刊,2010,(5).
[④] 苏培成. 现代汉字学纲要(增订本)[M]. 北京:北京大学出版社,2001.

有其历史观上的局限性,但这种说法的产生,也并非无缘无故。在这个说法中,是否隐藏着尚不为人所知的史实?例如,为什么造字的是"仓颉",而不是其他的张三李四?既然仓颉"可能是搜集和整理汉字的名人之一"(黄伯荣、廖序东,2007)[1],为什么迟至战国时代才在文献中出现?

我们认为,要搞清楚这些问题,恐怕还得回到"仓颉造字"说那里去。我们只有找到这个可能存在过的"圣人",才能更清楚地还原汉字产生的时代背景。

6.3 "商人造字"的可能性

既然夏人没有造字,那么究竟是什么人在夏代造了字?我们认为,最有可能的就是先商时期的商人。

目前虽无确切的证据证明先商时期的商人已经使用了文字,但根据《尚书·多士》"惟殷先人,有册有典"的记载以及其他文献材料,结合目前所见最早的古汉字系统——甲骨文的使用情况,"商人造字"的可能性极高。

那么,为什么是商人造了字,而不是夏人造了字呢?这一点可以从文字产生的社会文化背景来看。

6.3.1 商人的巫文化

李葆嘉(1996)指出:"圣书字、甲骨文和玛雅文主要掌握在祭司、贞人等巫吏手中,用于记载宗教文辞和历史,似乎精神信仰的需求成为刺激文字发生的直接因素。"[2]这种"精神信仰的需求",就是对"商人造字"说的最好解释。

按理说,夏代的各个部落(包括夏人自身)都有精神信仰,都有掌管精神信仰的巫师,也都有造字的可能。不过,这一"直接因素"虽然是文字发生的必要条件,但并非充分条件。换言之,并不是只要有精神信仰必然会造字,有巫术必然会产生文字。古往今来,有巫术而无文字的民族比比皆是,可谓明证。

由此可见,文字的最终产生,还需要其他因素的综合作用。文字是由人创造和使用的,人是文字使用的主体,因此,探究文字产生的根源,还必须结合某种文字使用者的族源、文化特征、社会发展状况和迁徙经历等因素来加以综合考量。甲骨文是商人使用的,因而其产生的动因必须而且只能从商文化的特点及其源头东夷文化中去寻找。

首先来看商文化的特点。《礼记》曾对夏、商、周三个民族的精神气质作过一番

---

[1] 黄伯荣,廖序东. 现代汉语(增订四版)[M]. 北京:高等教育出版社,2007.
[2] 李葆嘉. 人类文字起源多元发生论(续)[J]. 解放军外语学院学报,1996,(1).

精辟的比较：

> 子曰："夏道尊命,事鬼敬神而远之,近人而忠焉,先禄而后威,先赏而后罚,亲而不尊。其民之敝,蠢而愚,乔而野,朴而不文。殷人尊神,率民以事神,先鬼而后礼,先罚而后赏,尊而不亲。其民之敝,荡而不静,胜而无耻。周人尊礼尚施,事鬼敬神而远之,近人而忠焉,其赏罚用爵列,亲而不尊。其民之敝,利而巧,文而不惭,贼而蔽。"(《礼记·表记》)

这段话托名孔子所说,虽未必真实,不过应该还是符合孔子思想的,至少是反映了该书作者的思想。

由此看来,与夏、周文化相比,商文化的一个主要特征就是"尊神,率民以事神,先鬼而后礼",即商人不重人事,更重鬼事,好行祭祀和巫术。商代甲骨文的发现,也为此提供了确凿的证据。"从甲骨卜辞中看得出商王朝几乎是天天有祭祀,事事必占卜"(孟世凯,2012)[①],真是叹为观止,可证孔子所言不虚。

那么,根据事物"用进废退"的发展规律,如此频繁的占卜和祭祀,借用裘锡圭(1988)的话来说,"必然迫切需要比较完善的文字,因此原始文字改进的速度一定会大大加快"[②],因而终于在商朝中期出现了以甲骨文为代表的一套较为成熟的文字系统。

反观夏人,虽然也有原始宗教信仰和占卜、祭祀之事,但远不如商人那么迷信,而是"事鬼敬神而远之,近人而忠焉"。在这样的文化氛围中,"精神信仰的需求"尚未达到"刺激文字发生"(李葆嘉,1995[③],1996[④])的程度,也就不会出现创造和使用文字的冲动。

再从夏文化的弊端来看,夏人的精神气质是"蠢而愚,乔(骄)而野,朴而不文",那么,如此"愚蠢""粗野"之人,自然不能指望他们为文字的发展作出什么贡献。这也进一步证明了上文的推测,即夏人不曾造字,也不曾用字。

同样,周文化的特点近似夏文化,也是"事鬼敬神而远之,近人而忠焉",因而也未能创制文字。这一点下文还会谈到。

商人的巫文化在商朝中期发展到鼎盛时期,其最重要的成果当然就是较为成熟的文字系统。自后期开始,由于社会的发展、时代的变迁,开始了以人文理性文化代替原始宗教文化的变化过程,巫文化也开始逐渐衰弱。周代以来,由于周文化居于统治地位,这个过程大大加速,也使巫文化加速衰弱、异化。

---

① 孟世凯.商史与商代文明[M].上海：上海科学技术文献出版社,2012.
② 裘锡圭.文字学概要[M].北京：商务印书馆,1988.
③ 李葆嘉.人类文字起源多元发生论[J].解放军外语学院学报,1995,(6).
④ 李葆嘉.人类文字起源多元发生论(续)[J].解放军外语学院学报,1996,(1).

在这个过程中,巫文化中的糟粕部分,成为装神弄鬼、诈骗钱财的"跳大神"之类,有时甚至为虎作伥。例如,在西周末期的"厉王弭谤"事件中,"(厉)王怒,得卫巫,使监谤者。以告,则杀之。国人莫敢言,道路以目"(《国语·周语》)。按卫国为商朝遗民所居之地,较多地保留了商人之巫风,巫师当为其"特产"之一。而此时的"卫巫",无疑是已经开始"不务正业"而充当了反面角色。又如,在《史记》所载"西门豹治邺"事件中,也详述了战国魏西门豹惩治巫婆、严禁巫风之举。由此可见,至少从西周末期起,巫这个职业已开始声名狼藉了。

另一方面,巫文化中的精华部分,则发展出某些宗教(如道教)、医术(如中医)、演艺(如优伶)等行当。

当然,巫文化的衰弱主要发生在"诸夏"("中国")地区,即由周人直接统治的中原地区。在南方的蛮夷地区,如楚国,巫风仍然是十分旺盛的。事实上,巫文化也是楚文化的重要特征之一。根据楚文化与商文化关系的研究,"有不少学者相信楚文化与殷商文化一脉相传"(张光直,2013)[①]。换言之,商人的巫文化在楚文化中延续了下来。

再来看商文化的来源。商人的迷信并非无缘无故,而是所来有自。上文提到,商人出自东夷集团,而东夷人巫风之盛,已由古史传说和考古发现所证明。这一点,与当时的中原夏文化是大为不同的。可以说,高度发达的巫文化,是东夷文化的特色,也是孕育文字等精神文明产品的丰厚土壤。因而,东夷集团的巫文化,应该是商人创制文字的文化背景。

在原属东夷地区的考古发掘中,也已经越来越多地发现了年代相当于太昊、少昊等部落的刻画符号或原始文字,这些文字的萌芽或前身,应该是商人所造文字的基础。而这一源流关系也已为今人所认识。

以河南舞阳贾湖新石器时代遗址甲骨契刻符号为例,"个别符号与商代甲骨文有相似之处,因之,贾湖契刻符号很可能是汉字的滥觞"(张居中,1999)[②]。而这些"符号的发现及其考古绝对年代的确定,为中国商甲骨文的历史源头的探讨提供了可靠的证据"(唐建,1992)[③]。

按贾湖位于淮河流域,当时及以后在该地域生活的先民,主要就是东夷集团的一部分。其中的"淮夷"就曾经是较为强大的部落联盟,在夏商周三代始终与中原王朝为敌。

[①] 张光直.中国青铜时代[M].北京:生活·读书·新知三联书店,2013.
[②] 张居中.淮河上游新石器时代的绚丽画卷——舞阳贾湖遗址发掘的主要收获[J].东南文化,1999,(2).
[③] 唐建.贾湖遗址新石器时代甲骨契刻符号的重大考古理论意义[J].复旦学报(社会科学版),1992,(3).

第六章 "商人造字"说

从贾湖人的精神面貌来看,"以中晚期墓葬中随葬的成组内装石子的龟甲、与龟甲共存的骨笛、叉形骨器等随葬品为代表的原始宗教用具表明,贾湖人之中流行着很强的巫术崇拜和巫术信仰,从墓地中葬狗现象可以推测当时已存在祖先崇拜和犬牲现象。成组龟甲及其内装石子,说明当时可能存在原始的占卜现象"(张居中,1999)①。看来,贾湖人的原始宗教与商人十分相似,而其甲骨契刻的功能及其所用材料与商代甲骨文如出一辙。

由此可以得出这样的推论:以贾湖甲骨契刻符号等为代表的东夷集团刻画符号,可能是商代甲骨文的源头,这些符号在商人手中实现了质的飞跃,成为最早的汉字。

总之,商文字的创制和发展,意味着商人一方面继承了东夷文化,另一方面则大大发展了东夷文化。

其实,在夏朝建立和夏文化崛起的同时,东夷文化已经开始衰落了。考古发现也已表明,在相当于夏代东夷地区的文化发展方面,明显不及中原的二里头文化。

商人对东夷文化的发展,首先在于其离开少昊部落而单独发展。曹定云(1997)在考证古籍所载"少昊契"和"少昊挚"的区别时认为,两者"虽然都属于'少昊'部落,而且还属于同一胞族,但其后却走上了不同的发展道路:'少昊契'一支,后来因封于商而改称'商族',并逐渐发展壮大,至大乙(汤)时建立了商王朝;而'少昊挚'一支,仍沿袭'少昊'之号,统领其余'少昊'部落中的氏族,后来就转到山东方面去了,成为东夷集团的重要组成部分"②。

至于少昊契一支为何离开少昊部落单独发展,文献中并未留下只言片语。或许是由于争夺少昊部落领导权失败而出走,或者因与北方的胡狄部落有娀氏联姻而开始过上游牧生活。无论如何,商人的单独发展,为这个新兴民族的自强不息和最终崛起奠定了基础。

根据文献中所保存的商先公"完整的世系",自商人始祖契至商朝建立者汤共历十四世,与夏朝的世系大致相当。据此推算,商契大约应该与夏禹同一时代,即夏代之初。

商人自商契之后,从其发源地(今河北一带)屡次南迁至夏朝东境,位于夷夏之间,即所谓"自契至成汤八迁"(《尚书·序》)。商人历经整个夏代,在夷、夏两大集团的夹缝中,由历代先公苦心经营400多年,逐渐崛起。

在先商发展的初期,商人并无伯益、有穷氏等部落那样的实力来挑头与夏对

---

① 张居中.淮河上游新石器时代的绚丽画卷——舞阳贾湖遗址发掘的主要收获[J].东南文化,1999,(2).
② 曹定云.夒为殷契考——兼说少昊、太昊[J].中原文物,1997,(1).

抗,因而只得韬光养晦,臣服于夏朝。早期的几位商先公曾先后为夏朝服役,主要是治水。例如,"契长而佐禹治水有功"(《史记·殷本纪》),"(夏帝少康)十一年,使商侯冥治河""(夏帝杼)十三年,商侯冥死于河"(今本《竹书纪年》),等等。

到了先商中后期,即先公王季和上甲微时代以来,商人逐渐羽翼丰满,日益坐大,开始吞并周边小国,文献中再也不见关于他们为夏朝服役的记载。他们由唯命是从的夏朝属国,变成夏朝的心腹之患,以至于到了夏末,夏桀"乃召汤而囚之夏台"(《史记·夏本纪》)。最后,商人终于借助"娘家人"有莘氏等其他东夷部落的力量而一举推翻夏朝,并入主中原长达500多年。

至于商人的母体东夷集团(例如"少昊挚"部落等),则在文化上止步不前。在高度发达的黄河文明面前,他们并未与时俱进,而是越来越显得落后。

对于东夷文化的衰落和中原文化的兴起,也有人从地理环境的变迁加以解释:"距今4 000年左右的一场特大的洪水泛滥与海水倒侵灾难,使得黄河下游的龙山文化和长江下游的良渚文化遭受了灭顶之灾。山东龙山文化之后的岳石文化,良渚文化之后的马桥、湖熟等文化,都明显要低于其前身,便说明了这一事实"(江林昌,2007)①。

另一方面,"对大河、大江的中、上游流域来说,所受灾害当然要小于下游。于是,黄河中游的河南龙山文化仍正常地向前发展,从而最早进入文明时代,出现了夏王朝。如果4 000多年前不发生这场连续若干年的大洪水,我国最初的王朝也许而且应该是由东夷建立的"(俞伟超,2002)②。

按中原地区的夏人是否首先进入文明时代,以及夏朝是否为我国最初的王朝,这一点我们已在上文讨论过,此不赘述。但夏朝确实是在中原地区建立的第一个王朝,这也是无法否认的。不过,夏人虽占有中原地区之"天时地利",但未有东夷文化之"人和",因而在文字发生方面,不幸与裘锡圭(1988)的"夏人改进文字"③说刚好相反,"原始文字改进的速度"并没有"大大加快"而始终停留在刻画符号阶段,而年代相当于夏末商初的夏人二里头刻画符号之幼稚状态,恰好就是"原始文字"还没有得到"巨大改进"的反映。

6.3.2 商人的商贸文化

凡是对夏商周三代历史有所了解的人,一定会对商人的商贸文化印象深刻。

---

① 江林昌.五帝时代中华文明的重心不在中原——兼谈传世先秦秦汉文献的某些观念偏见[J].东岳论丛,2007,28(2).
② 俞伟超.龙山文化与良渚文化衰变的奥秘——致"纪念发掘城子崖遗址六十周年国际学术讨论会"的贺信//古史的考古学探索[C].北京:文物出版社,2002.
③ 裘锡圭.文字学概要[M].北京:商务印书馆,1988.

上文提到，在李葆嘉(1995①,1996②)所考察的"人类文字产生的经济文化背景及特殊刺激因素"中，除了精神信仰的需求以外，贸易经济的需求也可能成为"刺激文字发生的直接因素"，因为"苏美尔文字的出现是以贸易为主的城市经济引起的商业会计要求而触发的"(李葆嘉,1996)。

有意思的是，商人似乎也有这样的需求。与夏人和周人相比，"商族人善于贸易，而且有很长的历史"(孟世凯,2012)③。

《礼记》曾对上古的虞、夏、商、周四大民族文化做过一番对比，认为"昔者有虞氏贵德而尚齿，夏后氏贵爵而尚齿，殷人贵富而尚齿，周人贵亲而尚齿"(《祭义》)。换言之，这四大民族的共同点，是都有"尚齿"(即尊老)的传统，但与其他民族不同的是，商人的特点是"贵富"，即更尊重富人。不言而喻，若想要成为富人，从事贸易就是最好的途径。

早在20世纪20年代，徐中舒(1927)就通过对周代商遗民谋生手段的分析，推测"商贾之名，疑即由殷民而起"④。也就是说，"商人"一词的"商贾"义，可能就是从表示"商族"的本义引申出来的。

其实，根据文献的一些记载来分析，中国最早的商人(商贾)也确实是商人(商族)。《山海经》曾描述了商先公王亥去有易部落和河伯部落进行牛羊贸易并遭遇杀身之祸的故事，即"王亥托于有易、河伯(以)仆牛，有易杀王亥，取仆牛"(《大荒东经》)。关于这一事件的一些零星细节，则散见于《周易》等其他文献。

在此事件中，王亥身为部落首领，居然亲自带着一个商队从事长途贩运，说明对外贸易是这个部落"国民经济"的一个重要支柱产业，而整个商族就像一个产销结合的"外贸公司"，王亥则是这个"公司"亲力亲为的"董事长"兼"总经理"。

商人的这种贸易传统，显然是夏人和周人所不具备的，可能也是这两个民族未能创制文字的一个原因。事实上，自周代以来，中国历史上延续2 000多年的"重农抑商"传统，就与周文化有着紧密的关联。

据此，我们可以推测，商人的商贸传统，也可能成为其创制文字的一个直接刺激因素。至于两者是如何结合起来的，由于文献阙如，也无考古证据，暂难考定。

总之，与夏人和东夷人相比，商人可谓兼具文字产生的两大刺激因素。因此可以说，商人造字的文化背景主要在于其发达的巫文化，而其商贸传统，也可能在此过程中起到了一定的促发作用。

---

① 李葆嘉.人类文字起源多元发生论[J].解放军外语学院学报,1995,(6).
② 李葆嘉.人类文字起源多元发生论(续)[J].解放军外语学院学报,1996,(1).
③ 孟世凯.商史与商代文明[M].上海：上海科学技术文献出版社,2012.
④ 徐中舒.从古书中推测之殷周民族[J].国学论丛,1927,1(1).

6.4 商人造字的标志性人物

上文我们已经推定,汉字是夏代先商时期的商人所造。那么,究竟是哪一位商人所造呢?

当我们把"商人造字"和"巫师造字"联系起来,就可得出商人的某位巫师造字的结论。再根据造字的年代和先商社会的发展情况,可推定这位造字的巫师,很可能就是商人的始祖——契。换言之,这位为造字立下头等功劳的标志性人物,就是商契。所谓"仓颉造字",很可能就是"商契造字"。

6.4.1 "商契为巫"说

"商契造字"的前提之一,在于"商契为巫"。那么,商契是不是巫呢?

当然,目前所见文献中,并无"商契为巫"以及其后的历代先公、先王为巫的明确记载。那么,商契究竟是不是巫?对此,我们不妨从上古社会中政权与神权的分化过程来作一番考察和推论。

从人类学的角度来看,原始部落的领导权,往往是政教合一的,其首领不仅是政治军事领袖,同时也是精神领袖,即"王""巫"合一。《礼记》曾提到:"故先王秉蓍龟,列祭祀,瘗缯,宣祝嘏辞说,设制度"(《礼运第九》),说明早期的君王曾是占卜、祭祀的主持人。因而,"事实上,古代的巫术,往往操纵在国王手里,国王也就是群巫之长";"求雨之时的舞,有时臣僚实行,有时国王亲自操作"(张秉权,2001)①。

根据研究,"良渚文化也当有一英雄首领,身兼巫师或为群巫之长,人们信其以鸟服鸟姿升天通神的本领"(林华东,1998)②。

其实,根据文献中的描写来判断,中原的夏禹和夏启父子也是巫。例如,长沙马王堆汉墓出土的医书中有巫术治病之方,其中就有所谓"禹步"之法。将这种方法称为"禹步",说明"禹不但是巫师,而且应是巫师之祖"(王晖,2000)③。同样,文献中传说夏启曾到上帝那里做客,并带回《九辩》和《九歌》,则说明"夏后启无疑为巫,且善歌乐"(张光直,2013)④。由此可见,与禹、启同时代的商契必为巫无疑。

由于资料阙如,关于商先公为巫的记载比较少。但根据对王亥的描述,王亥为巫的可能性则是极大的。据《山海经·大荒东经》所载,在"东海之渚"中,有一个

---

① 张秉权. 殷代的祭祀与巫术[A]. 宋镇豪等. 甲骨文献集成第30册[C]. 成都:四川大学出版社,2001.
② 林华东. 良渚文化研究[M]. 杭州:浙江教育出版社,1998.
③ 王晖. 商周文化比较研究[M]. 北京:人民出版社,2000.
④ 张光直. 中国青铜时代[M]. 北京:生活·读书·新知三联书店,2013.

"困(因)民国","有人曰王亥,两手操鸟,方食其头"。这里的"王亥",就是那位从事长途贩运而遭到杀害的商先公王亥。

关于王亥"两手操鸟,方食其头"的描述,一般解释为"两手抓着一只鸟,正在吃它的头"。不过,王亥为什么要吃鸟的头,以及《山海经》为什么要特意描写这一情景,似乎有点莫名其妙。徐中舒(1992)①根据"亥"字在甲骨文中或从鸟头,或在旁边再加手形,正表现了以手操鸟之形,故而认为"所谓'操鸟方食其头'的说法是不对的","应是表示以鸟为图腾"。那么,王亥"两手操鸟,方食其头"的情景,应是在举行某种祭祀仪式或施行某种巫术。《山海经》的作者觉得这一情景怪异而独特,因而特意加以描述。由此可以推论,"王亥也是大巫,两手操鸟便是他的法器或通天工具"(张光直,2013)②。

关于商朝建立以来商王亲自承担大巫职责而主持祭祀的事件,文献中的记载就详细多了。例如,"昔者汤克夏而正天下,天大旱,五年不收,汤乃以身祷于桑林"(《吕氏春秋·顺民》),说明商汤曾亲自主持过祈雨的祭祀,甚至将自己作为牺牲。又如,盘庚迁殷时,曾威胁守旧贵族道,"古我先王暨乃祖乃父胥及逸勤,予敢动用非罚?世选尔劳,予不掩尔善。兹予大享于先王,尔祖其从与享之。作福作灾,予亦不敢动用非德"(《尚书·盘庚》),说明盘庚也能主持"大享"(即祭祀祖先)。

至于商汤和盘庚都曾以国王身份兼任大巫,却为何不称巫,这应该是由于部落领导权的不断分化,导致"王"与"巫"的分工使然。换言之,"可能商代专职的巫才称巫,而王室官吏虽有巫的本事却不称巫"(张光直,2013)③。

据研究,"商人祭祀先公、先王、先妣采用单祭、合祭、特祭、周祭四种祭祀形式。单祭是对某一位先王或先妣单独进行祭祀。合祭是同时对多位先祖进行祭祀,合祭又分顺祀和逆祀两种:顺祀是按祖先的世次由远至近祭祀,逆祀是按祖先世次由近及远依次祭祀。特祭是商人对近世祖先举行多种特殊祭祀。周祭最为复杂,它是商王及王室贵族用翌、祭、乡等祀典对其先祖周而复始地进行的祭祀"(丁波,2004)④。

如此繁琐复杂的祭祀,一人之力自然很难胜任,这必然促使商王将大部分祭祀任务交给专职的巫。当然,在一些极为重要的祭祀场合,商王仍然需要"披挂上阵",亲自主祭。不过,这样的"主祭",其象征意义要远远大于实际意义。

商代中前期,大巫位高职尊,他们可与商王比肩,在祭祀程序中,他们是仅次于

---

① 徐中舒.先秦史论稿[M].成都:巴蜀书社,1992.
② 张光直.中国青铜时代[M].北京:生活·读书·新知三联书店,2013.
③ 张光直.中国青铜时代[M].北京:生活·读书·新知三联书店,2013.
④ 丁波.商代的巫与史官[J].中国社会科学院研究生院学报,2004,(3).

商王的领导者;在现实政治结构中,他们是一人之下万人之上的统治者(丁波,2004)①。而其中著名的伊尹、伊陟、巫咸、巫贤等大巫地位极高,在商朝处于半人半神的领袖地位,在卜辞中,他们和商先王一同受祭祀,而且对他们的祭祀礼仪是常用礼仪中等级最高的"禘"礼(王晖,2000)②。

不仅如此,商朝早期的大巫甚至还拥有废立国王的权力,典型的例子就是"伊尹放太甲"事件。第三任商王中壬"即位四年崩,伊尹乃立太丁之子太甲。太甲既立,三年,不遵汤法,伊尹放之于桐。三年,伊尹摄行政事,当国以朝诸侯。太甲居桐宫,三年,悔过自责,反于善,伊尹乃迎太甲而授之政"(夏曾佑,2010)③。这就说明,商王太甲乃伊尹所立,三年之后又被伊尹罢黜,由伊尹摄政三年,之后才重新被伊尹迎回复位。

从这个事例可以看出,至少在商朝初年,其统治模式很可能是王与巫的二头结构,大巫的地位未必是"一人之下",至少是与商王比肩而同为"万人之上",有时甚至凌驾于国王,可谓"有实无名"的"无冕之王"。相传伊尹死后,"(商王)沃丁葬以天子之礼,祀以太牢,亲自临丧三年"(《尚书·咸有一德》孔颖达疏引《帝王世纪》)。从甲骨卜辞中也可见伊尹和商汤一起受到祭祀,连伊尹的配偶也入祀典,可证此言不虚。这说明,在商人心目中,伊尹就是先王之一。至于先秦文献中以伊尹为"贤相",是以后世的君王与宰相之关系来想象商王与伊尹的关系,未必符合当时的实际。

由此可以推论,在先商时期,由于部落管理职能不如后世那么复杂,商契及之后的历代商先公,都应该是王、巫合一的。甚至可以说,在这个阶段,"王"和"巫"就是同一个概念。大约至商汤建立商王朝,成为天下共主之后,王、巫才开始分流,并有了专职的巫,这也意味着君权和神权开始分离。根据许慎对"巫"字的解释:"古者巫咸初作巫"(《说文解字》),那么巫咸可能是商朝第一位称为"巫"的巫,时当第九代商王太戊时期,可以看作是王、巫正式分流的标志。

王、巫分流之后,巫的地位经历了一个逐步下降的过程。在王、巫分流之初,二者地位相当;之后王的地位逐步上升,巫的地位则相应下降。又随着巫、史分流,从"巫"中分化出"史",其地位也逐渐高于巫,巫的地位又继续下降。这样一来,王与巫的地位差距越来越拉大,最后几乎是一个在天上,一个在地上。

就文字的使用者来看,在王、巫合一以及巫、史合一阶段,使用文字的自然是早期的巫;当"巫""祝""卜""史"分流之后,文字的使用者就渐归卜、史了。这是由二

---

① 丁波.商代的巫与史官[J].中国社会科学院研究生院学报,2004,(3).
② 王晖.商周文化比较研究[M].北京:人民出版社,2000.
③ 夏曾佑.中国古代史[M].长沙:岳麓书社,2010.

者的分工所决定的。因为巫、祝的职责主要在于祭祀中的仪式,如傩舞、祝颂等,一般并不需要使用文字,而卜、史需要占卜和制作典册,当然需要使用文字。

又自商亡以来,占卜之事日衰,文字就单由史掌握了,以至于被后世误以为造字者必定为"史""史是最早出现的与文字结缘的人"(刘桓,1993)①,等等。殊不知,在造字的时代,可能连单独的"巫"概念也尚未出现,遑论"史"概念。

至于商王以及王室成员运用文字的情况,文献中并无明确记载。尽管甲骨文中也曾出现不少"王贞""王卜""王占""王占卜"之类卜辞,但它所反映的是国王对占卜之事的主导权和解释权,实际上是由商王口授而由卜官刻写。商王有可能会认字和阅读,但并不一定亲自"捉刀"刻写,因为"负责刻字的卜官必须经过专门的训练……不是人人都能掌握"(王玉良,1993)②。

6.4.2 "商契造字"说

早在20世纪30年代,陈梦家(童书业,1937;2009③)就已通过初步考证,提出了"仓颉"即"商契"的假设。首先,据《世本》的记载:"少昊名契",与商人始祖"契"同名,则少昊就是契;而"契"字本义即为"契刻书契",少昊、商契都以其事迹而得名,再与"仓颉始作书契"的传说联系起来,那么二者就是仓颉。其次,从语音角度考虑,"仓颉"之"仓"与"商"同,古可通用,如"仓庚鸟"亦作"商庚鸟";"契""颉"古音极近。那么,文献中的"契""少昊""仓颉"即是一人,都为造字之祖。

后来童书业(1937;2009)受陈梦家启发,又补充东汉王符《潜夫论·五德志》关于少皞(少昊)"是始作书契,百官以治,万民以察"的记载,进一步断言:"可见少皞的确是契了!"④

此后,郭沫若(1954)⑤、胡厚宣(1964)⑥等在讨论少昊是谁的问题时也主张少昊就是契,并进一步认为文献中出现的"少昊挚""少昊质"也是"少昊契"。

不过,后来陈梦家(1956)⑦又部分否定了上述观点,认为"《左传》及其他书中则有挚与契的混淆,我们从前也主张契、挚、质、少昊是一人之说。今以为须分别之,契是传说上的人王,而挚是少昊之神"。

---

① 刘桓.殷代史官及其相关问题[J].殷都学刊,1993,(3).
② 王玉良.略谈我国古代文字的载体及书籍的起源[J].中国图书馆学报(季刊),1993,(2).
③ 童书业.潜夫论中的五德系统//顾颉刚.中国上古史研究讲义[M].北京:中华书局,2009.
④ 童书业.潜夫论中的五德系统//顾颉刚.中国上古史研究讲义[M].北京:中华书局,2009.
⑤ 郭沫若.中国古代社会研究[M].北京:人民出版社,1954.
⑥ 胡厚宣.甲骨文商族鸟图腾的遗迹[A].历史论丛第一辑[C].北京:中华书局,1964.
⑦ 陈梦家.殷墟卜辞综述[M].北京:科学出版社,1956.

曹定云(1997)[①]也同意"将'少昊挚'与'殷契'分开"的观点,因为《史记》中明言"殷契,母曰简狄,有娀氏之女,为帝喾次妃",又云"(帝喾)娶陬訾氏女,生挚"。那么契与挚明明是两个人,而不是一个人,二人是同父异母的兄弟关系。

这个分析很有道理,可见少昊与契确实不能划等号。比较合理的推论应该是,少昊其人是契和挚的共同始祖;"少昊"又作为部落名,其中的任何分支都可以冠以"少昊"之称。少昊契就是"少昊之契",少昊挚就是"少昊之挚"。由此来理解《世本》"少昊名契"的记载,这个"少昊"应该指的是后来离开了少昊部落单独发展而成为商族始祖的这个"少昊"(即"少昊契"),而非继承了少昊部落领导权的另一个"少昊"(即"少昊挚")。

至于《潜夫论》所说"生白帝挚青阳,世号少皞……是始作书契",可以理解为少昊部落确实也曾"始作书契",其考古学证据就是在东夷地区发现的那些4 000年前的刻画符号,但这样的一些"书契"并未进一步发展成为文字而流传下来,只留下一个传说。而荀子所说的"好书者众"而"仓颉独传"(《荀子·解蔽》)正可与此相印证。

经过上文的梳理,我们虽然排除了始祖少昊和少昊挚就是契的可能,但"商契造字"说的核心并未动摇,即"仓颉"就是"商契"。

根据我们上文的推论,商人始祖商契可能是一位"王""巫"合一、集君权与神权于一身的首领。由于宗教信仰的需要,他在原东夷刻画符号(或原始汉字)的基础上,进一步作了改进,创制了具有商人特色的一套刻画符号(或原始汉字),成为当时众多"好书者"之一。这套符号经过历代子孙的不断完善,终于发展为相当成熟的甲骨文以及今天的汉字。

商契造字之功为后人所景仰而传诵,但在口耳相传过程中分化为两个不同的人,并终于在战国时代讹变为"仓颉造字"。这个讹变的过程,下文还将详细分析。

6.4.3 "商契造字"说的内涵

当然,我们将"仓颉造字"考证为"商契造字",还需要对"造字"的含义进行分析。即,商契所造之"字",是否符合今人对汉字的定义,是否确实已经实现了从原始记事方法到文字的"变革性突破"(李葆嘉,1996)[②]?

按商契造字并非凭空而为,他一定是在原东夷刻画符号(或原始汉字)的基础上加以改进而来,这是毫无疑义的。然而,商契的改进是否实现了从符号到文字的质的飞跃或突变,目前仍然缺乏可靠的文献和考古学证据,因而仍然难以确认。不

[①] 曹定云. 夒为殷契考——兼说少昊、太昊[J]. 中原文物,1997,(1).
[②] 李葆嘉. 人类文字起源多元发生论(续)[J]. 解放军外语学院学报,1996,(1).

仅如此,从商契到甲骨文之间,相隔大约 700 年时间,由于缺少可靠证据来补上这一缺失环节,因而汉字在这段时间中如何发展,以及在哪个时期实现了这种质的飞跃,也是难以确认的。

正如我们上文所提到的,这种突变是在从量变到质变的渐变过程中发生的,经历这个突变的当事人本身未必意识到这一点,后人也无法予以判别,因而仍然将造字之功归为商契,那位真正的造字者反而淹没无名。换言之,即使我们能够确认"仓颉造字"就是"商契造字",也并不意味着确实是商契本人造了字,也许商契本人所使用的,仍然处于符号阶段。

根据荀子"好书者众"而"仓颉独传"的说法,说明在寻找造字之祖的人们眼里,那些非文字的符号与真正的文字之间并无本质区别,都属于"书"或"书契"的范畴。关于这一点,我们当然无法苛责于 2 000 多年前的古人,因为即使是在当代,不仅是普通百姓,连不少学者也常把符号与文字混为一谈。对此我们上文已做了分析,此不赘述。

就文献中的描述来看,古人似乎认为仓颉所造之字已经是一套比较成熟的文字了。例如,我们上文提到,在许慎看来,汉字中的象形字(包括指事字、会意字)乃仓颉所作,形声字则是后人的发展,而且仓颉造字以后,"百工以乂,万品以察"(《说文解字·序》),看来的确已经相当成熟。不过,许慎把仓颉造字的年代推定为黄帝之时,自然是不可信的。若从"仓颉"即"商契"的角度来看,这种可能性就更大一些了。

我们认为,商人的符号实现突变的最为可能的时期,应结合商人发展历程中的几个较为重要的时期来考虑。一是在商契创立商族时期,这是以后人将商契之名写作"契",将他视为汉字的始祖为证。二是在王亥统治时期,根据卜辞中将他视为高祖之一的地位,结合他从事贸易的传说,也可推测文字是在他手里实现了突变。三是在商汤建立商王朝以来,由于王、巫分流而导致巫师专业化,使巫师在长期的专业工作中有机会逐步改进原始文字,从而在某位巫师手里实现了从符号到文字的突变,而这位巫师有可能就是首任专职巫师伊尹。

从年代来看,我们已将汉字系统的形成推定为距今 3 700 年前的夏代后期。若以此衡量上述三位可能的标志性人物,商契偏早,伊尹偏晚,而王亥则大致相当。而且,王亥的名字也许还能给我们一点启发。"亥"与"契刻"之"刻"古音相同,"刻"字是在"亥"字上加上一把"刀",也许暗示着王亥在"契刻"方面的突出贡献。

总之,所谓"商契造字",可能是商契亲自造字,也可能是商契的后人(如王亥)造字。如果确为商契之功,那么后人"把文字的创造归结为某个圣人"(苏培成,2001)[1],即仓颉(商契),当是实至名归,未必"不可信"。如果确是商契后人之功,那

---

[1] 苏培成. 现代汉字学纲要(增订本)[M]. 北京:北京大学出版社,2001.

么商契作为商人的标志性人物,为后人奠定了造字的基础,后人归功于他,同样无可厚非。

6.5 汉字功能的转变和"仓颉造字"传说的产生因由

上文我们已经初步考证了,"仓颉"就是"商契","仓颉造字"就是"商契造字"。不过,鉴于任何传世文献中都找不到"商契造字"的明确记载,我们凭借"仓颉"和"商契"贡献相似、二名古音极近,并以"巫师造字""商契为巫"为基础,就推测为同一人,似也难成定论。因而,我们还需要试着做出较为合理的推论,以解释"商契"为什么会在字面上变成了"仓颉"。

对于这个问题,我们需要从汉字功能的转变过程以及"仓颉造字"说产生的时代背景来加以分析。

那么,早期汉字的功能是什么?或者说,汉字造出来,是做什么用的?古人早就说过:"上古结绳而治,后世圣人易之以书契,百官以治,万民以察"(《易·系辞下》)。据此,"书契"的作用是"百官以治",换用现代的话来说,就是"统治阶级为了有效地进行统治,必然迫切需要比较完善的文字"(裘锡圭,1988)[①]。然而,这样的观点,与上文提到的"史官造字"说一样,也是以周秦汉三代以来的社会现实,去想象远古造字时代的社会状况,犯的也是以今度古的毛病。

6.5.1 商文字的用途

根据我们上文的分析,古代劳动人民与文字并无关系,与文字结缘的只是统治阶级中的某些人。

那么,在先商时期乃至后来的整个商朝,究竟是统治阶级中的哪些人在使用文字,他们为什么要使用文字呢?

上文我们也已经初步确立了"巫师造字"说。这就意味着,文字不仅是由巫师创造的,而且在相当长的一段时间中,始终掌握在巫师手里。具体而言,文字是巫师的职业工具,就如同数学符号是数学家们的职业工具、五线谱是音乐家们的职业工具。

因而,早期汉字的功能,必须围绕巫师这个职业进行分析。我们不妨从商代甲骨文的用途,结合文献的相关记载来看。

从甲骨文的内容来看,"现存的十万片甲骨文字,大部分是祭祖时占卜用的。在卜辞里,可以看到他们向祖先求丰年、求雨、求治疾病、求生子的种种记载,也可

[①] 裘锡圭.文字学概要[M].北京:商务印书馆,1988.

看到因不雨或疾病而认为是祖先为祟的语句。奇怪的是他们求丰年和降雨,不直接向'帝'请求,而要托祖先转达"(傅乐成,2010)①。这是由于"商人以为上帝至上,如有所祷告,只能是由先祖转请上帝,而不能直接对上帝有所祈求"(胡厚宣,2001)②。

由此可见,甲骨文字的主要功能是占卜,即请求祖先降福;甲骨文中出现的语句其实主要是与祖先的对话。

当然,目前所发现的甲骨文,指的是刻在出土甲骨上的文字系统,既不是商代文字的全部,也未必涵盖商代文字的所有功能。我们仅凭甲骨文的功能而推定整个商代文字的功能,从而认定整个商代文字的功能仅限于祭祀和占卜,也有以偏概全的危险。

根据周公旦"惟殷先人有册有典"(《尚书·多士》)的说法,商人把文字刻写在简牍之上而制成"典册"的可能性也是很大的,只不过是竹木制品不易保存久远而今人难以发现而已。事实上,甲骨卜辞中也已屡屡出现"作册"之官,以及祭祀中的"工典""称册""登册"等仪式,可证"有册有典"说之可信。"册"字就是将简牍串连成书卷的象形,"典"字则是将"册"安放在"丌"(案几)上的象形。董作宾(1947)也曾指出:"殷代文字的应用,大部分应该是在典册上,所惜的是典册早已不存在了。"③另据对殷墟文物的研究④,认为商人更常用的书写工具是毛笔,可与典册的存在相互印证。

然而,这些典册是做什么用的,对此仍有进一步分析之必要。我们认为,"作册"之官所作之"册",主要还是在祭祀中用以祷告神灵的,即"工典""称册""登册"等。这些典册的内容,应该主要是向神灵祈求或祝颂的言辞等。这就说明,典册的功能仍然在于人鬼之间的沟通。

鲁迅(2006)也已注意到,巫在"降神"过程中,"也得将记载酋长和他的治下的大事的册子,烧给上帝看"⑤,可谓点出了典册之用的关键,即典册是"给上帝看"的,不是给人看的。

当然,这些典册也不至于全部烧完。在用于祷告之后,除了烧掉的以外,其余部分必须保存在宗庙里,即所谓"典藏",便于以后再"请"出来使用。我们现在所使用的"秘书""藏书"等词,其本意就是"秘藏之书",说明早期的书籍写出来之后,是

---

① 傅乐成.中国通史[M].贵阳:贵州教育出版社,2010.
② 胡厚宣.殷卜辞中的上帝和王帝[A].宋镇豪等.甲骨文献集成第 30 册[C].成都:四川大学出版社,2001.
③ 董作宾.殷墟文字甲编自序//殷墟文字甲编[M].北京:商务印书馆,1947.
④ 桂娟,方栋.三千多年前中国人写字主要用毛笔[N].文汇报,2013-10-22.
⑤ 鲁迅.门外文谈//且介亭杂文[M].北京:人民文学出版社,2006.

需要"秘藏"的,并不是今人眼里的"大众传媒"工具。

既然典册必须秘藏于宗庙,只有极少数人才有权接触,自然不可能传播出去,更不可能用于人际交际。甚至可以说,连国王也未必有权看,遑论一般人。

事实上,其他一些民族的古老文字也常见类似的情况。例如,彝族的老彝文就是由"毕摩"(即巫师)代代相传而来,早期的彝文经典也大多是与宗教活动有关,说明老彝文也是掌握在巫师手中,作为从事宗教活动的工具。另一方面,彝族土司、头人则视其经典为神圣不可侵犯的法物,平时置之高阁,焚香虔供,只有当巫师作法诵经时,才把它们迎请到祭场(马学良,1981)①。同样,纳西族的东巴文也是掌握在"东巴"(即巫师)手里,主要用于抄写东巴经;水族的水书也是用于撰写巫术书籍,并掌握在水书"先生"(即巫师)手里,二者也都并未用于宗教以外的目的。

商代文字的另一个用途是青铜器铭文,主要是在商代晚期。根据现有的发现,铭文大多仅为只言片语,也有少量多达40余字的长铭文。其铭文的内容大抵是向祖先报告所发生的重大事件等。关键是,这些青铜器作为国之重器,其功能也是用于祭祀,需秘藏于宗庙里。这种东西的神秘性,也可以东周初年发生的"楚王问鼎"事件来证明。据记载,楚庄王向周使王孙满"问鼎之大小轻重",王孙满指出,九鼎"用能协于上下,以承天休",因而"鼎之轻重,未可问也"(《左传·宣公三年》)。由此可见,作为通天工具的青铜器,旁人连问也不能问,哪能随便看。

当然,这些"秘藏"之典册和铭文,客观上也为后人留下了珍贵的"历史档案",由此可以知晓前代旧事,例如周公旦就通过研究商朝的这种"档案",掌握了夏商两朝兴亡的规律,总结了历史教训。然而这些"档案"制作的初衷,仍然不是为了人际交际,也并非有意让后人知道"殷先人有册有典"。

值得一提的是,商人的祭祀占卜之权,是掌握在中央政府手里的。根据文献记载,结合卜辞可知,"殷王朝对诸侯方国的祭祀权力进行了限制","以此把神权高度集中在殷王室手中,有利于统治当时在政体方面还比较松懈的方国联盟制下的众多方国部族"(王晖,2000)②。由此可推测,文字的使用权,应该也是掌握在直接为商王服务的巫祝集团手里,不会推广到全国各地去。

有学者推论,"殷墟出土的甲骨卜辞已是相当成熟的文字体系了,说明当时文字的使用已相当广泛"(王玉良,1993)③。此说也值得商榷。

我们认为,甲骨卜辞所用文字,作为一种文字体系固然已经"相当成熟",但由此反推"当时文字的使用已相当广泛",则实为勉强。文字使用的"广泛"固然可以

---

① 马学良.彝文和彝文经书[J].民族语文,1981,(1).
② 王晖.商周文化比较研究[M].北京:人民出版社,2000.
③ 王玉良.略谈我国古代文字的载体及书籍的起源[J].中国图书馆学报(季刊),1993,(2).

促使其"成熟",但文字的"成熟"也未必仅凭其使用的"广泛"。就商代文字而论,它的不断成熟,应该主要得益于其使用的频繁而非广泛。事实上,商文字的使用,无论就其使用目的还是使用地域来看,都难说广泛。

也有学者认为,"早期文字不仅用于人类交际,而且用于人神交际"(连登岗,2009)[①]。我们认为,这句话的后半句是对的,而前半句则是囿于对文字功能的通常认识而想当然的结果。根据文字掌握在宗教神职人员手里这一事实来看,如果文字也用于人类交际,那就意味着文字只有这些神职人员之间互相用来交际,而这种可能性和必要性根本不存在。这些人同属商朝中央为国王服务的巫祝集团,可谓"同僚",互相之间有什么话不能当面说,还要通过"写信"来沟通?而且这种随便使用文字的行为,很可能还会作为一种亵渎神灵的行为而遭到禁止。

总之,种种事实可以表明,文字即使到了商朝以及西周早中期,尚没有成为统治阶级广泛使用的工具。这是由文字的功能所决定的。当时文字的用途在于祭祀和占卜,是人鬼沟通的工具,只有那些主管祭祀、占卜的人才会使用文字。

6.5.2 汉字功能的转变

商人首创了汉字,并将汉字带入中原地区,开启了华夏文明的新时代。然而,在文字观念上,商人尚未如后人那样意识到文字作为人际交际工具的巨大作用,因而汉字并未成为人与人之间的交际工具,也就谈不上成为"统治阶级为了有效地进行统治"(裘锡圭,1988)[②]而使用的工具。当然,我们也不妨把祭祀和占卜等宗教事务理解为统治阶级有效统治的一个方面,但也仅限于这个方面。

因此,尽管文字体系发展到商代中晚期已经相当成熟,但由于其功能的局限性,其成熟的速度受到极大的限制。从这个角度来看,我们甚至可以说,商代文字仍然不是现代意义上的"文字"。

直到周代,这样一个局面才开始被打破,从而使文字实现了功能的转变和第二次质的飞跃。

1) 周朝的制度建设和文字推广

上文提到,周朝建立之后,继承了原商朝的势力范围,并有所扩大。它在政治上采用了与之前夏商两朝的部落联盟制不同的封土建邦制,将宗室成员和一些异姓有功之臣派往中原各地建立诸侯国。这样既强化了王朝的统治,又能推广以周朝的礼仪制度为核心的华夏文化。

---

① 连登岗. 华夏文字与汉字的起源[J]. 青海师专学报(教育科学),2009,(6).
② 裘锡圭. 文字学概要[M]. 北京:商务印书馆,1988.

这样一个庞大的国家,必然需要庞大的国家机器,也需要强大的精神控制力量。于是,"统治阶级为了有效地进行统治,必然迫切需要比较完善的文字"(裘锡圭,1988)①。只有在这样的时代背景下,文字才可能推广到贵族官僚阶层,成为一种重要的统治工具。

与之配套的是,周朝还建立了一整套完整的贵族教育制度。按《周礼》等文献的描述,周朝中央政府设立"小学"和"大学",各诸侯国则有"庠序"。凡贵族子弟,八岁入"小学",十五岁入"大学"。小学的学习以识字为主,所以出现了童蒙识字课本。例如,今已失传的《史籀篇》,相传为西周末年周宣王时的太史籀所作的识字课本。

在文化上,周朝特别重视文化事业建设,例如设立"牺轩使者",到各地采集记录民歌民谣,并且整理成册,形成了后代流传的《诗经》。其他如《书经》《礼经》《易经》《乐经》《春秋》等也都在周代成书和流传。这些典籍,就成为用于贵族教育的教科书。

这就意味着,只有到了周代,尤其是在东周,文字的使用才在统治阶级中普及开来,汉字才成为现代意义上的作为人际交际工具的文字。而且事实上,整个汉字系统也是到了周代,才因其使用的广泛和频繁而加快了其成熟的速度,终于成为一种真正成熟的文字,即金文和大篆。

在这里,我们似乎又不得不把这一功劳"归结为某个圣人",而这个圣人就是周公旦。

众所周知,在周武王克商前后,身为文王幼子、武王胞弟的周公称得上是一位关键人物。作为一个政治家、军事家和思想家,他活跃在当时诸多重大事件的台前幕后。在周朝基业稳固之后,周公就着手"制礼作乐",施行教化,成为周朝统治制度的设计者和精神文化领袖,也是汉文化的真正奠基者,被后世誉为"元圣"。

然而,在先周时期,周人曾经长期是一个落后的民族。周人始祖为周弃,大约在夏代晚期立国,本属农耕民族。立国不久,便由于"夏之衰也,弃稷弗务",周弃之子不窋放弃农耕,"自窜于戎狄之间"(《国语·周语上》),成为游牧民族,其活动地域大约在今山西到陕西一带。直到商代晚期的太王古公亶父时代,才迁至今陕西岐山之下,"乃贬戎狄之俗,而营筑城郭宫室"(夏曾佑,2010)②,即恢复农耕,开始定居生活。在太王之子王季时期,周人的国力一下子强大起来,并开始图谋取商而代之。

出于对"大邑商"的仰慕,兼有"师夷之长技以制夷"的考虑,周人开始学习、引

---

① 裘锡圭. 文字学概要[M]. 北京:商务印书馆,1988.
② 夏曾佑. 中国古代史[M]. 长沙:岳麓书社,2010.

进商文化,即所谓"殷礼",包括其中的巫文化及其重要工具——汉字。而且,尽管周人长期有与羌人通婚的传统,但作为其霸商大业的奠基人,王季和文王父子二人却都娶了商人为正妃,是为挚任氏太任和有莘氏太姒。

我们上文提到,商王朝不可能将文字推广到它所治下的其他方国。同时,周人也未曾产生本民族的文字。那么,周人开始使用文字,有据可考的,应该是在商周之交。周原甲骨卜辞虽可确证为周人所作,但不早于王季时期(王晖,1998)[①]。另据《史记》的记载,太王时期的"太伯奔吴"事件中,未见太伯和仲雍将文字带到"勾吴"的迹象,之后则有"文王拘而演周易"之事。由此推断,周人对文字感兴趣,大约是从王季时期开始的,而文王和周公父子极有可能是最早掌握文字而"脱盲"的周人。

周人引进汉字的原因,应该与商末纣王时期的卜史之官大批叛逃至周有关。叛逃的原因,文献的描述基本上是纣王"愈乱迷惑"而且"谏而不听"。如,"殷内史向挚见纣之愈乱迷惑也,于是载其图法,出亡之周"(《吕氏春秋·先识览》),"辛甲,故殷之臣,事纣。盖七十五谏而不听,去至周,召公与语,贤之,告文王,文王亲自迎之,以为公卿,封长子"(《史记·周本纪》裴骃《集解》引刘向《别录》)。

上文我们曾提到,商文化的一个主要特征就是"尊神,率民以事神,先鬼而后礼"。然而这种情况在其后期已经有了较大的变化。"文献记载表明前期殷王对神灵颇为尊重。……但到了后期,殷王对神灵就甚不以为然了。"(晁福林,1984)[②]

"武乙射天"事件就是一个典型例证。商王武乙曾"为偶人,谓之天神,与之博。令人为行,天神不胜,乃僇辱之,为革囊盛血,仰而射之,命曰射天"(《史记·殷本纪》)。直到武乙曾孙纣王,也是"昏弃厥肆祀,弗答"(《尚书·周书·牧誓》),对大臣祖伊"格人元龟,罔敢知吉"的警告不以为然,并口出"我生不有命在天"(《尚书·西伯戡黎》)之狂言,说明他不仅不重视祭祀,连占卜也不相信了。从甲骨卜辞和金文中也可看到,纣王即位之初还是祭祀先王先妣的,但后来不管是卜辞还是金文中,再也不见他祭祀父母祖妣了(王晖,2000)[③]。当然,纣王也并非完全不信巫术,当他被周武王追得走投无路决定自杀时,也没忘了"登鹿台,衣其宝玉衣,赴火而死"(《史记·殷本纪》),这可能是因为商人相信用火烧玉可以达到通天的效果(张光直,2013)[④]。

从卜辞涉及的内容来看,晁福林(1984)分为商王康丁之前的前期和康丁以来

---

① 王晖.周原甲骨属性与商周之际祭礼的变化[J].历史研究,1998,(3).
② 晁福林.试论殷代的王权与神权[J].社会科学战线,1984,(4).
③ 王晖.商周文化比较研究[M].北京:人民出版社,2000.
④ 张光直.中国青铜时代[M].北京:生活·读书·新知三联书店,2013.

的后期,并发现,"前期贞人占卜的范围包括任免、征伐、田猎、王的行止祸福、祭祀、田地垦殖、赋役征发、王妃生育、年成丰歉、王室贵族疾病生死、旬夕祸福等。后期贞人占卜的范围则只剩下卜旬、卜夕和田猎征伐等几项。比之于前期,范围大大缩小"①。

毫无疑问,商末统治者已经越来越不重视祭祀和占卜,这意味着正在抛弃传统的巫文化及其重要工具——汉字。而这一状况,必然导致巫祝集团地位的下降甚至"下岗"。从甲骨卜辞中可见,自商王康丁以来,可以考知的贞人,从之前的一百几十位,变为"多无贞人之名,比较可信的仅黄、派等屈指可数的几人",而且"贞人已经从前期的颐指气使的赫赫大员变为纪录例行公事的差役,地位下降很多"(晁福林,1984)②。于是,在周人"招贤纳士"的举措下,这些人无奈"跳槽",就是顺理成章的事了。

同时,这些人"投奔归周,并不是空手去的。他们大都携带着他们在商王国掌管的部分器物西去,用以邀赏。主持占卜的贞人是掌管甲骨的,他们的投奔周族,必然也会载其甲骨档案,挟以俱来"(王玉哲,1982)③。

大批商朝贵族带着商文化的成果投奔周邦,为周朝建立后继承"殷礼"提供了基础和条件。孔子曰:"周因于殷礼,所损益,可知也"《论语·为政》,"周监于二代,郁郁乎文哉,吾从周"《论语·八佾》,说明周人继承了夏商文化,并作了较大的损益,使之具有周代的特色。

上文提到,从文化渊源上来看,周文化与夏文化较为接近。此外,"自夏朝以降,周人一直以夏人的嫡系正宗自居,自称为'夏'或'有夏',夺取天下后,把姬姓和与姬姓有亲缘关系的国族称为'诸夏',其他姓氏的国族便是'蛮夷'"(王宁,2003)④。由此可见,周人在文化心理上更认同为夏人,而非商人。因而,所谓"周因于殷礼""周监于二代",应是以夏文化为基础而吸收了商文化的某些元素,"周礼"中所包含的"殷礼"和"夏礼"是互为表里的两种成分。

在巫文化方面,周人确实继承了商人的巫文化,但并没有原样照搬,而是更多地将它作为笼络商人的手段,以便以"小邦周"的微弱之力来推翻雄踞天下的"大邑商"。周人虽然重用了商朝投奔而来的巫史之官,并以商纣王"昏弃厥肆祀,弗答"为借口之一而推翻了他,使祭祀和占卜之事重新得到重视,但并没有恢复到商人"先鬼而后礼"那样的狂热程度。例如,在《周礼》所描写的周朝官制中,"司巫"一职

---

① 晁福林.试论殷代的王权与神权[J].社会科学战线,1984,(4).
② 晁福林.试论殷代的王权与神权[J].社会科学战线,1984,(4).
③ 王玉哲.陕西周原所出甲骨文的来源试探[J].社会科学战线,1982,(1).
④ 王宁."夏居河南说"之文献考辨——兼说二里头文化非夏文化[J].枣庄师范专科学校学报,2003,20(1).

仅列为"中士",从属于"太祝"(《春官宗伯第三》)。因而,商人的君权与神权平起平坐的日子已经一去不复返了。这一方面与上文提到的周人"事鬼敬神而远之,近人而忠焉"(《礼记·表记》)的文化传统有着极大关系,另一方面也得益于周公对商文化的损益,即"在商末周初出现的以人文理性文化代替原始宗教文化的过程中,周公是关键人物"(江林昌,2007)[①]。

周人引进的商文字,自然也还是掌握在其巫祝集团的手里。而周文王就很可能是一个王、巫合一的君主兼巫祝集团首脑。例如,《诗·大雅·文王》云:"文王陟降,在帝左右","陟"指的是上天去见天神,"降"是指把天神请下来。既然文王能够"陟降"天神,必为不称"巫"的巫师无疑。又据《尚书·大诰》载周公旦曰:"天休于宁(文)王,兴我小邦周,宁(文)王惟卜用,克绥受兹命",说明文王主持过占卜之事。

另外,周文王的幼子周公旦也是一个巫,曾多次主持祭祀和占卜(郝铁川,1987)[②]。例如,《史记》中记载着周公为武王祈祷治病时的一段祝辞,提到:"旦巧能,多才多艺能事鬼神,乃王发不如旦多才多艺,不能事鬼神"(《鲁周公世家》)。在这里,周公自称"能事鬼神",当为巫无疑。而相比之下,武王却"不能事鬼神",则肯定不是巫了。

从周武王不是巫,以及周公自称"宁(文)王遗我大宝龟"(《尚书·大诰》)的情况来看,文王虽然把政权传给了武王,同时却把神权交给了周公。

2) 周朝的史鉴意识与文字的使用

与之前商朝的历代巫史不同的是,兼为政治家的周公也产生了强烈的史鉴意识。关于史鉴意识与文字的关系,"有人认为,史学的起源,是以文字和历法的出现为先决条件,有了文字便能够记录已经发生的事,有了历法即有了明确的时间观念。其实,这只说了客观方面的条件,还必须有具备历史记忆、历史意识的人来运用文字和历法对时事进行记录,才有可能出现'史学'"(谢保成,2004)[③]。

事实上,中国历史上最早具有明确的史鉴意识的人,大概就是文王和周公二人,尤其是周公旦。这种意识促使周公在周朝建立之后,着手推动与国家的政治制度建设相配套的文化建设,包括收集、整理前代文献。有学者考证,《尚书》的编纂就可能始于周公时代(叶修成,2007)[④]。而这种文化建设不可或缺的重要工具,则非文字莫属。

[①] 江林昌. 五帝时代中华文明的重心不在中原——兼谈传世先秦秦汉文献的某些观念偏见[J]. 东岳论丛,2007,28(2).
[②] 郝铁川. 周公本为巫祝考[J]. 人文杂志,1987,(5).
[③] 谢保成. 神话传说与历史意识——三谈中国史学起源[J]. 中国社会科学院研究生院学报,2004,(3).
[④] 叶修成. 周公"制礼作乐"与《尚书》的最初编纂[J]. 求索,2007,(11).

关于周公掌握文字的记载是比较明确的。《墨子·贵义》曾提到:"昔者周公旦朝读《书》百篇",说明周公是能阅读的。从周公所说的"惟殷先人有册有典,殷革夏命"(《尚书·多士》)以及其他类似言论来看,他作为周人巫祝集团的首脑,一定掌握着从商人那里得来的那些典册,并通过这些材料研究了商朝兴亡的历史。看来墨子所言不虚。

于是,在这样的社会背景中,作为祭祀和占卜重要工具的汉字,并没有因为宗教文化的衰落而被抛弃,而是从巫史之官手里解放出来,从主要用于"鬼事",转变为主要用于"人事",即越来越多地用于教化和政治管理,开始成为统治阶级实行有效统治的工具。

我们认为,这样的转变,必待同时掌握国家权力和文字的人物才能推动。而当时具备这个条件者,唯有周公一人。可以说,周公是周朝唯一的王、巫合一的领袖人物[①]。因而,正是在周公这位掌握文字的政治领袖兼大巫师手上,文字才打破其神秘性,从而实现了功能上的"华丽转身"。可以说,周公的"制礼作乐",堪称汉字发展的第二次飞跃。

夏曾佑(2010)曾在评论周公的"兴礼乐""改制度""封同姓"三大举措时指出:"孔子之前,黄帝之后,于中国有大关系者,周公一人而已。"[②]那么在孔子之前、仓颉之后的这段长时间中,于汉字的发展"有大关系者",同样是"周公一人而已"。

当然,周代统治阶级的史鉴意识和对汉字重要性的认识也是逐步增强的,因而汉字功能的转变也是逐步推进的。

我们上文也提到,至少在西周的早中期,汉字的使用尚不够广泛,以至于连确切的纪年也没有留下。以周公本人的事迹为例,传世文献中的记述也多扑朔迷离之处,从而为后人的周公研究留下相当大的想象空间。即使是周公的"制礼作乐"之举本身,其是否发生过,具体的内容是什么,以及周公的作用如何,竟也成为学术界争论的一大悬案。可见在周公及之后的相当长一段时间中,人们对于前人事迹的了解,仍以口耳相传为主,书面记录为辅。

有学者考证,在西周中期的穆王时期,曾有过一次文献整理和编纂事件,即"周穆王命左史戎夫辑录前代败亡诸国史事,定期陈述宣讲,以为鉴戒"(叶修成,2007)[③]。不过,在整个西周纪年的大约275年中,同类事件载于文献的仍不多见。《国语·周语》记载西周末年的"邵公谏厉王弭谤"事件时,引述邵公曰:"故天子听

[①] 关于周公在摄政期间是否正式称王的问题,学术界向有争议,但也只是一个名目问题,他当过实际上的天子是无疑的。
[②] 夏曾佑. 中国古代史[M]. 长沙:岳麓书社,2010.
[③] 叶修成. 周公"制礼作乐"与《尚书》的最初编纂[J]. 求索,2007,(11).

政,使公卿至于列士献诗,瞽献典,史献书,师箴,瞍赋,矇诵,百工谏,庶人传语,近臣尽规,亲戚补察,瞽、史教诲,耆、艾修之,而后王斟酌焉,是以事行而不悖。"这段话托名于邵公,虽并非完全无据,但恐怕也有理想化的成分。

史鉴意识真正得到确立并深入人心,大约还是在东周。春秋战国时期,由于"礼崩乐坏",我国进入了社会大动荡时期。在思想文化上,则进入了"百家争鸣"的大繁荣时期。在这个时期,诸子百家著书立说,开业授徒,周游列国,使汉字的作用呈爆发性地施展开来。

这一功劳,我们又将归结为另一位圣人,那就是孔子。因为孔子倡导的"有教无类"教育思想,开创"私学"的教育实践,促使汉字不再是贵族专享的工具,而是进一步普及到了一般平民,当然尚不包括处于社会最底层的"劳动人民"。

平民子弟读书之后,也就有机会谋个一官半职了。例如,自承"少也贱"(《论语·子罕》)的孔子本人,就曾做过几次官,最高做到鲁国的大司寇,摄相事。他的诸多弟子也曾"学而优则仕"(《论语·子张》),担任过各国高官。这样的思想和实践,也成为后世所谓"万般皆下品,惟有读书高"观念的滥觞。

因而,汉字的掌握可以使人改变命运,这是从孔子时代才开始的。

6.5.3 "商契"一名的流变和"仓颉造字"传说的产生

毋庸赘言,文字在人类社会发展中的重要意义是十分巨大的。然而,人们对这种重要性的认识,却是必待文字成为社会生活中须臾不可离开之物时,才能进一步加深的。

同时,任何传说都与传说产生时的时代背景有关,其中必然会折射出传说产生时代的社会现实和人们的思想观念。商代以往的历史,基本上是经由周秦汉三代人传下来的。因此,我们在讨论传说中的远古时代的种种事件时,也必须结合当时的社会背景和人们的思想观念来考虑。"战国秦汉时期,从神话传说演变来讲,是一个'造神'的时期;从史学发展来讲,是一个重新认识上古社会的时期。无论研究神话传说,还是研究上古社会史,引用这一时期形成的文献材料,都不应当忽视当时存在着的这一文化现象。"(谢保成,2004)[①]

我们上文提到,"仓颉造字"传说的产生年代,约在战国末期。而这个时期,恰恰就是汉字大行其道、大显身手的时期。人们惊叹于汉字的神奇作用,于是就试图追溯它的历史,找到那位做出这件惊天动地之事的圣人。因而,"仓颉造字"传说本身,也必然带有其产生时的时代烙印。

我们知道,在尚无文字或文字使用尚不广泛的社会中,人们的名字一般停留在

[①] 谢保成. 神话传说与历史意识——三谈中国史学起源[J]. 中国社会科学院研究生院学报,2004,(3).

口语阶段,往往仅有一个音,没有对应的文字。等到那些千古留名的人物为后人所写下来时,其得名理据往往已经模糊不清,于是只能找一个同音字代替。例如,夏王太康、少康,本为"太庚""少庚",因"庚""康"古音相同而被后人"改"了名。

此外,先秦以来的文献中还常见古人的同一人名而有多种同音或音近的写法。例如,商先公中的王亥,卜辞和《山海经》均作"亥",而《楚辞·天问》作"该"、《世本》作"核"或"胲",《汉书·古今人表》作"垓";《史记》作"振",本当为"核",后因形近而讹。那么,仅王亥一名,就有至少6种同音的写法。又如,王亥的弟弟王亘,卜辞作"亘",《楚辞·天问》却作"恒",也是因音同而讹。此外,商末的纣王名"受",又作"纣",则是因音近而混。究竟哪个是他的本名,谁也搞不清楚。

而且,传说中的人物,还可能由于传说者的损益想象而分化为不同的人物,并经同一人名的多个不同写法而固定下来,结果在先秦文献中,就常见远古时代的人物由原为一人而误为数人、或者由原为数人而误为一人的情况。

这样一来,就给后人留下了不少悬案,需要后世学者细加考辨。在考辨中,常采用音训法,即把不同人名之间古字音的联系作为重要的证据之一。

我们首先从商契此人名字的流传谈起。毫无疑问,目前所知商契人名的一个常用写法就是"契"。但这个写法始见于周代,未必是他本人所用。周代以来的文献中,商契之名的写法有过"偰""离(禼)""契"等,后来才固定为"契"。其中"契"的本义为刻,"偰"则是"契"加"人"旁,表示这是个人名。至于"离",《说文解字》释为"虫也。从厹[qiú]象形,读与偰同"。

另一方面,既然商契本人造了字,并用于与鬼神的沟通,那么他一定写过自己的名字,并为他的子孙后代所沿用。但究竟是怎么写的,还需要作一番考证。目前最可靠的证据,应该就在商代甲骨文中,因为在商人的祀典中,必然不会漏掉自己的始祖商契,而且一般不会写错。

然而,令人失望的是,在甲骨卜辞所提到的商先公中,共有20多位,大部分可与《史记》等文献对应,其余的都是一些陌生名字,其中也并无名为"契"者。

卜辞中常见一位重要的先公"高且(祖)夒(夔)"。《说文解字·第五下·夂部》分别收入"夒"字和"夔"字:"夒,贪兽也。一曰母(猕)猴。似人,从页。巳、止、夂,其手足"(徐铉注为"奴刀切");"夔,神魖也。如龙,一足,从夂;象有角、手、人面之形"(徐铉注为"渠追切")。

但卜辞中的这位"夒(夔)"究竟是谁,学术界曾一直争议不断,先后有"帝俊""帝喾"(王国维说)、"帝舜"(郭沫若说)、"契"(饶宗颐说)、"曹圉"(唐兰说)、"王亥"(商承祚说)等说(曹定云,1997)①,可谓莫衷一是。

---

① 曹定云.夒为殷契考——兼说少昊、太昊[J].中原文物,1997,(1).

第六章 "商人造字"说

曹定云(1997)也同意"夔为殷契"说(按该文采用"夔"字,但引用了《说文》对"夒"字的解释,恐误),并对其他各说逐一分析,认为"帝俊"和"帝舜"皆不属商人先公,可不予考虑;"帝喾"是商人先祖的可能性虽不可轻易否定,但绝不可能是商契之父,他距商契多少世已很难具体考究;"曹圉"的地位不及"高且夔",因而也不可能是同一人;"王亥"与"高且夔"世次不同,且卜辞中另有"高且亥"或"高且王亥",说明二者是两位不同的先公。而剩下的"契",再根据相关文献的旁证,可推定"高且夔"当为商契[①]。

我们认为,此说很有道理。其实我们还可以补充一条语音上的证据,即"夔"与"契"二字古音极近。

按卜辞中另有一位先公"兕"。《说文解字·第九下·豸部》解作"如野牛而青。象形,与禽离头同"。江林昌(2011)根据董作宾等学者认为"兕为契"之说,结合王国维"夔为帝喾"说,推测商先公世系中的前四世为"夔(帝喾)——岳——河——兕(契)"[②]。根据这样的安排,商契就不再是商人始祖,而是退居第四世了。这就与文献中以商契为第一代先公的传说不符。另一方面,商契的名字从"兕"演变到"契",也似无相应联系可资证明。因而,此虽可备一说,尚不如"夔为殷契"说更能讲得通。

假如"夔"的确是"契",那么,商契的名字在商代的写法就是"夔"。再往上追溯,假如"夔"这个写法在之前的代代相传中都没有写错,那么就可以认为,商契的本名就是"夔",并一直沿用下来,直到商末。

我们再从"夔"的得名理据来看。按"夔"字的本义是"神魖也。如龙,一足,从夊;象有角、手、人面之形"(《说文解字》),段玉裁注云:"神魖谓鬼之神者也","按从夊者,象其一足"。这说明,夔是一种人面兽身的鬼神,以人形为基础,加上某些动物的特征而形成。它的上半身像人,只是头上多了角;下半身像龙,却只有一条腿。

作为神兽的夔只有一条腿,这是先秦以来人们的共识。《庄子·秋水》提到,"夔谓蚿曰:'吾以一足趻踔而行,予无如矣。'"意即夔因为只有一只脚,只能一跳一跳地走路,所以很羡慕蚿(千足虫)有很多脚。

这种半人半兽、人模鬼样的形象当然是想象中才有的。如果在现实中出现,也只有那些巫祝才能装扮出来,而商契恰恰就是巫。

然而,周代以来,作为人名的"夔",却是另外一个人,即尧舜时代主管乐舞之官"乐正夔"。据《吕氏春秋》载:

鲁哀公问于孔子曰:"乐正夔一足,信乎?"孔子曰:"昔者,舜欲以乐传教于

[①] 曹定云.夔为殷契考——兼说少昊、太昊[J].中原文物,1997,(1).
[②] 江林昌.由甲骨文资料试拟商族先公世系[J].中原文物,2011,(4).

天下,乃令重黎举夔于草莽之中而进之,舜以为乐正。夔于是正六律,和五声,以通八风,而天下大服。重黎又欲益求人,舜曰:'夫乐,天地之精也,得失之节也,故唯圣人为能和乐之本也。夔能和之,以平天下。若夔者,一而足矣。'故曰'夔,一足',非'一足'也。"(《慎行论·察传》)

《韩非子》也有类似的记载:

（鲁）哀公问于孔子曰:"吾闻夔一足,信乎?"曰:"夔,人也,何故一足?彼其无他异,而独通于声。尧曰:'夔一而足矣。'使为乐正。故君子曰:'夔有一,足。'非一足也。"(《外储说左下第三十三》)

根据这两条记载,孔子不相信关于夔"只有一条腿"的传说,认为是"足"字的歧义所致。托名于孔子的这两个解释,结论相同,但理据的侧重点有所不同。前者强调夔是一个圣人,由他担任乐正,一个人就足够了;后者强调夔是一个人,怎么可能只有一条腿。同时,孔子引述的"夔一而足"这句话,究竟是舜说的还是尧说的,两者记述也不同。因而,孔子究竟有没有说过这些话,或者究竟是怎么说的,已经难以确证了。但从"子不语怪力乱神"(《论语·述而》)的思想来看,孔子说过类似的话的可能性也是很大的。而这些话,应该也是口耳相传,直到战国末期才被写下来,却已经有点走样了。不管怎么说,这样一些解释,确实也反映了春秋战国时代人们的主流观念。

其实,早期乐舞的产生,就是出于巫师与神鬼沟通之需。主管乐舞的乐正之官,其前身当为巫无疑。在先秦文献的描写中,乐正夔是一个领舞者:"夔曰:'於!予击石拊石,百兽率舞。'"(《尚书·益稷》)所谓"百兽率舞",就是一群小巫扮成各式各样的"牛鬼蛇神"模样,跟着大巫夔敲打的节奏而载歌载舞。因而,乐正夔以一条腿的鬼神形象流传下来,并无不合理之处。

那么,一条腿的鬼神夔和两条腿的乐正夔本来就是同一个人。鉴于商契为巫,乐正夔也为巫,而且甲骨文中的"高且夒"就是商契,三者相联,我们就可以推定,"乐正夔"就是"高且夒",前者是从后者分化出来的。

可以设想,商契在平时的祭祀舞蹈中,可能常装扮成一足夔的形象,并带领小巫们"群魔乱舞"。因而,在子孙后代的心目中,商契就是半人半鬼的鬼神"夔"。

从商人始祖"高且夒"分化出乐舞始祖"乐正夔",应该与周代的社会分工更加细密、巫的地位下降、以及乐舞的娱神功能向娱人功能的转变有关。

我们上文提到,早期的部落首领都是王、巫合一的,之后则王、巫分流,接着巫又分化为巫、祝、卜、史等,各司其职。周代以来,巫的地位进一步下降,内涵进一步缩小,并逐步退出统治阶层。不过,由于朝廷的祭祀之需,巫的乐舞职能也通过单设乐正一类官职而得到保留。

周代首设乐正,为乐官之长。乐正之职固然重要,但其职责所在,也仅是朝廷中的某一个"有关部门"而已。因而,当时的人们已难以想象那位赫赫有名的商人始祖会是一个小小的乐正,更不会想到他会是一个巫,何况文献中的商人始祖名叫"契",不叫"夔",于是只能把远古时代那个专管唱歌跳舞的圣人想象为另一个人。

而且,随着鬼神观念的日渐淡薄,周人已不如商人那么迷信,以至于这位"一足夔"引起了鲁哀公的疑问,并被"不语怪力乱神"的孔子毫不犹豫地剥去了神秘色彩而"打回原形"。

乐正夔的传说大约成型于"五帝"传说尚未产生的春秋时期,当时人们的心目中,最古的帝王还是尧舜。按照古帝传说的规律,既然尧是"中国首任天子",身为天子怎么可以没有"乐正",于是这位主管乐舞的始祖夔自然成为首任"乐正"了。

于是,这里就出现了一个无法回避的问题:商人的"高且夔"又为什么会变成"商契"呢?我们认为这也是由口耳相传所致。

就商人而言,他们当然知道是其高祖夔造了字,但此事件也仅是在历代巫史内部口耳相传,并未见录于书面。这一方面可能是因为那些巫史们每天都使用汉字,对汉字早已熟视无睹,并未如后人那样意识到这是一个值得大书特书的重大事件;另一方面可能也与当时文字的功能有关,即他们在与鬼神们的沟通中,是以解决当前的问题为主,并不需要跟冥冥中的高祖夔以及其他先祖"讨论""高祖夔造字"一事。

之后周人得知商契此人之名及其事迹,应该是从商人口中而来。

根据"夔"和"契"二字的古音推断,二者在当时可能为近似"＊kie"的同音字或近音字。周人惊叹于商人的文字,并了解到实乃商人之始祖"＊kie"所制,便以其造字之功为理据,写作"书契"之"契"。因此,"商契造字"的传说应该是从周人那里开始流传开来,但也是以口头为主。

"商契造字"的明确记载虽未见于传世先秦文献,但与造字有密切关系的商契传说倒是有的。例如,据《国语·郑语》记载,西周幽王时期的史伯对郑桓公说:"夫成天地之大功者,其子孙未尝不章,虞、夏、商、周是也。虞幕,能听协风以成乐物生者也;夏禹,能单平水土以品处庶类者也;商契,能和合五教以保于百姓者也;周弃,能播殖百谷蔬以衣食民人者也。"

这段话列举相继建立过虞、夏、商、周四个王朝的民族各自的始祖,即虞幕、夏禹、商契、周弃四人,描述了他们各自所立下的"天地之大功"。从其描述来看,虞幕的"听协风"、夏禹的"单平水土"、周弃的"播殖百谷蔬"都与农业生产有关,唯独商契的"和合五教"却是有关精神文明的事情。孟子则讲得更具体了,尧舜"使契为司徒,教以人伦,父子有亲、君臣有义、夫妇有别、长幼有序、朋友有信"(《孟子·滕文公上》)。

按史伯和孟子的说法,商契似乎成了儒家思想的创始人,这自然是不可信的。

但这里也透露出一个信息,"商契造字"的传说,可能在西周末年开始,已经提高了一个层次,演变为"商契始创教化"了。换言之,商契成了开创我国教育事业的鼻祖了。这一演变过程,与周代以来运用汉字这一工具推行贵族教育制度的举措是相吻合的。

这样一来,商契就不能再"造字"了。因为在人们的观念中,文字是由史官掌握的,那么造字者"商契"应该也是一个史官;而作为商人始祖的"商契"是一个君主,尽管有"和合五教"之功,但不至于亲自去造字。而且人们也早就忘了造字者与商人有关。于是,那个造字的"商契"就从作为商人始祖的"商契"中分化出来,成了语音相同或相似的第三个人"仓颉"或"苍颉",并继续口耳相传。

大约到了战国时代,有人把口耳相传的"仓颉造字"事件记载下来,就进一步在书面上把"仓颉/苍颉"和"商契"二者的区分固定下来并流传开来了。而且,"仓颉"和"苍颉"的不同写法,同样是口耳相传的反映。

后来,随着先秦两汉之际各种"五帝"传说归于统一,其中以黄帝为首的"五帝"说日益丰满成型而广为人所接受,尧舜二人已经退居"五帝"之末位,那么在黄帝这位新的"首任天子"的朝廷中,"首任史官"一职自然非造字者仓颉莫属,于是他就理所当然地成为"黄帝之史"了。

这样一来,原来王、巫合一的全能君主商契,就按其职能分化为"君主商契""乐正夔""史官仓颉"三人,成为千古定论了。有趣的是,"君主商契"和"乐正夔"还是尧舜朝廷里的"同僚",前者任"司徒",后者任"乐正"。

直到清人所编的《声律启蒙》中,还有"四目颉,一足夔"之句,说明这位一条腿的"夔"与四只眼的"(仓)颉"还真有脱不了的干系。其实,这本来就是同一个人。

总之,"仓颉造字"的传说是有事实依据的,"仓颉造字"事件是存在的。仓颉就是商人始祖商契,"仓颉造字"就是"商契造字"。商契是一位身兼巫师的部落首领,为了与鬼神沟通,所以整理和改进了文字,成为后人心目中的汉字始祖。当然,汉字体系是逐步进化形成的,未必有过从无到有的明显变化,因而真正实现了从符号到文字的飞跃的那个人未必是商契,也可能是王亥、伊尹等人,但商人一律归之于其始祖商契,也是可以理解的。

自周代开始,"商契造字"的传说在口头上广为流传。大约到了战国时期,由于当时社会分工的不断细化、巫师地位的不断下降,以及先音后字的录写规律,原本口头流传的"商契造字"便在书面上固定为"仓颉造字"。

通过对"仓颉造字"说的考证和早期文字功能转变的分析,我们认为,早期汉字并不是人与人之间的交际工具,而是人与鬼之间的交际工具。而"仓颉造字"说的产生,也与当时汉字功能的转变具有密切的关系。

参考文献

曹定云. 夒为殷契考——兼说少昊、太昊[J]. 中原文物,1997,(1).
晁福林. 试论殷代的王权与神权[J]. 社会科学战线,1984,(4).
陈鼓应. 论《系辞传》是稷下道家之作——五论《易传》非儒家典籍[J]. 周易研究,1992,(2).
陈梦家. 殷墟卜辞综述[M]. 北京：科学出版社,1956.
丁波. 商代的巫与史官[J]. 中国社会科学院研究生院学报,2004,(3).
董作宾. 殷墟文字甲编自序//殷墟文字甲编[M]. 北京：商务印书馆,1947.
杜桂林. "奴隶创造文字"说质疑[J]. 宁夏大学学报(社会科学版),1993,15(4).
傅乐成. 中国通史[M]. 贵阳：贵州教育出版社,2010.
耿成鹏. 孔子与《周易》关系考辨[J]. 中州学刊,1988,(2).
顾颉刚. 中国上古史研究讲义[M]. 北京：中华书局,2009.
郭沫若. 中国古代社会研究[M]. 北京：人民出版社,1954.
郭沫若. 古代文字之辨证的发展[J]. 考古学报,1972,(1).
郝铁川. 周公本为巫祝考[J]. 人文杂志,1987,(5).
胡厚宣. 甲骨文商族鸟图腾的遗迹[A]. 历史论丛第一辑[C]. 北京：中华书局,1964.
胡厚宣. 殷卜辞中的上帝和王帝[A]. 宋镇豪等. 甲骨文献集成第30册[C]. 成都：四川大学出版社,2001.
黄伯荣,廖序东. 现代汉语(增订四版)[M]. 北京：高等教育出版社,2007.
江林昌. 五帝时代中华文明的重心不在中原——兼谈传世先秦秦汉文献的某些观念偏见[J]. 东岳论丛,2007,28(2).
江林昌. 由甲骨文资料试拟商族先公世系[J]. 中原文物,2011,(4).
江林昌. 论虞代文明——再论五帝时代中华文明的重心不全在中原[J]. 东岳论丛,2013,34(1).
李葆嘉. 人类文字起源多元发生论[J]. 解放军外语学院学报,1995,(6).
李葆嘉. 人类文字起源多元发生论(续)[J]. 解放军外语学院学报,1996,(1).
李立新. 试论汉字起源于中原地区[J]. 中州学刊,2010,(5).
李先登. 试论中国文字之起源[J]. 天津师大学报,1985,(4).
连登岗. 华夏文字与汉字的起源[J]. 青海师专学报(教育科学),2009,(6).
廖志林. 20世纪中国文字起源论说评述[J]. 北方论丛,2007,(4).
林华东. 良渚文化研究[M]. 杭州：浙江教育出版社,1998.
刘桓. 殷代史官及其相关问题[J]. 殷都学刊,1993,(3).
鲁迅. 门外文谈//且介亭杂文[M]. 北京：人民文学出版社,2006.
马学良. 彝文和彝文经书[J]. 民族语文,1981,(1).
孟世凯. 商史与商代文明[M]. 上海：上海科学技术文献出版社,2012.
乔治忠,董杰.《世本》成书年代问题考论[J]. 史学集刊,2010,(5).
裘士京. 原始刻划符号性质与文字起源刍议[J]. 吕梁学院学报,2011,1(1).

裘锡圭.文字学概要[M].北京：商务印书馆,1988.
苏培成.现代汉字学纲要(增订本)[M].北京：北京大学出版社,2001.
孙钧锡.汉字基本知识[M].石家庄：河北人民出版社,1980.
唐建.贾湖遗址新石器时代甲骨契刻符号的重大考古理论意义[J].复旦学报(社会科学版),
　　1992,(3).
童书业.潜夫论中的五德系统//顾颉刚.中国上古史研究讲义[M].北京：中华书局,2009.
王晖.周原甲骨属性与商周之际祭礼的变化[J].历史研究,1998,(3).
王晖.商周文化比较研究[M].北京：人民出版社,2000.
王宁."夏居河南说"之文献考辨——兼说二里头文化非夏文化[J].枣庄师范专科学校学报,
　　2003,20(1).
王玉良.略谈我国古代文字的载体及书籍的起源[J].中国图书馆学报(季刊),1993,(2).
王玉哲.陕西周原所出甲骨文的来源试探[J].社会科学战线,1982,(1).
夏曾佑.国古代史[M].长沙：岳麓书社,2010.
谢保成.神话传说与历史意识——三谈中国史学起源[J].中国社会科学院研究生院学报,2004,
　　(3).
徐中舒.从古书中推测之殷周民族[J].国学论丛,1927,1(1).
徐中舒.先秦史论稿[M].成都：巴蜀书社,1992.
杨军.从易学传承看《系辞传》成书时代[J].周易研究,1995,(1).
叶修成.周公"制礼作乐"与《尚书》的最初编纂[J].求索,2007,(11).
俞伟超.龙山文化与良渚文化衰变的奥秘——致"纪念发掘城子崖遗址六十周年国际学术讨论
　　会"的贺信//古史的考古学探索[C].北京：文物出版社,2002.
张秉权.殷代的祭祀与巫术[A].宋镇豪等.甲骨文献集成第 30 册[C],成都：四川大学出版
　　社,2001.
张光直.中国青铜时代[M].北京：生活·读书·新知三联书店,2013.
张居中.淮河上游新石器时代的绚丽画卷——舞阳贾湖遗址发掘的主要收获[J].东南文化,
　　1999,(2).

第七章 汉语和汉字与汉文化的关系

我们在之前各章中分析了汉语汉字神圣化的种种表现。在这些表现中,都离不开一个关键词,就是"文化"。而那些汉语汉字超能观、崇老观、纯洁观的产生,往往是基于语言与文化的密切关系,而对于这个关系的描述,就是"语言是文化的载体"。

不错,语言文字确实是"文化的载体"。然而,如何正确、理性地认识这一"文化的载体",仍然需要展开细致深入的分析和讨论,以帮助我们加深对语言文字的本质以及语言文字与文化关系的认识。

7.1 如何理解"语言是文化的载体"

什么是文化?文化是"人类在社会历史发展过程中所创造的物质财富和精神财富的总和"(《现代汉语词典》第 6 版)。关于语言与文化的关系,一般可以从 3 个方面来认识,即:①语言是文化的一个重要组成部分;②语言是记录文化的符号系统;③语言和文化相互制约、相互影响[1]。

7.1.1 语言与文化的关系

我们先看第一个和第三个方面。第一个方面是指语言本身是一种文化现象,是诸多文化现象中的一种,是人类精神财富的一部分。语言虽然是文化的一个"重要"组成部分,但不是唯一的组成部分。换言之,语言不是精神财富的全部,更不能等同于物质财富和精神财富的"总和"——文化。

第三个方面则是指语言制约和影响文化,文化也制约和影响语言。语言可以促进或限制文化的发展,文化也可以塑造语言的表现形式。首先是文化影响语言。语言通过其词汇、语法等要素折射出其承载的文化的特征。例如,汉语的词汇可以反映汉民族的生活习惯,汉语的语法结构也可以反映汉民族的思维特点等等。反过来,语言也在一定程度上影响着文化。这也是"语言相对论"或"语言决定论"所阐述的观点。

而第二个方面就是指"语言是文化的载体"。语言是一个符号系统,起到了记

---

[1] 戴庆厦.社会语言学概论[M].北京:商务印书馆,2007:127.

录文化的作用,包括物质财富和精神财富。换言之,语言是以一个符号系统的身份,发挥了对文化的记录作用而成为"文化的载体"。

我们如要正确理解"语言是文化的载体",必须确立下列几个前提。

7.1.2 理解"语言是文化的载体"的前提

1) 语言和文化不具有同一性

"语言是文化的载体",意味着语言和文化不是同一个事物,即不具有同一性。什么是"载体"?载体"泛指能够承载其他事物的事物"(《现代汉语词典》第6版)。文化本身是一个抽象的东西,需要相应的载体来作为存在的依托,而语言则是它的载体。由此可见,作为载体的语言是一种具有承载功能的"事物",而为语言所承载的文化则是"其他事物"。

这就好比一杯酒,由酒水和酒杯构成,酒杯是酒水的载体,但酒杯本身并不是酒水。那么,语言与文化虽然构成承载与被承载关系,但又是不同的事物。常见有人把语言与文化等同起来,就是由于把"酒杯"当成了"酒水"。

2) 语言只是文化的一种载体

"语言是文化的载体",这个"载体"是指"一种载体"或"载体之一",而非"唯一载体"。这是因为,文化还可以有其他载体,亦即所有的物质财富和精神财富,既是文化的组成部分,又是文化的载体。具体来说,作为文化载体的,除了语言,还有服饰、饮食、建筑、生产工具等物质载体,以及艺术、宗教、道德、礼仪等非物质载体。因此,在考察和识别一个民族的文化形态或文化特征时,语言载体并非唯一的依据。

仍以酒水为喻,某种酒水既可以用酒杯来承载,也可以不用酒杯而改用其他容器,如碗、瓶、壶、罐等。例如,汉族和回族在语言载体方面并无区别,只能依靠其他载体,如宗教信仰等来加以识别。又如,考古学家在研究史前遗址所反映的文化形态时,由于语言载体已经消亡,其所依据的就只能是语言以外的载体。常见有人误以为语言载体是"唯一载体",而忽略了文化还有其他载体。这大概由于汉语的"载体"一词不分单复数的缘故吧。

3) 具体的语言与文化不一定匹配

"语言是文化的载体",是就一般意义上的语言和一般意义上的文化而言的,而作为载体的具体语言和作为承载对象的具体文化之间,并不总是呈现一一对应的匹配关系。我们在第一章中曾讨论过语言的民族识别性问题,指出语言与民族之间一对多或多对一的情况更为常见。若以一个民族拥有一种文化,那么语言载体与文化内容之间同样会呈现出一对多或多对一的关系。

仍以酒杯和酒水为喻。同样的一种酒杯，既可以承载白酒，也可以承载红酒、黄酒、米酒、啤酒、奶酒、清酒等等。而同样的一种酒水，既可以用陶瓷杯来承载，也可以用紫砂杯、玻璃杯、塑料杯、搪瓷杯、木杯、纸杯等等。例如，汉语是汉文化的载体，但同时也是我国回族文化（属于伊斯兰文化范畴）的载体，因为回族的母语也是汉语。这是一种语言成为两种以上文化的载体。反之，我国裕固族的两个支系分别使用恩格尔语和尧呼尔语，这是两种语言共同成为一种文化的载体。而藏族的情况，则是以藏语等13种语言共同作为藏文化的载体。就全国而言，则是129种语言共同成为56种民族文化的载体。另外，汉语普通话具有国家通用语言的法律地位，除了作为汉民族的母语，也可以作为各少数民族的第二语言或者第三语言，起到族际通用语的作用，那么在一定程度上成为包含56种民族文化的中华民族文化的共同载体。

当然，喝酒若是讲究起来，某种酒和某种杯也是需要一对一地配合的，所以也有专门的白酒杯、红酒杯、啤酒杯、清酒杯等，否则就显得不那么"正宗"了。不过，那只是在"讲究"的条件下才能做到。一旦某种酒变得平民化而普及开了，就很难"讲究"了。例如，用藏语承载藏文化，自然更有"原汁原味"的代表性，但用其余12种语言承载的，仍然是藏文化。

4）语言载体可以改变

"语言是文化的载体"，而载体是可以而且需要改变的。改变的方式有两种：一种是语言经不断发展完善而延续，一种是语言的换用。

仍以酒杯为喻。一种酒杯用的时间长了，难免不适应新的便利需求或审美需求，需要不断完善，可以小改，也可以大改，甚至脱胎换骨，以崭新的面貌出现，而名称还是原来的；甚至可以放弃原有的杯子而换用另一种更好的杯子。而已经淘汰的那些杯子，则不妨妥善保存在博物馆里，供人们"发思古之幽情"。例如，汉语从古代汉语发展到现代汉语，历经数千年，汉语仍然是汉语而没有变成另外一种语言。不过，事实上汉语在语音、词汇、语法等方面已经变得面目全非，非经专门学习则无法读懂古代的文献，而保留古汉语成分较多的闽南话、客家话、广东话等南方一些大方言也无法让其他方言区的人听懂。我们可以看到，一部汉语的发展史，就是一部"酒杯"的完善、改良史。

另一方面，我国满族的绝大部分已改用汉语为其母语，放弃了其本民族的母语满语，则是语言的换用。

孔子讲究"循名责实"，曾对周代酒器觚的形制变化不满，发过一通"觚不觚，觚哉！觚哉"（《论语·雍也》）的感慨，反映了他的保守观念。若他老人家在天有灵，发现现代汉语已经令他听不懂,想必也会发一通"雅言不雅言,雅言哉!雅言哉"的感慨吧。

由此我们可以发现,作为文化载体的语言,只是一种载体,而载体并不等于内容。在需要时,一种载体可以承载多种内容,同一种内容也可以采用不同的载体。在认识"语言是文化的载体"这一命题时,必须防止将载体与内容等同起来,从而将语言与文化混为一谈。

我们强调语言"只是"一种载体,并非否认语言与文化的密切关系。然而,无论载体与内容之间关系如何密切,载体就是载体,无法取代内容。

7.2 如何理解"语言是跨文化的桥梁"

语言与文化不能等同,意味着载体与内容具有"可分离性"。在必要时,载体中的内容可以暂时"封存",而仅仅发挥载体的作用。其实,跨文化交流中所不可缺少的翻译,就是利用了语言载体对不同文化的兼容性。因此,语言也常被比喻为"跨文化的桥梁"。

下面我们首先从中美两国汉语推广战略的异同来看一看外语的文化传播功能。

7.2.1 中美两国汉语推广战略的异同

进入21世纪以来,中国政府确立"汉语国际推广"为21世纪国家战略之一,并且大张旗鼓地加以实施。从2004年底开始,我国采取中外合作办学方式,在海外设立汉语推广机构"孔子学院"。孔子学院"致力于适应世界各国(地区)人民对汉语学习的需要,增进世界各国(地区)人民对中国语言文化的了解,加强中国与世界各国教育文化交流合作,发展中国与外国的友好关系,促进世界多元文化发展,构建和谐世界"(孔子学院官网)。经过12年的建设,截至2016年年底,全球已建立512所孔子学院和1073个孔子课堂,分布在140个国家(地区),其中在美国建立了孔子学院110所,接近全球五分之一;孔子课堂501个,接近全球二分之一(孔子学院官网)。这一数据显示了我国汉语国际推广战略的阶段性成就,尤其是在最重要的汉语推广阵地——美国所取得的快速进展。而这样一个进展,是在美国政府的积极配合之下取得的。

几乎与此同时,在2001年,美国发生了人类历史上最严重的恐怖事件,即"9·11"事件。美国政府痛定思痛,在内政和外交方面(包括外语教育)采取了一系列措施,以防止类似事件再次发生。

据介绍,2003年,美国国会通过了"国家安全语言法案",要求"致力于学习世界各重要地区的语言与文化","迅速行动起来,以解决缺乏国家需要的关键语言人才问题"①。2004年,美国国防部召开了由美国政府、企业界、学术界和语言协会领导人参加的"全国语言大会",呼吁美国政府推出"关键语言战略"。2005年初,大会发表了白皮书《改善国家外语能力行动倡议》,号召美国民众行动起来,制定一个能够让美国民众参与的、改善国家外语能力的国策和计划。2006年初,美国教育部、国防部联合召开全美大学校长国际教育峰会,时任美国总统小布什(George W. Bush)在会上宣布推出美国"国家安全语言计划",鼓励美国公民学习国家需要的8种"关键语言"(阿拉伯语、汉语、朝鲜语、俄语、印地语、日语、波斯语、土耳其语)。小布什敦促美国国会在2007年拨款1.14亿美元,用于实施国家安全语言计划。这样,美国"关键语言"战略(即国家语言战略)正式形成。

该计划有4大战略目标:①确保美国在21世纪的安全和繁荣;②通过提高外语能力,使美国在全球化竞争中提高经济竞争力;③利用"语言武器"传达美国的意志;④为关键区域的海外战场上的军事、情报人员、外交人员装备"语言武器",以满足海外战场的需求。

该计划通过4个项目加以实施:①由美国教育部负责实施的各级各类学校的外语教育资助项目;②由美国国务院负责实施的海外外语研修资助项目;③由美国国防部负责实施的"国家语言旗舰项目";④由美国国家情报主任办公室负责实施的冷僻语言培训项目等。

小布什认为,国家安全语言计划通过"国家语言旗舰项目"培养军事情报以及外交人员,只能在短期内维护美国的国家安全,而要维护美国长期的国家安全,必须通过传播民主和自由的意识形态。美国要在这场意识形态斗争中获胜,必须依靠那些具备外语能力的美国人来传播民主与自由。他指出,"如果别人听不懂我们说的是什么,又如何相信我们推销的民主?"②

从小布什的讲话中可以看出,美国把像汉语这样"来自世界重要地区"的外语作为实现其全球化战略目标、传播美国意识形态的重要战略武器。

看来,中美两国的语言战略似乎都在"里应外合"地做着同样一件事情:通过投入巨额资金,把汉语推广给美国人。所不同的是,中国的战略相信:通过向美国人推广汉语,可以同时传播中华文化;而美国的战略却相信:通过向美国人推广汉语,可以使美国人更有效地向中国人传播"美国的民主"。这就是说,在向美国人推广汉语方面,中美两国政府颇有点"战略合作伙伴"的意思,然而却是"合作"而不"战

---

① 王建勤.美国"关键语言"战略与我国国家安全语言战略[J].云南师范大学学报(哲学社会科学版),2010,42,(2).
② 刘晗.布什力推"新帝国"理想下的语言战略[N].21世纪经济报道,2006-01-11.

略",堪称"同床异梦","各打各的算盘"。

既然"语言是文化的载体",而汉语是汉文化的载体,那么美国政府为什么相信可以借助汉语这一汉文化的载体来传播它的"民主和自由"?这就是载体与内容的可分离性使然。

7.2.2 跨文化交流中语言载体的"超文化性"

语言载体与文化内容的这种可分离性,在跨文化交流的语境中,表现为语言载体的"超文化性"。所谓"语言是跨文化的桥梁",实际上已经承认了语言的这种"超文化性"。

什么是桥梁?桥梁是架设在河流上,起到连接两岸、消除阻隔作用的工具。桥梁也是一种载体,它首先必须是"空"的,然后才能承载两岸之间来往着的人群。桥梁也有两种。一种是单向性的,是战争年代用来进攻敌人的工具。军队里设有专门的舟桥部队,进攻时负责造船架桥,撤退时负责沉船毁桥。另一种是双向性的,是和平年代用来沟通两岸的工具。当"一桥飞架南北"时,它既不属于南岸,也不属于北岸;或者既属于南岸,也属于北岸。当我们把语言看作甲文化和乙文化之间的"跨文化的桥梁"时,它必然具有双向性,也就是"超文化性"。这个语言"桥梁",不管是借用了甲文化的语言,还是乙文化的语言,甚至是第三方的语言,必然是一个超文化的"空壳"。

如果我们能认识到这一点,那么上文所介绍的中美两国政府"各打各的算盘"的现象,就迎刃而解了。也就是说,中国政府的"算盘"是:把汉语载体和它的文化内容"和盘托出","打包赠送"给美国人;而美国政府的"算盘"是:先把汉语载体的内容"倒空",使之成为"空壳",然后"塞进"美国的价值观,再"回赠"给中国人。

7.2.3 外语是文化传播的最有效工具

因此,在跨文化交流中,人们既可以用己方的语言,也可以用对方的语言,甚至是第三方的语言,来传播己方的文化。而选择哪种语言作为"桥梁",则是以最能使对方接受为基本原则,而不在于该语言是否为己方的母语。而且,最有效的"桥梁",往往还是来自对方的。美国政府之所以那么积极地"协助"中国政府向美国人推广汉语,就是发现了这样的"秘密":直接用汉语作为传播工具,能够更加迅速有效地使中国人相信"美国的民主"。由此可见,文化传播的最有效工具,并不是自己的母语,而是外语。

如果我们看看当年西方传教士来华传教的方式,也可以发现,他们无一不是先学会汉语,甚至是当地方言,然后才开始传教,并吸引了大批信徒。而这些传教士在成为精通汉语汉文化的著名汉学家的同时,也并没有丧失其民族身份。

第七章　汉语和汉字与汉文化的关系

举一个有关达赖喇嘛的例子。作为"藏独"代表人物的达赖喇嘛,毕生致力于推销他的"藏独文化"。他在全世界各处"窜访",摇唇鼓舌,招摇撞骗,哄得那些"头脑简单"的洋人一掬同情之泪,纷纷为他帮腔批评中国政府,主要靠的就是他那口有点"破"而不失流利的英语,而不是他的母语——藏语。尽管他在洋人面前不断指责中国政府"消灭"藏语、藏传佛教和藏文化,自己却不用藏语来作演说,因为他明白,要是说藏语,谁听得懂? 有人评论道:"对他而言,公开发言时的语言选择清楚明了,藏民为主的场合,他说藏语,非藏民为主的场合,他说英文,一方面是节省来回翻译的时间,一方面也是让沟通传达不绕弯更直接,甚至他还幽默道,敢在大庭广众前说'破英文',乃是增加自我勇气的一种方式。"①不仅如此,当他于2009年8月底到9月初访问台湾作演说时,"也没忘记夹杂一两句发音不错的汉语,拉近与台下听众的距离"。看看这位仇视汉人的达赖喇嘛,不仅常说英语,而且也会不失时机地说说汉语,就是充分发挥了语言的"桥梁"功能。

可喜的是,我们也终于有了一位能说流利英语的藏人领袖,即年轻的十一世班禅大师。据新华社报道,2009年3月28日,年轻的十一世班禅额尔德尼·确吉杰布在江苏无锡举行的第二届世界佛教论坛大会开幕式发言中"出人意料"地使用英语进行演讲,引起与会者的强烈兴趣与关注②。无锡祥符寺方丈无相大和尚认为:"这意味着班禅大师已经可以在世界上用英语代表藏传佛教界发言,直接用这种国际通行的语言和人交流,这有利于外国人了解中国藏传佛教的真实情况。"中国佛教协会副会长兼秘书长学诚在接受采访时表示,班禅大师在此次论坛上用英语发表精彩演讲,与会的各国高僧和文化精英都感到"震撼"。少林寺方丈释永信说,英语是国际化的体现,十一世班禅此次用英语发表演讲,老成、稳健,相信他会给世界留下深刻印象。斯里兰卡佩勒代尼耶大学副校长阿贝古纳瓦德纳表示,十一世班禅的英语演讲"值得赞赏"。他说:"因为我不懂中文和藏语,所以我希望他下次演讲还说英语,这样我能更好地理解他所说的内容。"其实,年轻的班禅大师并非不会说藏语和汉语,就在本次大会开幕前一天举行的纪念西藏百万农奴解放50周年座谈会上,他就用流利的汉语普通话和藏语作了发言。在国际会议上,班禅大师身为藏人的领袖而不说藏语,身为中国人而不说汉语,居然"出人意料"地说英语,这是因为他明白:直接用流利的英语与国际"对谈",确实"有利于外国人了解中国藏传佛教的真实情况"。

由此可见,外语学得多,并不足以让人丧失民族独立性,而是更能增强我们的民族自信心,更有利于坚守、完善和传播本民族的文化。中华民族的伟大复兴,"强

---

① 张小虹.达赖喇嘛的英文[N].中国时报,2009-09-05:4.
② 桂涛,李建敏,石永红.十一世班禅用流利英语演讲[N].文汇报,2009-03-28.

国梦""中国梦"的实现,正需要强化外语这个不可或缺的工具。

7.2.4 中华文化国际传播的语言载体与传播模式的有效性

由此我们想到,在中华文化的传播过程中,如何正确、理智、有效地发挥好语言的载体和桥梁功能,是一个值得冷静思考的问题。

以汉语为载体,传播以汉文化为代表的中华文化,固然是一个不错的选择。由于坚信语言与文化的一致性,中国人往往倾向于用"原汤化原食"的方式来传播"原汁原味"的汉语及其文化。历史上,周边民族仰慕博大精深的中华文化,纷纷前来学习汉语和汉文化,中华文化主要就是用这样的方式传播出去的。

然而,这种坐等他人前来学习的方式,显然不适应当前汉语国际推广和汉文化国际传播的宗旨。面对世界上绝大多数不懂汉语的外国人,这种"先汉语后文化"的传播方式,其局限性也是不言而喻的。上文提到,虽然目前全世界已有约4 000万到1亿人正在学习汉语,但是相对于全球70亿人口的数字,这还只是一个零头。而且,这些人中能够用熟练的汉语来理解中华文化的,仍是极少数,大部分人还只是浅尝辄止。因此,要让更多的人对汉语及其文化感兴趣,要让那些初入门的汉语学习者维持并发展他们的兴趣,汉语恐怕仍然不是最有效的工具。看来,当前的汉语和汉文化的国际传播模式,应该是"先文化后汉语"和"先汉语后文化"的结合,并以前者为优先模式。

世纪之交,汉语教学实现了从"对外汉语教学"向"汉语国际推广"的战略转移,汉语教学的主战场已经转移到海外。"对外汉语教学"沿用的是传统的汉语传播思路,即针对来华学习的外国人,向他们传播"原汁原味"的中华文化。而"汉语国际推广"的过程,应该包括3个阶段:首先,以中华文化的巨大魅力和基本元素,引起外国人的兴趣;其次,引导他们掌握汉语载体;最后,引人入胜地让他们理解汉语所承载的中华文化的精髓。从这个过程来看,"汉语国际推广"与"对外汉语教学"最大的不同,在于后者基本不需要第一阶段,因为来华学习汉语的外国人,大部分已经具有了亲近中华文化的基本动机。

因此,向外国人展示中华文化的基本元素,是汉语国际推广战略的首要任务。而这种展示的语言工具,主要不是汉语,而是外国人的母语。正如小布什所说的,如果你不具备外语能力,就无法使别人相信你的文化。

为了传播中华文化,我们需要培养更多的外语人才,使之成为中华文化的积极传播者。这样的传播者,并不仅限于汉语教师、外语翻译等专业人士,事实上所有的中国人都应该是潜在的传播者。在当前我们国家经济社会对外开放、扩大教育开放的语境下,跨文化交流并不是专业人士的专利,它已经成为我们整个民族日常生活的一部分。如果我们用这样的眼光去看待目前的"英语普及""双语教育"等现象,就会得出理性的解答。

说到中国人的大规模的外语学习,原本始自清末以来"师夷之长技以制夷"的观念。一百多年来,人们学外语的初衷只是为了"师夷之长技",就是把外语作为学习、吸收外来先进文化的工具。由于外语工具与外来文化的一致性,使人们常常误以为外语工具的唯一功能就是学习、吸收外来文化,而很少有人想到,外语工具也可以成为传播本民族文化的有力武器。上文所提及的"汉语言民族主义"者的焦虑感,其实也是基于这样一种误解。

因此,我们认为,在中华文化国际传播的语言载体与传播模式的选择上,我们应该更多地采用作为事实上的国际通用语的英语以及其他较为通用的语种,为此应该培养更多的英语等外语人才。为此,"英语普及""双语教育"等举措应该坚定不移地进行到底,同时也应该调整自己的定位,从单纯的学习、吸收外来文化为主,转换为吸收与传播并重,以进一步发挥外语的文化间双向交流工具的作用。在跨文化交流中,我们应该鼓励人们多用对方的语言,而非动辄扣上"崇洋媚外""缺乏文化自信"等等大帽子。

7.3 汉语汉字的工具本质

我们在此前各章中所讨论的将汉语汉字神圣化的种种表现,其共同点在于不了解汉语汉字的本质。

汉语和汉字的本质是什么?现代语言学已从学理上给出了定义:汉语是汉语社团最重要的交际工具和思维工具;汉字是记录汉语的书写符号系统,是汉语社团最重要的辅助交际工具。要而言之,汉语和汉字是很重要的两个工具,但也只是两个工具。

什么是工具?工具是"用以达到目的的事物"(《现代汉语词典》第6版)。在汉语汉字与文化的关系上,无论是用以达到承载文化目的的"载体",还是用以达到跨文化交流目的的"桥梁",都体现了它们的"工具"本质。

就工具的本质而言,它是人们创造出来为己所用的东西。在人与工具的关系上,是工具从属于人,而不是人从属于工具。人们可以创造工具,可以选择工具,可以完善工具,也可以抛弃工具。人们应该役使工具,而不是把工具奉若神明,反受工具的奴役。

工具也有便利不便利之分。子曰:"工欲善其事,必先利其器。"某个工具用起来便利,就继续使用,却不必将它奉上神坛;某个工具变得不够便利了,就及时加以修理完善,却不必抱残守缺。甚至一旦某个工具变得彻底不便利了,那么也可以平静地让其退出生活领域,让位于一种新的工具,既不必留恋,也不必将其打入地狱。

在必要的时候,例如在向异族人传播汉文化时,也不妨暂时搁置自己的"酒杯",借用对方的"酒杯",使人更容易接受。如今,在"汉语国际推广"的国家战略之下,我们正在大张旗鼓地向世界各国人民传播、介绍中国文化。名为"推广汉语",实则推广文化。然而,在汉语和汉字尚未成为国际通行的语言文字时,目前最便利的传播工具仍然是英语或者当地语言文字。如果我们继续把文化和载体混为一谈,那么这项事业还如何进行下去?

因此,把汉语和汉字作为工具来对待,才是基于理性认知的正确态度。

7.4 汉语和汉字的妖魔化

本书的主题是讨论汉语汉字的神圣化,最后我们也要顺便讨论一下神圣化的反面,即妖魔化。

我们知道,语言文字一旦被神圣化,它们就会被套上一道光环,成为一个幻象。就像某个凡人在"造神运动"中被神圣化时,有关这个人的一系列"神话"就会应运而生。这些"神话"的共同点在于:夸大这个人的功绩,把他描绘得无所不能,无所不美。

反之,当人们把社会发展中的不如意现象迁怒于语言文字时,就会将它们妖魔化。就像某个凡人被妖魔化时,同样可以产生一系列"神话",那就是夸大这个人的罪过,把他描绘得罪大恶极,而且丑到极点。

于是,当汉文化受到崇拜,汉字则"万千宠爱在一身",值得"敬惜";当汉文化受到批判,汉字则"庆父不死,鲁难未已",必欲"废除"。

中国历史上,唯一的一次将汉语汉字妖魔化的运动,发生在五四新文化运动期间。当时提出了"打倒孔家店"的口号,结果是稳居神坛几千年的汉字,也被拉下来与孔子"陪绑",经受了一次被妖魔化的遭遇。

新文化运动的旗手钱玄同等人提出了"汉字革命论",要求废除汉字,采用拼音文字[1]。例如,钱玄同认为:"欲废孔学,不可不先废汉文;欲驱除一般人之幼稚的野蛮的顽固的思想,尤不可不先废汉文。"傅斯年则认为:"中国文字的起源是极野蛮,形状是极奇异,认识是极不便,应用是极不经济,真是又笨、又粗,牛鬼蛇神的文字,真是天下第一不方便的器具。"鲁迅也断言:"汉字不灭,中国必亡。"而瞿秋白则骂得最凶:"这种汉字真正是世界上最腥臜最恶劣最混蛋的中世纪的茅坑!"

把汉字妖魔化,其实是另一种形式的"造神运动"。

孔子身后的遭遇就是一个典型的例子。孔子生前只是一个普通的学者,其创

---

[1] 苏培成. 现代汉字学纲要(增订本)[M]. 北京:北京大学出版社,2001.

立的儒家学说也只是"诸子百家"之一,在当时基本上也只有他的学生才相信。自汉代"独尊儒术"以后,就开始不断被神化,终于成为中国文化之神。然而,五四运动期间提出的"打倒孔家店"口号,在精神上把他拉下了神坛,因为他必须为中国文化的落后和中国的积贫积弱"负责";"文革"期间,伴随着"破四旧""批林批孔"等运动,又进一步把他打入十八层地狱,因为他是中国历史上的"万恶之首"。

作为孔子的"难兄难弟",汉字所经历的遭遇,几乎如出一辙。

其实,把汉字神圣化也好,妖魔化也好,看似两种对立的态度,却源出于同一种思维逻辑,即把汉字与汉文化混为一谈,把汉字当作了汉文化本身。

如上所述,文字是一种文化现象,同时又是一种文化载体。汉字是汉文化的一个组成部分,也是汉文化的诸多载体之一。但是,汉字的奇特之处在于,它可以把所有的汉文化现象都记载下来,以便于传承。于是,人们就产生了一个错觉:汉字就是汉文化。这就是说,把一种文化现象,当作了文化的全部;把文化的载体,当作了文化的内容。在人们看来,只有使用汉字,才能传承汉文化;只有抛弃汉字,才能废除孔学。这个错觉产生的关键,就在于未能认清语言文字的工具本质。

在语言文字漫长的发展、演变过程中,它们有时会被奉上神坛,受到顶礼膜拜;有时也会被打入地狱,成为过街老鼠。当然,一旦它们徜徉在人间,恢复自身作为交际工具的本相,就会与时俱进,尽职尽责地发挥其交际功能。

总之,从汉语汉字的发展历史来看,每当它们被奉上神坛,其发展就受到阻碍;每当它们走下神坛,就能得到长足的发展。因而,当前的汉语汉字神圣化热潮,可以休矣。

参考文献

戴庆厦.社会语言学概论[M].北京:商务印书馆,2007.
王建勤.美国"关键语言"战略与我国国家安全语言战略[J].云南师范大学学报(哲学社会科学版),2010,42,(2).